高等学校计算机类课程应用型人才培养规划教材

企业信息系统工程教程

姜同强　编著

中国铁道出版社
CHINA RAILWAY PUBLISHING HOUSE

内 容 简 介

本书讲述企业信息系统工程的规划、设计和实施。全书共6章内容，围绕信息系统工程体系的过程层和方法层介绍了信息系统工程的基础理论和方法。第1章介绍了信息系统工程的知识体系；第2章介绍了信息系统规划的典型方法以及信息系统建设中的一些重大决策问题；第3章介绍了系统分析阶段的任务，包括过程建模、数据建模和对象建模；第4章介绍了系统设计阶段的任务和方法，包括总体设计的内容和方法，以及详细设计的内容；第5章介绍了系统实施阶段和系统运维阶段的主要任务；第6章介绍了信息系统开发中主要文档的内容和编制原则。

本书适合作为高等学校信息管理与信息系统专业、计算机科学与技术专业（信息系统方向）“信息系统分析与设计”及其他相关课程的教材，对于从事企业信息管理具体工作的管理人员和技术人员也具有很好的参考价值。

图书在版编目（CIP）数据

企业信息系统工程教程 / 姜同强编著. —北京：中国铁道出版社，2012.12
高等学校计算机类课程应用型人才培养规划教材
ISBN 978-7-113-15671-8

Ⅰ. ①企… Ⅱ. ①姜… Ⅲ. ①企业管理—管理信息系统—高等学校—教材 Ⅳ. ①F270.7

中国版本图书馆CIP数据核字（2012）第267682号

书　　名： 企业信息系统工程教程
作　　者： 姜同强　编著

策　　划： 郑　涛　　　　**读者热线：** 400-668-0820
责任编辑： 周海燕　徐盼欣
封面设计： 付　巍
封面制作： 白　雪
责任印制： 李　佳

出版发行： 中国铁道出版社（100054，北京市西城区右安门西街8号）
网　　址： http://www.51eds.com
印　　刷： 北京新魏印刷厂
版　　次： 2012年12月第1版　　2012年12月第1次印刷
开　　本： 787mm×1092mm　1/16　**印张：** 14.75　**字数：** 343千
印　　数： 1～3 000册
书　　号： ISBN 978-7-113-15671-8
定　　价： 29.00元

编审委员会

PREFACE

丛书序

当前，世界格局深刻变化，科技进步日新月异，人才竞争日趋激烈。我国经济建设、政治建设、文化建设、社会建设以及生态文明建设全面推进，工业化、信息化、城镇化和国际化深入发展，人口、资源、环境压力日益加大，调整经济结构、转变发展方式的要求更加迫切。国际金融危机进一步凸显了提高国民素质、培养创新人才的重要性和紧迫性。我国未来发展关键靠人才，根本在教育。

高等教育承担着培养高级专门人才、发展科学技术与文化、促进现代化建设的重大任务。近年来，我国的高等教育获得了前所未有的发展，大学数量从1950年的220余所已上升到2008年的2 200余所。但目前诸如学生适应社会以及就业和创业能力不强，创新型、实用型、复合型人才紧缺等高等教育与社会经济发展不相适应的问题越来越凸显。2010年7月发布的《国家中长期教育改革和发展规划纲要（2010—2020年）》提出了高等教育要"建立动态调整机制，不断优化高等教育结构，重点扩大应用型、复合型、技能型人才培养规模"的要求。因此，新一轮高等教育类型结构调整成为必然，许多高校特别是地方本科院校面临转型和准确定位的问题。这些高校立足于自身发展和社会需要，选择了应用型发展道路。应用型本科教育虽早已存在，但近几年才开始大力发展，并根据社会对人才的需求，扩充了新的教育理念，现已成为我国高等教育的一支重要力量。发展应用型本科教育，也已成为中国高等教育改革与发展的重要方向。

应用型本科教育既不同于传统的研究型本科教育，又区别于高职高专教育。研究型本科培养的人才将承担国家基础型、原创型和前瞻型的科学研究，它应培养理论型、学术型和创新型的研究人才。高职高专教育培养的是面向具体行业岗位的高素质、技能型人才，通俗地说，就是高级技术"蓝领"。而应用型本科培养的是面向生产第一线的本科层次的应用型人才。由于长期受"精英"教育理念的支配，脱离实际、盲目攀比，高等教育普遍存在重视理论型和学术型人才培养的偏向，忽视或轻视应用型、实践型人才的培养。在教学内容和教学方法上过多地强调理论教育、学术教育而忽视实践能力的培养，造成我国"学术型"人才相对过剩，而应用型人才严重不足的被动局面。

应用型本科教育不是低层次的高等教育，而是高等教育大众化阶段的一种新型教育层次。计算机应用型本科的培养目标是：面向现代社会，培养掌握计算机学科领域的软硬件专业知识和专业技术，在生产、建设、管理、生活服务等第一线岗位，直接从事计算机应用系统的分析、设计、开发和维护等实际工作，维持生产、生活正常运转的应用型本科人才。计算机应用型本科人才有较强的技术思维能力和技术应用能力，是现代计算机软、硬件技术的应用者、实施者、实现者和组织者。应用型本科教育强调理论知识和实践知识并重，相应地，其教材更强调"用、新、精、适"。所谓"用"，是指教材的"可用性"、"实用性"和"易用性"，即教材内容要反映本学科基本原理、思想、技术和方法在相关现实领域的典型应用，介绍应用的具体环境、条件、方法和效果，培养学生根据现实问题选择合适的科学思想、理论、技术和方法去分析、解决实际问题的能力。所谓"新"，是指教材内容应及时反映本学科的最新发展和最新技术成就，以及这些新知识和新成就在行业、生产、管理、服务等方面的最新应用，从而有效地保证学生"学以致用”。所谓“精”，不是一般意义的“少而精”。事实常常告诉我们“少”与“精”是有矛盾的，数量的减少并不能直接促使质量的提高。而且，“精”又是对“宽与厚”的直接“背叛”。因此，教材要做到“精”，教材的编写者要在“用”和“新”的基础上对教材的内容进行去伪存真的精练工作，精选学生终身受益的基础知识和基本技能，力求把含金量最高的知识传承给学生。“精”是最难掌握的原则，是对编写者能力和智慧的考验。所谓“适”，是指各部分内容的知识深度、难度和知识量要适合应用型本科的教育层次，适合培养目标的既定方向，适合应用型本科学生的理解程度和接受能力。教材文字叙述应贯彻启发式、深入浅出、理论联系实际、适合教学实践，使学生能够形成对专业知识的整体认识。以上 4 个方面不是孤立的，而是相互依存的，并具有某种优先顺序。“用”是教材建设的唯一目的和出发点，“用”是“新”、“精”、“适”的最后归宿。“精”是“用”和“新”的进一步升华。“适”是教材与计算机应用型本科培养目标符合度的检验，是教材与计算机应用型本科人才培养规格适应度的检验。

中国铁道出版社同高等学校计算机类课程应用型人才培养规划教材编审委员会经过近两年的前期调研，专门为应用型本科计算机专业学生策划出版了理论深入、内容充实、材料新颖、范围较广、叙述简洁、条理清晰的系列教材。本系列教材在以往教材的基础上大胆创新，在内容编排上努力将理论与实践相结合，尽可能反映计算机专业的最新发展；在内容表达上力求由浅入深、通俗易懂；编写的内容主要包括计算机专业基础课和计算机专业课；在内容和形式体例上力求科学、合理、严密和完整，具有较强的系统性和实用性。

本系列教材是针对应用型本科层次的计算机专业编写的，是作者在教学层次上采纳了众多教学理论和实践的经验及总结，不但适合计算机等专业本科生使用，也可供从事 IT 行业或有关科学研究工作的人员参考，适合对该新领域感兴趣的读者阅读。

本系列教材出版过程中得到了计算机界很多院士和专家的支持和指导，中国铁道出版社多位编辑为本系列教材的出版做出了很大贡献，在此表示感谢。本系列教材的完成不但依靠了全体作者的共同努力，同时也参考了许多中外有关研究者的文献和著作，在此一并致谢。

应用型本科是一个日新月异的领域，许多问题尚在发展和探讨之中，观点的不同、体系的差异在所难免，本系列教材如有不当之处，恳请专家及读者批评指正。

“高等学校计算机类课程应用型人才培养规划教材”编审委员会

2011 年 1 月

前 言

FOREWORD

企业信息系统工程是指按照工程化的原则去组织和管理企业信息系统的开发与建设，这里企业的含义与组织接近，泛指公司、学校、社会团体乃至政府机构等。信息系统工程既是一项技术工程，也是一项社会工程。信息系统开发是一个认识系统、描述系统的过程。从认识系统的角度看，信息系统工程在分析阶段提供了一些对问题域的分析认识方法；从描述系统的角度看，信息系统工程在分析和设计阶段提供了一些从问题域逐步过渡到编程语言的描述手段。

企业信息系统工程是按照工程学的原理分析、设计、实施和管理企业的信息系统，而信息系统的分析与设计则是企业信息系统工程中的两个最重要的阶段。任何一项工程的组织实施，都既需要有理论的指导，又需要开发人员具有丰富的实践经验，二者缺一不可。理论知识是可以传授和学习的；而工程的经验则必须在“做”的过程中不断汲取、摸索、归纳、总结，当遇到问题或者出现错误时，通过思考发现解决问题或纠正错误的办法，由此积累经验。不同的人由于可能碰到的问题不同，积累的经验也就不同，也就是说，经验往往是难以传授的。因此，学习信息系统工程的有效方法是在做、出错、分析错误、避免将来犯同样错误这样一个周而复始的过程中完成的。但是，当许多人积累的经验类似时，就可以将其上升为一种理论上的原则。信息系统工程的理论也就是在这样一个不断发现问题、积累经验、升华经验的周而复始的过程中得到丰富、完善和提高。

理论具有指导工程实践的作用，没有理论的指导，工程就不可能按照预期的进度和用户的要求在规定的时间内完成。国内外很多信息系统工程建设项目的失败，表现在工程建设的质量、进度与资金投入几乎失控，常出现质量问题、进度延迟与资金投入加大的情况，而编码与设计脱节、设计与需求脱节的情况最终会造成系统后续维护的工作量大为增加，导致信息系统工程成为“补丁工程”，甚至使信息系统最终被废弃，无法取得预期的效益。

本书是在编者多年讲授“信息系统分析与设计”、“面向对象分析与设计”等课程的基础上结合开发实践写作而成的。全书共有 6 章：第 1 章信息系统工程体系，围绕过程层、方法层、建模语言层、工具层介绍了信息系统工程的知识体系。第 2 章信息系统规划与决策，介绍了信息系统规划的典型方法以及信息系统建设中的一些重大决策问题。第 3 章信息系统分析，介绍了系统分析阶段的任务；过程建模、数据建模和对象建模。第 4 章信息系统设计，介绍了系统设计阶段的任务和方法，并详细介绍了总体设计的内容和方法；详细设计中几个方面的内容（界面设计、输入/输出设计、控制设计、程序设计等）。第 5 章信息系统实施与运维，介绍了系统实施阶段和系统运维阶段的主要任务。第 6 章信息系统文档编制，介绍了信息系统开发中主要文档的内容和编制原则。

本书由姜同强编著。本书的出版得到了许多教师和专家的帮助，罗晓沛教授自始至终关注本书的编写，并提出了许多宝贵的意见，在此表示感谢。

限于编者水平，书中难免存在疏漏不妥之处，敬请读者批评指正。

编　者

2012 年 10 月于北京

本书导读

INTRODUCTION

一、教材结构图

必须从多个视角认识和理解信息系统工程。信息系统工程包含四个层面的内容：过程、方法、建模语言、建模工具。首先，信息系统工程是一个项目管理的过程，是一个将用户需求转化为信息系统所需要的活动的集合。信息系统工程必须针对项目的特点来决定用什么方法和思路对项目进行组织和管理以及任务分解。有多种过程模型，基本的过程模型包括基于瀑布模型的系统开发生命周期法和基于迭代模型的原型法。其次，信息系统工程是按照特定的方法学来进行开发的，方法学是从信息系统的特征（功能、数据和行为）的角度来划分的，有结构化方法、信息工程方法和面向对象方法等。最后，信息系统过程的组织和管理、方法学的运用都必须有相应的工具和建模语言的支持，离开了工具和建模语言，信息系统的开发就缺乏可操作性。

信息系统工程体系是纲，纲举目张。本书的编写以信息系统工程体系为纲，以结构化系统开发生命周期方法为线索，顺序展开对信息系统生命周期各阶段（尤其是信息系统分析和信息系统设计两个阶段）的任务、方法及建模工具的介绍。文档的编制是信息系统开发中的一项重要工作，贯穿于信息系统开发的各个阶段，一些重要文档的编制可参考本书第 6 章给出的模板，其他文档的编制可以参考《计算机软件国家标准》。

本书各章之间的关系如图 1 所示。

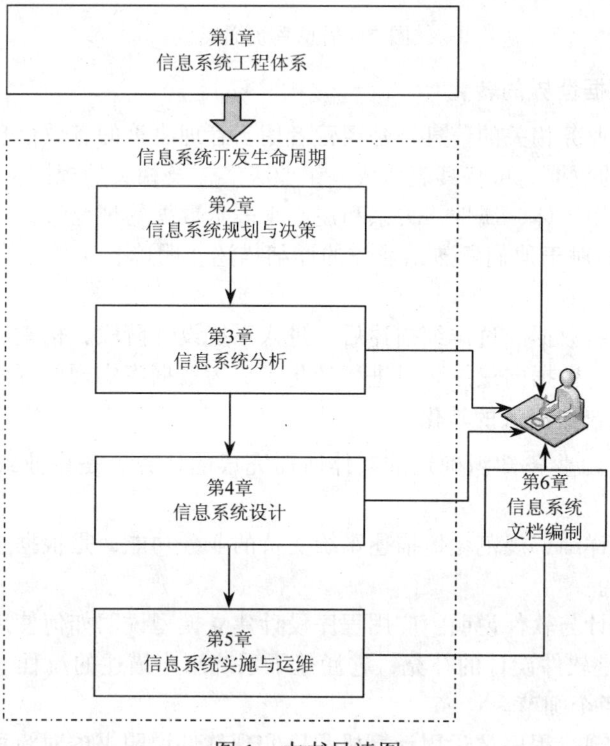

图 1　本书导读图

二、信息系统框架

一般而言，信息系统的开发包含以下三个方面的内容（见图 2），其涵盖了信息系统开发的主要内容。开发方法虽然有可能不同，但基本的工作内容是不变的，只是描述的方式和方法不同。

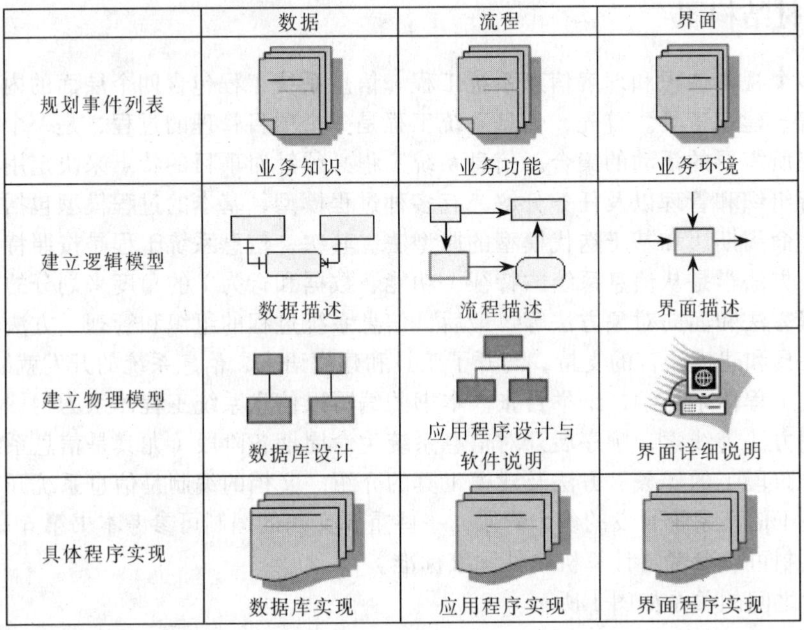

图 2　信息系统框架

1．客观世界到数据世界的转化

（1）业务知识：业务相关的信息，是经营者用于管理决策的有效信息，包括企业目标、人员、资产等不同方面的数据。可将其表示成一组业务实体及相关的规则。

（2）数据描述：用实体、属性、关系和规则来表示数据的规范形式。根据企业内具体工作人员即系统的最终用户对于他们所熟悉业务的详细描述，明确各实体、详述各实体的属性以及与实体相关的限制等。

（3）数据库设计：数据经过详细描述后，进入系统设计阶段，构建成数据库。

（4）数据库实现：数据向最终阶段进行转化，成为数据库实现的程序代码。

2．业务流程到系统数据流的转化

（1）业务功能：由业务知识确定的实体所需完成的任务，是企业或组织日常的业务处理活动。

（2）流程描述：详细、规范化地描述系统支持的业务功能，是根据企业进行商业交易的过程和商业规则而确定的。

（3）应用程序设计与软件说明：应用程序设计建立模型说明如何使用软件与硬件来实现这些流程；软件说明书是软件设计的补充，它涵盖了系统用户描述的流程，为程序员提供从技术角度表述的流程中的各个细节。

（4）应用程序实现：程序员运用计算机程序实现软件说明书内对流程的描述。

3. 业务凭证到计算机界面的转化

（1）业务环境：与系统进行交互的各个实体，包括企业各个部门、顾客、员工、其他企业或组织以及与此信息系统相关联的其他系统。

（2）界面描述：将系统以外的实体划分出来，系统内部业务流程作为一个整体与外界进行交互。着重描述用于交互的数据。

（3）界面详细说明：系统设计人员对于描述后的界面进行设计，主要包括输入与输出设计。

（4）界面程序实现：根据界面详细描述编写代码，实现输入和输出界面。

三、说明

1. 信息系统工程的要素

信息系统工程的要素包括以下三个方面的内容：

（1）组织：包括工程组织、角色安排及职责的分配。

（2）技术：包括建设和开发方法以及选择的工具与方案。

（3）管理：对规划、计划的实施与控制，各种资源的管理、监理和审计等。

本书主要侧重于信息系统工程的技术要素，对于其他两个方面的要素则基本没有涉及，关于信息系统工程的组织和管理可参看信息系统项目管理方面的教材。

2. 信息系统工程实施的方式

信息系统工程实施的方式有以下四类：

（1）外包（outsourcing）：是指通过专业的信息系统工程服务商实现工程的建设和提供服务。

（2）购买：是指直接购买信息系统软件，该方法又称商业软件包法。

（3）自主实施：是指由企业内部的信息技术专门人员开发系统。

（4）联合实施开发：是指聘请专业开发公司的技术人员，但在开发过程中本企业的信息技术人员也参与其中。

本书主要侧重于自主实施信息系统工程的方式，即按照开发一个全新的信息系统所需要做的各个阶段的工作展开介绍。

CONTENTS

目　录

第1章 信息系统工程体系

本章导读

信息系统工程体系是基于“围绕质量的核心要素，首先强调信息系统工程项目的管理和控制（过程管理），其次再考虑如何综合运用各种计算机方法、技术和工具”的想法而提出的。

信息系统工程是一种层次化的技术。四个层次的核心焦点是信息系统质量。任何工程方法（包括软件工程和信息系统工程）都必须以工程的质量保证为基础。全面的质量管理和类似的理念刺激了不断的过程改进，正是这种改进促使了更加成熟的软件工程方法和信息系统工程方法的不断出现。支持信息系统工程的根基就在于对质量的关注。信息系统工程体系指出：信息系统工程包含以信息系统质量为核心的四个层面的内容：

（1）过程层。信息系统工程过程是将技术层结合在一起的凝聚力，使得信息系统能够被合理地和及时地开发出来。

（2）方法层。方法层为信息系统开发指明了在技术上需要“如何做”。

（3）建模语言层。模型是从某一个观点出发，对信息系统本质特征的抽象。信息系统模型用建模语言来表达，如统一建模语言（UML）。

（4）工具层。工具对过程和方法提供了自动的或半自动的支持。

本章主要内容包括：

- 信息系统工程体系四个层次的内容及相互之间的联系与区别。
- 典型的信息系统过程模型。
- 典型的信息系统开发方法。

学习目标

通过学习，读者应该能够：

- 理解信息系统工程中存在的问题。
- 理解过程、方法学、建模语言、工具在信息系统工程体系中的作用及其之间的关系。
- 掌握几种典型的系统开发生命周期模型，如瀑布模型、迭代模型，了解其特点、适用范围等。
- 理解典型的信息系统开发方法的基本概念和原理。
- 了解计算机辅助系统工程（CASE）的概念和意义。

1.1 信息系统工程概述

1.1.1 信息系统工程

信息系统工程（information system engineering）是使用系统工程管理的方法构建信息系统，从而充分挖掘信息价值的一整套理论、方法和工具的总称。具体来说，信息系统工程是指以计算机、网络、数据库、软件等信息技术与产品为构件的系统工程。信息系统工程的内容包括硬件工程、软件工程、网络工程、数据工程、人机工程。其中，数据工程是信息系统工程的基础工程。

从概念上讲，软件是信息系统的一个核心的组成部分，所以软件工程是信息系统工程的一个主要的组成部分。事实上，信息系统工程中的许多概念、理论和方法都直接来自于软件工程。但是，信息工程作为一个学科要比软件工程更为广泛，它包括了为建立基于当代数据库系统的计算机化企业所必需的所有相关的学科。

信息系统工程不能等同于软件工程，二者在内容上有明显的差异。信息系统一定是面向企业的，这里企业的含义与组织接近，泛指公司、学校、社会团体乃至政府机构等。因此，即使是同类型的企业，所建立的信息系统也有很大的差别。而软件则可能面向一类企业或者一类问题。这直接导致了信息系统工程与软件工程的差异。具体来说，就是在实施信息系统工程时一定要首先从企业全局角度出发进行整体的系统规划，确定如何组织和分配企业的信息资源。正如著名学者 James Martin 所指出的："建造一艘战舰，不可能在没有总体设计的情况下，就着手各个零部件的设计和制造。建设一项完整的信息工程，其复杂程度丝毫不亚于建造一艘战舰。在没有总体规划的情况下，各个子系统独立实施的结果是难以组成协调的大系统的；而当需要协调时，则需要对这些子系统加以转换，完成这种转化的代价是昂贵的。不兼容的子系统的存在，将非常难于甚至完全不可能把数据统一、协调起来以满足管理者的需要。因此，设计一个大系统必须要有最高层的规划作为指导，以避免各子系统间的矛盾和冲突，并使用适当的设计工具以协调各项活动。"

信息系统开发是一项复杂的工程，必须按照工程化的原则对信息系统的开发进行组织和管理。工程化强调工作步骤的规范化、标准化。标准是人们对于某些普遍使用的概念、术语、方法、尺度等所做的统一规定，标准化的发展程度是社会生产水平发展程度的标志之一，也是衡量一个产业发展水平的主要标志。工程化强调工作步骤的标准化，强调开发工作质量的定量检测，强调工作内容必须文档化。

信息系统的建设涉及的社会经济与组织管理环境、建设内容和所用的技术手段都很复杂，工作量大，资源昂贵，这些都是一般的工程技术开发项目难以比拟的。由于系统建设者往往对问题的复杂性缺乏认识，对于建设中遇到的困难没有思想准备和有效的克服困难的方法与手段，因而导致建设系统的失败。

1.1.2 信息系统工程的三个核心要素

信息系统工程是将系统化的、规范的、定量化的方法用于信息系统的规划、开发、运行和维护，即工程化思想在信息系统建设中的应用。工程方法是指人们利用技术（或工具）、技能通过有组织活动完成契约规定的目标，即按预定工期交付合格成品。信息系统工程的主要目标是在规定的预算和进度范围内，生产满足用户需求的高质量的信息系统。

工程的三个核心问题是质量、速度和成本。信息系统的质量、信息系统开发的速度、信息系统的开发成本也同样是信息系统工程的三个核心问题。但是，目前信息系统工程在上述各方面仍存在很多问题，具体表现在：

1．效益问题

对企业来说，信息系统的建设是一项巨大的投资，因此效益永远都是信息系统工程的第一位目标。用户在硬件、软件、开发和维护等方面投入大量的资金，却很少能产生明显的经济效益和社会效益，甚至导致企业破产，从而使很多企业对信息系统的建设持有观望甚至抵制的心理。有些企业过分强调了硬件的档次和质量，而忽视了其他一些更为重要的因素。

2．需求问题

信息系统是一个社会–技术系统，其中的不稳定因素很多，导致用户的需求更具有不确定性和易变性。如何适应用户需求的变化是信息系统工程研究的一个核心问题，目前的信息系统开发技术并不能很好地解决这一问题。

3．规划问题

与软件不同的是，信息系统总是处于企业的业务环境之中，是企业管理系统的一个子系统。传统的信息系统建设往往是从某个局部应用开始的，只注重于某个业务子系统，而忽略了整个企业对信息系统的全局要求。没有统一的信息系统规划的指导，就会出现数据不一致、已有的系统很难集成等问题。规划工作必须由领导直接参与，而领导重视程度不够，不能直接参与规划工作是普遍的现象。

4．队伍建设问题

企业是否要建立自己的开发队伍？这一直是困扰企业领导层的一个问题。系统分析师的奇缺，技术人员的频繁流动，导致企业没有自己的信息系统建设队伍。

上述问题不是单纯的方法、技术就能够很好地解决的，需要既从技术因素方面又从社会因素方面综合加以解决。

1.1.3　信息系统工程体系

信息系统的开发既是一个大型项目管理和控制的过程，又是一个各种技术综合运用的过程。一个成功的信息系统的开发包含多方面的因素：开发过程中如何对信息系统开发的各种资源（人员、资金、硬件、软件、时间等）进行合理的、科学的管理和控制；如何灵活地运用各种先进的计算机技术等。前者常被计算机信息系统开发者所忽视，成为导致系统开发失败的一个根本原因。因此，必须从不同的角度综合认识信息系统工程。

信息系统工程体系（见图 1–1）指出：信息系统工程是一种层次化的技术，包含以信息系统质量为核心的四个层面的内容：过程层、方法层、建模语言层、工具层。四个层次的核心焦点都是信息系统质量。

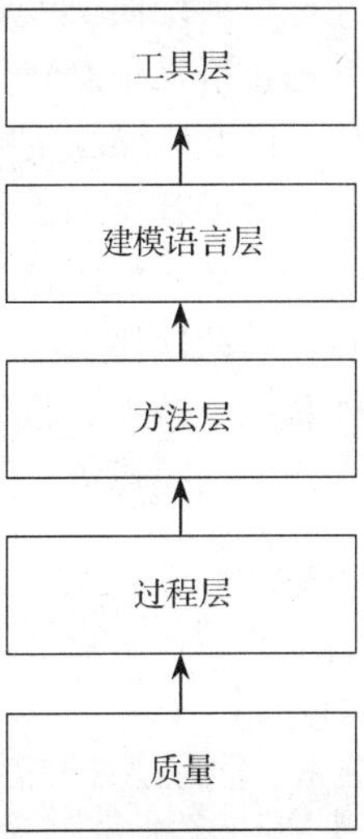

图 1–1　信息系统工程体系

图 1–1 中的四个层次实质上也体现了不同人员对信息系统工程的认识。工具层反映了程序员对信息系统工程的看法；建模语言层和方法层反映了系统分析师和系统设计师对信息系统工程的看法；过程层反映了项目管理人员对信息系统工程的看法。

（1）过程层。信息系统过程是黏结剂（glue），把方法、语言和工具结合在一起。过程定义了方法的使用顺序、可交付产品（文档、报告、格式）的要求，确保质量和修改的控制，并使信息系统管理人员能对它们的进展进行评价。

信息系统过程是一个认识、理解和描述信息系统的过程，它既是一个认知的过程，又是一个翻译的过程。

① 信息系统工程是一个认知过程。信息系统是对数据、计算、接口等复杂思维形态的表达。信息系统开发是一个对事物（系统）认识和描述的过程。所谓“认识”，是指在系统所要处理的问题域范围内，通过人的思维对该问题域客观存在的事物，以及所要解决的问题产生正确的认识和理解。所谓“描述”，是指用一种语言把人们对问题域中事物的认识、对问题及其解决方法的认识描述出来。最终的描述必须是机器可读的语言，即编程语言。

② 信息系统开发也可以理解为一个“翻译”的过程，是从自然语言到机器语言（或程序设计语言）的一种翻译。首先，通过系统分析，用类似自然语言的建模工具将用户的需求表达出来（做什么）；然后，通过系统设计，提出问题的解决方案（如何做）；最后，通过系统实现，用适当的计算机语言实施设计方案。

美国第 34 任总统艾森豪威尔有句名言：“计划本身什么都不是，而编制计划的过程就是一切。”由此可以引申出关于过程的许多结论：产品什么也不是，而开发产品的过程就是一切；文档什么也不是，而编制文档的过程就是一切。

（2）方法层。方法学提供了构造信息系统的技术。

方法层为软件开发指明了在技术上需要“如何做”。方法涵盖了一系列的任务：需求分析、设计、编程、测试和维护。信息系统工程方法依赖于一组原则，这些原则控制了每一个技术区域，且包含建模活动和其他描述技术。

信息系统方法实质上提供了一种认识系统、理解系统、描述系统的一整套思路。

（3）建模语言层。建模语言用以支持信息系统的分析、设计和实现。

信息系统模型可通过建模语言表达，如统一建模语言（unified modeling language，UML）。模型包含语义信息和表示法，可采取图形和文字等多种不同形式。建立模型是因为在某些用途中使用模型比操纵实物更容易和方便。

（4）工具层。工具为方法和语言提供自动化或半自动化的支持。当这些工具被集成起来使得一个工具产生的信息可以被另外一个工具使用时，一个支持软件开发的系统就建立了，称为计算机辅助软件工程（computer aided software engineering，CASE）。CASE 集成了软件、硬件和一个软件工程数据库（包含了关于分析、设计、编程和测试的重要信息），从而形成了一个软件工程环境。

1.2 信息系统过程模型

1.2.1 信息系统过程模型的概念及其演化

1. 信息系统过程模型的概念

过程（process）是指为实现一个给定目标而进行的一系列运作步骤。过程具有一系列的性质：时间性、并发性、嵌套性和度量性等。信息系统过程是一个将用户需求转化为信息系统所需要的活动的集合，即开发和维护信息系统及其相关产品所涉及的一系列活动。过程是活动的集合；活动是任务的集合；任务是把输入转换为输出的操作。

任何过程都具有以下特征：

(1) 过程规定了所有主要的过程活动。

(2) 过程运用资源、施加的一组约束（如进度）来生产中间的和最终的产品。

(3) 过程可由以某种方式联系的子过程组成。

(4) 每一个过程活动都具有输入和输出的标准。

(5) 过程以顺序方式组织，因此何时执行一个与其他活动相关联的活动是非常清楚的。

(6) 每一个过程都具有一组解释活动目标的指导原则。

(7) 约束或控制可以施加于活动、资源或产品。例如，预算或进度可以约束活动的时间长短，或者一种工具可以约束资源的使用方式。

2. 信息系统过程模型的演化

信息系统过程又称信息系统开发生命周期（system development life cycle，SDLC），是信息系统开发的指导思想和全局性框架。信息系统过程模型的提出和发展反映了人们对信息系统过程的某种认识观，体现了人们对信息系统过程认识的提高和飞跃。SDLC 包括：

(1) 任务分解结构（work breakdown structure，WBS）。如传统的系统开发阶段包括可行性研究、初始调研、系统分析、总体设计和详细设计等，现代的系统开发阶段包括系统规划、系统分析、系统设计、系统实施和系统支持。

(2) WBS 优先级结构。即系统开发所遵循的基本模式，如瀑布模型、阶梯模型、螺旋模型、迭代模型等。

目前流行的信息系统过程模型有：

(1) 瀑布模型（waterfall model）。瀑布模型强调严格按工程化的方法，遵照工程化的标准进行信息系统开发，并且信息系统开发的各个阶段有严格的先后次序关系。因此，运用瀑布模型的前提是能够早期冻结用户的信息需求。

(2) 原型化模型（prototyping model）。原型化模型包括抛弃式、演化式、增量式等类型。该模型适合于商业数据处理系统的开发。原型化模型是 20 世纪 80 年代发展起来的。该方法依据的基本模型是迭代模型。原型化模型强调系统的开发速度，它通过快速地建立一个原型化模型，然后再通过与用户反复多次的交互（交流）来逐步完善系统。原型化模型的建立需要大量使用模拟仿真技术，所以原型化模型又称仿真模型或模拟模型。因此，原型化模型适用于用户需求变化较快，即无法在早期冻结用户需求的信息系统的开发。

(3) 螺旋模型（spiral model）。该模型综合了瀑布模型和原型化模型的优点。其四个主要步骤包括：计划、风险分析、工程、用户评价。螺旋模型适合于大型软件系统和信息系统的开发。

(4) 面向对象生存期模型，又称喷泉模型（fountain model）。该模型具有更多的增量和迭代性质，生存期的各个阶段可以相互重叠和多次反复，而且在项目的整个生存期中还可以嵌入子生存期。

(5) 基于构件的软件开发（component-based development，CBD）。其是在软件复用和面向对象技术基础上发展起来的，是一个面向产品结构的软件开发模式。

(6) 统一软件开发过程（rational unified process，RUP）。其基于 UML，有三个关键思想：用例驱动（use-case driven）、以体系结构为中心（architecture-centric）、迭代与增量

式开发（iterative and incremental）。

1.2.2 瀑布模型

瀑布模型（见图 1-2）是于 20 世纪 70 年代提出的较早的一种生命周期模型，其特点是各阶段的工作安排基本按顺序进行。瀑布模型是信息系统开发的传统模型，但是该模型存在的一个致命的缺点是按瀑布模型开发的信息系统不到产品的成品阶段（即测试阶段）无法验证早期的分析和设计是否正确，因而造成的返工率常常高达 20%～30%，如果错误发现得越晚，则造成的损失和浪费就越大。所以，后来在瀑布模型的基础上相继提出一些其他的模型，如迭代模型、螺旋模型等。应用瀑布模型开发信息系统的方法又称结构化生命周期法。

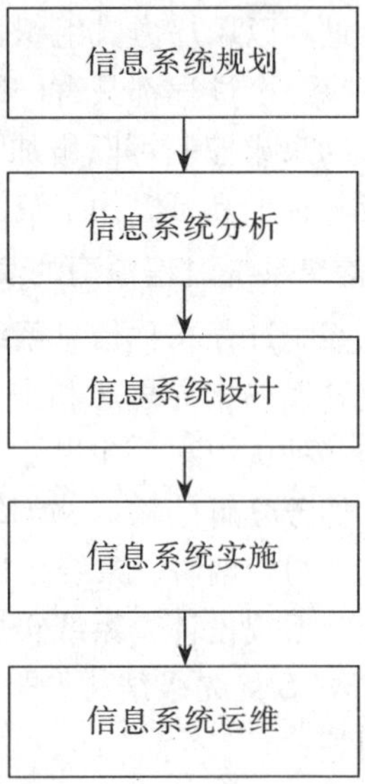

图 1-2　基于瀑布模型的系统开发生命周期

瀑布模型的特点是：强调阶段的划分及其顺序性；强调各阶段工作及其文档的完备性；是一种严格线性的、按阶段顺序的、逐步细化的开发模式。

1. 各阶段任务描述

1）信息系统规划

信息系统规划（information systems planning，ISP）的基本任务是在充分、深入研究企业发展远景、业务策略和管理的基础上，形成信息系统的远景、组成架构、各部分的逻辑关系，以支撑企业战略规划（business strategic planning，BSP）目标的达成。ISP 是从组织的宗旨、目标和战略出发，对企业内外信息资源进行统一规划、管理和应用，从而规范组织内部管理，提高工作效率和顾客满意度，最终为企业获取竞争优势，实现企业的长远发展。

其具体任务包括：

（1）根据组织的发展目标与战略制定业务流程改革与创新的目标和信息系统发展战略。

（2）制定组织的业务流程规划，确定业务流程改革与创新的方案。

（3）根据组织目标和业务流程规划确定信息系统的总体结构规划方案。

（4）安排项目实施方案，制定信息系统建设的资源分配方案。

ISP 的主要目标是：根据组织的目标与战略制定出组织中业务流程改革与创新和信息系统建设的长期发展方案，决定信息系统在整个生命周期内的发展方向、规模和发展进程。

典型的信息系统规划方法有：IBM 于 20 世纪 70 年代提出的企业系统规划（business systems planning，BSP）法、James Martin 提出的战略数据规划（strategic data planning，SDP）法、关键成功因素（critical success factors，CSF）法等。

2）信息系统分析

信息系统分析（information systems analysis）是指运用一定的方法，对问题域和系统责任进行分析和理解，对其中的事物和它们之间的关系产生正确的认识，并产生一个符合用户需求，并能够直接反映问题域和系统责任的模型及其详细说明。系统分析的主要任务是对现行系统进行详细调查，以充分掌握现行系统的真实情况，分析用户信息需求，在此基础上提出新系统的逻辑模型，并编写系统需求规格说明书（system requirement specification，SRS）。

系统分析是一个需求开发的过程。需求开发是整个信息系统开发的基础，包括需求获取、需求分析、规格说明和需求验证四项基本任务。如果需求定义错误（例如需求不完全、不合乎逻辑，不贴切或易于使人发生误解），那么不论以后各步的工作质量如何，都必然导致系统开发的失败。因此，系统分析是系统成功的关键一步，必须引起足够的重视，并且提供保障需求、定义质量的技术手段。

需求（requirement）是指用户要求软件系统必须满足的所有功能和限制。需求包括：功能要求、性能要求、可靠性要求、安全保密性要求，以及开发费用和开发周期、可使用资源等方面的限制。其中，功能需求是最基本的，包括数据要求和加工要求。

3）信息系统设计

信息系统设计（information systems design）的目的是设计一个以计算机为基础的技术解决方案，以满足用户的业务需求。其主要任务是依据系统分析报告，赋予系统分析阶段所确定的新系统的功能一种具体的实现方法和技术，并编写系统设计规格说明书（system design specification）。

系统设计主要包括总体设计和详细设计两个层次的活动。总体设计的主要内容包括软件总体结构设计、信息系统体系结构设计、计算机硬件/软件和网络配置方案设计；详细设计包括代码设计、数据库设计、输入/输出设计、控制设计、程序设计。

4）信息系统实施

信息系统实施（information systems implementation）的目的是构造/组装信息系统技术部件，并最终使信息系统投入运行。其任务是根据系统设计所提供的控制结构图、数据库设计方案、系统配置方案及详细设计资料，编制和调试程序、调试系统、进行系统切换等工作，将技术设计转化为物理实际系统。系统实施阶段包括的活动有：

(1）编程：根据每一个模块的基本结构，用某种计算机语言编写其程序代码。

(2）测试：测试是程序执行的过程，其目的是尽可能多地发现软件中存在的错误。测试包括模块测试、集成测试、系统测试等。

(3）用户培训：编写用户操作手册。

(4）新旧系统之间的切换：是新系统取代旧系统的一个过程，有几个方案可以选择——一个方案是用新系统直接取代旧系统，因为新系统中的错误是不可避免的，所以这种方案的风险较大；另一个方案是新系统和旧系统同时运行一段时间，新系统逐步取代旧系统，通常这是比较安全的一种方案。

5）信息系统运维

信息系统运维（information systems operation and maintenance）是指信息系统运维服务供应商或信息系统运维部门综合利用各种运维支撑工具，实现对运行的业务系统、应用程序、服务器、存储设备、网络系统以及安全系统等的监测和管理，确保信息系统正常、安全、高效、经济运行的服务。其基本内容包括 IT 基础设施运维服务、IT 应用系统运维服务、安全管理服务、网络接入服务、内容信息服务以及综合管理服务。

运维管理系统以用户服务、业务运营为核心，为用户提供必要的业务支撑。

2. 瀑布模型的优缺点

1）优点

瀑布模型有如下几个优点：

(1) 阶段的顺序性和依赖性。前一个阶段的完成是后一个阶段工作的前提和依据，而后一阶段的完成往往又使前一阶段的成果在实现过程中具体了一个层次。

(2) 逐步求精的结构化方法。从时间的进程来看，整个软件的开发就是一个从抽象到具体的分层实现过程，而每一阶段的工作亦体现出自顶向下、逐步求精的结构化技术特点。

(3) 推迟实现的观点。对于有一定规模的软件，编码越早，完成的时间反而会越长，甚至导致不可挽回的失败。这是为无数事例所证实了的。结构化生命周期法的一个主要的特点就是逻辑设计与物理设计分开，从而大大提高了系统的正确性、可靠性和可维护性。

(4) 质量保证措施。文档编制和复审是信息系统开发过程中每个阶段结束时必须要做的两项工作，也是质量保证的重要措施。该方法强调文档的完备性和标准化，通过文档编制和复审，对本阶段工作成果进行评定，使错误较难传递到下一阶段。错误纠正的越早，所造成的损失就越少。

2）缺点

(1) 该方法是一种预先定义需求的方法，采用该方法的基本前提是必须能够在早期就冻结用户的需求。因此，该方法只适用于可以在早期阶段就完全确定用户需求的项目。然而，在实际中要做到这一点往往是不现实的，用户很难准确地陈述其需求。

(2) 该方法未能很好地解决系统分析到系统设计之间的鸿沟（gap）。

(3) 该方法文档的编写工作量极大，随着开发工作的进行，这些文档需要及时更新。虽然目前已有很多 CASE 工具可以支持这一工作，但仍需要很大程度的人工参与。

(4) 在实践中要想获得完善的需求说明是非常困难的，反馈信息慢，因而经常延迟产品的交付时间。

(5) 不能很好地适应用户需求的变化。

Frederick P. Brooks Jr.在《人月神话》中深刻地批评了瀑布模型的错误，他认为：瀑布模型的基本谬误是它假设项目只经历一次过程，而且体系结构出色并且易于使用，设计是合理可靠的。换言之，瀑布模型假设所有的错误发生在编码实现阶段。瀑布模型的第二个谬误是它假设整个系统一次性地被构建，在所有的设计、大部分编码、部分单元测试完成之后，才为闭环的系统测试合并各个部分。

3）瀑布模型的适用范围

瀑布模型按照工程学的原理组织和管理信息系统开发。由于各阶段之间基本上是一种线性的顺序关系，即前一个阶段的结果是后一阶段的工作基础，因此瀑布模型不允许有返工的情况发生。其适用范围包括：开发早期能够冻结用户需求的系统；组织结构稳定，业务处理过程相对比较规范、成熟、定型的企业信息系统；需求比较明确、稳定的系统；规模大、功能与数据关系复杂的大型系统。

1.2.3 原型化方法

1. 原型化方法的基本概念和思想

1）原型化方法产生的背景和原因

基于瀑布模型的结构化系统开发生命周期法最大的缺点是需要早期冻结用户的需求，事实上，对于很多应用系统（如商业信息系统）来讲，用户要想在项目开发初期就非常清楚地陈述其需求几乎是不可能的；错误形成的越早，对整个系统的影响越严重。而且大量事实表明：用户需求定义方面的错误是信息系统开发中出现的后果最严重的错误。在此背景下，提出基于迭代模型的原型化方法。由于该方法在开发信息系统方面的有效性，尤其是图形用户界面（graphical user interface，GUI）的出现，在 20 世纪 80 年代中期，原型化方法逐渐被广大信息系统开发者所认可，并得到广泛应用，成为一种流行的信息系统开发方法。

使用原型化方法，可以构造一个动态的工作演示模型，以便从用户处取得反馈意见；能够得到一个更直观、更形象的东西；能及早发现需求方面的误解和系统开发的难点；有助于开发友好的人机界面；有助于检验候选的设计方案。

2）原型化方法的基本概念

原型（prototype）即样品、模型的意思。原型分为三类：

（1）抛弃式，目的达到即被抛弃，原型不作为最终产品。

（2）演化式，系统的形成和发展是逐步完成的，它是高度动态迭代的，每次迭代都要对系统重新进行规格说明、重新设计、重新实现和重新评价，所以是对付变化最为有效的方法，这也是与瀑布开发的主要不同点。

（3）增量式，系统是一次一段地增量构造，与演化式原型的最大区别在于增量式开发是在软件总体设计基础上进行的。很显然，其对付变化比演化式差。

原型化方法是用于开发某种产品或其组成部件的一个小规模工作模型（即原型）所使用的一种非常流行的工程技术。对于信息系统开发而言，快速原型法是指用户的需求被提取、表示，并快速地构造一个最终系统的、具有进化能力的工作模型，并逐步发展和完善该模型。

原型化方法强调动态地定义信息系统需求。这是因为，信息系统开发成功的经验和失败的教训告诉我们，信息系统开发生产率的提高以及信息系统的质量在很大程度上依赖于需求的定义。如果用户需求没有分析清楚，系统提供的服务将会受到极大的限制，因而根本谈不上会产生好的设计和编码。

需求分析的一种变通的方法是获得一组基本需求后，快速地加以实现。随着用户或开发人员对信息系统理解的加深而不断地对这些需求进行补充和细化，信息系统的定义是在逐步发展的过程中进行的，而不是一开始就预见一切，这就是原型化方法。因此可以认为原型化方法是确定软件需求的策略，是一种动态的需求定义策略。

2．原型化系统开发生命周期

图 1-3 描述了原型法系统开发生命周期及其迭代的特点。

3．原型化方法的优点和缺点

1）优点

（1）减少了开发时间，大大提高了系统开发效率。这主要是由于最终用户更加积极地参与系统的开发，尤其是信息系统需求的确定。

（2）由于用户在看到原型以前往往很难理解和详细陈述其需求，而且用户所看到的是实际的工作模型而不是用单调的语言或图来描述的需求，因此，信息需求的定义工作更为直观、简单。

（3）通过一系列对原型的修改和完善，大大增加了用户对设计的满意程度，进而提高了信息系统的质量。

（4）减少了系统开发费用。

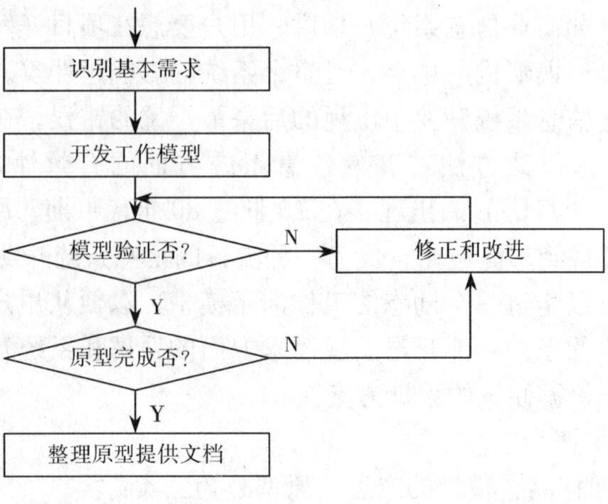

图 1-3 原型化方法系统开发生命周期

2）缺点

（1）分析和设计上的深度不够，从而可能造成在未能很好地理解用户需求的情况下就着手程序代码的编写。

（2）原型化方法中的第一个工作原型可能并不是一个最优方案。

（3）通过原型化方法所开发的系统不具备灵活性，难以适应用户需求的变化。

（4）工作原型不一定容易修改。

4．应用原型化方法的前提条件

（1）系统需求在系统开发以前不能准确地加以陈述和说明，用户需求变化较快，无须早期冻结用户需求。人们发现，要想详细而精确地定义任何事情都是有困难的。实际上，用户很善于叙述其目标、对象以及想要前进的大致方向，但对于要如何实现那些事情的细节却不甚清楚和难以确定。对所有参加者，建造一个系统都是一个持续不断的学习和实践过程。当人们仅有局部的经验的时候，怎么可能要求他们去对全局需求进行叙述呢？

（2）有快速的系统建造工具。如果没有快速的系统建造工具，则运用原型化方法几乎是不可能的。原型技术今天存在于各种形式的开发活动中。如果“原型”可以快速的构造，那么就可以测试一个“好的设想”。如果设想有错，那么就把它丢掉，而不致遭受大的损失。如果设想是对的，就可以进一步求精，而对于想法、概念、观点和要求的正确性，都可以在原型实验中加以验证。而这一切都必须借助于快速生成工具的支持。目前，所谓应用生成器（AG）、第四代生成语言（4GL）、计算机辅助软件工程（CASE）等都是原型化方法的有力支持工具。

（3）需要实际的、可供用户参与的系统模型。文字和静态图形是一种比较好的通信工具，然而其最大缺点是缺乏直观的、感性的特征，因而往往不易理解对象的全部含义。交互式系统能够提供生动的规格说明，用户见到的是一个“活”的、运行着的系统。理解纸面上的系统和操作在机器上运行的系统，其差别是十分显著的。因此，如果要提供一个生动的规格说明，就不能满足于一个静止的、被动的规格说明。因此，当能提供一个活生生的系统模型时，人们对它的了解将比描述性的材料好得多。

（4）用户能够积极地参与系统的开发。因为原型化方法需要在每次迭代中通过演示或使用系统，由用户提出进一步修改的意见，所以该方法要求用户自始至终要参与到项目的开发中去。

(5) 需要有一个原型工作环境。工作环境要求具备快速的响应、文档资源的管理、演示设施等功能。

(6) 具有一批具备丰富的问题域知识和开发经验的开发人员。原型法对开发人员的要求是比较高的。如果一个开发人员不具备相关业务领域的知识和系统开发经验，则显然不可能期望他快速地构造一个工作原型。在运用原型法时，开发人员的业务知识和经验的重用是非常重要的。

5. 结构化系统开发生命周期方法与原型化方法的比较

结构化系统开发生命周期方法与原型化方法的比较如表 1-1 所示。

表 1-1 结构化系统开发生命周期方法与原型化方法的比较

内容 \ 方法	原型化方法	结构化系统开发生命周期方法
开发路径	循环、迭代型	严格、顺序型
用户参与程度	高	低
早期可测试性	好	差
对开发环境和工具的要求	高	低
开发周期和自动化程度	短而高	长而低
开发技术管理	较困难	较容易
系统质量	更好	一般

【思考题】针对企业中各种不同类型的信息系统的特点，考虑其中有哪些信息系统适合用系统开发生命周期法来开发，哪些系统适合用原型化方法。为什么？

6. 结构化生命周期法与原型法的融合

基于瀑布模型的结构化生命周期法与基于迭代模型的原型法不是对立的，在工程实践中可以将二者有机融合在一起，如图 1-4 所示。原型法可以主要用来作为定义需求的一种策略和方法。

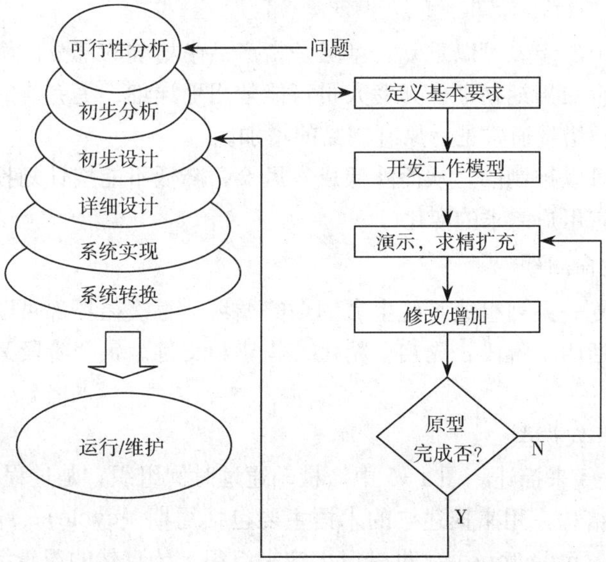

图 1-4 结构化系统开发生命周期方法与原型化方法的融合

1.2.4 统一开发过程

Rational 统一开发过程（rational unified process，RUP）是由 Rational 软件公司开发的一种软件工程过程，其目的是在预定的进度和预算范围内，开发出满足用户需求的高质量软件。

UML 创始人在分析软件开发项目的不足时指出，软件开发项目中存在一些共同的症状：对于最终用户的需求理解得不够精确；对于需求的改变束手无策；软件不易维护或不易扩展；对项目的严重缺陷发现的较晚；软件质量低劣；软件性能无法忍受；开发组成员按各自的方式进行开发，如果有人改变了部分软件，将很难再进行重组；一个不可靠的构造和发布过程。

导致这些不足的原因是：特别的需求管理；模糊和不精确的交流；脆弱的构架；系统过度复杂；未检测需求、设计和实现之间的不一致；对于项目状况的评估过于乐观；未解决存在的风险；无法控制变化的产生和传播；自动控制不足。

好的软件过程能够在很大程度上解决上述问题。

1．RUP 的特点

RUP 是一种软件工程过程，它提供了在开发组织中严格分配任务和职责的方法。其特点是：用例驱动；以体系结构为中心；迭代和增量。

1）用例驱动

用户（user）指的不仅仅是人，也可以是其他系统。用例是能够向用户提供有价值结果的系统中的一种功能。用例获取的是功能需求。所有的用例合在一起构成用例模型，它描述了系统的全部功能，回答了“系统应该为每个用户做什么？”这样的问题，而不是“系统应该做什么？”。

2）以体系结构为中心

软件系统体系结构从不同的角度描述了即将构造的系统。软件体系结构包含了系统中最重要的静态特征和动态特征。体系结构刻画了系统的整体设计，它去掉了细节部分，突出了系统的重要特征。体系结构和用例是“形式和功能”的关系。

3）迭代和增量

迭代是指工作流中的步骤可以重复；增量是指产品中增加的部分。增量不一定是对原有制品的增加，尤其是在生命周期初期，开发人员可能是用更详细、更完善的设计来代替最初简单的设计；在以后的阶段增量通常是对原有制品的增加。

迭代过程必须是可以控制的，从而降低成本风险，降低不能按计划投放市场的风险，加快项目进度，更好地适应用户需求的变化。

2．统一过程的生命周期

统一过程是在重复一系列组成系统生命周期的循环，每次循环都可以向用户提供一个产品版本。每次循环都包括四个阶段：先启、精化、构建和交付。每个阶段又进一步分为多次迭代过程。

1）RUP 的二维开发模型

RUP 可以用图 1-5 来描述。图 1-5 中，横轴通过时间组织，是过程展开的生命周期特征，体现开发过程的动态结构，用来描述它的术语主要包括周期（cycle）、阶段（phase）、迭代（iteration）和里程碑（milestone）；纵轴以内容来组织，为自然的逻辑活动，体现开发过程的静态结构，用来描述它的术语主要包括活动（activity）、产物（artifact）、工作者（worker）

和工作流（workflow）。

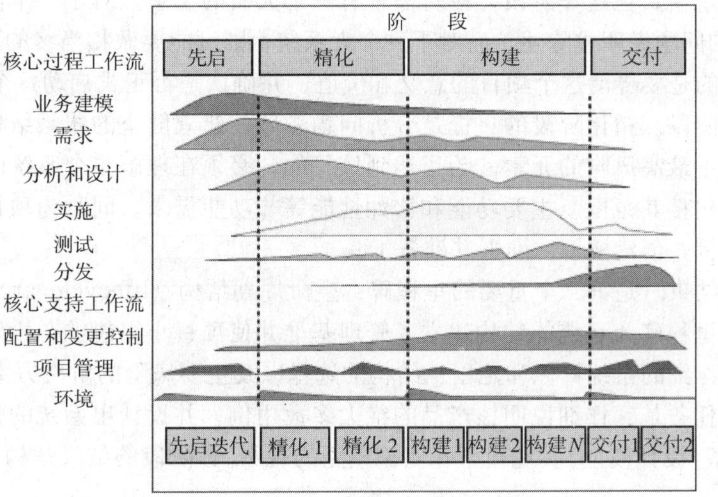

图 1-5 RUP 的二维表示

图 1-5 以二维的形式说明 RUP 的整个体系架构。横轴代表时间，并显示了过程生命周期的各个方面。生命周期阶段的管理视图在顶部，迭代的软件工程和项目管理视图在底部。纵轴代表按照逻辑分组的规程，表示过程的静态方面——如何用过程部件、规程、活动、工作流、工件和任务来描述 RUP。

2）开发过程中的各个阶段和里程碑

RUP 中的软件生命周期在时间上被分解为四个顺序的阶段，分别是：先启阶段（inception）、精化阶段（elaboration）、构建阶段（construction）和交付阶段（transition）。每个阶段结束于一个主要的里程碑（major milestones）；每个阶段本质上是两个里程碑之间的时间跨度。在每个阶段的结尾执行一次评估以确定这个阶段的目标是否已经满足。如果评估结果令人满意，则允许项目进入下一个阶段。

RUP 是一个迭代增量式的开发过程，分块逐次开发和提交。构造阶段由多次开发组成，每一次开发都包含编码、测试和集成，所得产品应满足项目需求的某一子集，或提交给早期用户，或纯粹是内部提交。每一次迭代都包含了软件生命周期的所有阶段，即：分析、设计、实现和测试阶段。

（1）先启阶段。先启阶段的目标是为系统建立商业案例并确定项目的边界。为了达到该目的，必须识别所有与系统交互的外部实体，在较高层次上定义交互的特性。本阶段具有非常重要的意义，在这个阶段中所关注的是整个项目进行中的业务和需求方面的主要风险。对于建立在原有系统基础上的开发项目，初始阶段可能很短。

先启阶段结束时是第一个重要的里程碑：生命周期目标（lifecycle objective）里程碑。生命周期目标里程碑评价项目基本的生存能力。

该阶段应该回答以下基本问题：系统向它的每个主要用户提供的基本功能是什么？系统的构架看起来像什么样子？开发该产品的计划如何？开销多大？

先启阶段可以有多种形式。对于一些小项目，可以用几句话来讨论；而对于大型项目则需要用几个月的时间来进行可行性分析。在这一阶段，需要考虑项目的商业属性，即粗略估计项目的费用和可能得到的效益。此外，还需要了解项目的范围，必要时还需要作一些初步分析以便确定项目的规模。在这一阶段，应对需求有一个大概的了解。对于一个简单的系统，或许是一个 1～2 页的问题说明或陈述，而对于一个大系统，则可能要做相当多的前期准备工作。先启阶段的中心目的是要弄清这个项目的意义和价值，并确认是否正式启动这个项目。

（2）精化阶段。精化阶段的目标是分析问题领域，建立健全的体系结构基础，编制项目计划，淘汰项目中最高风险的元素。为了达到该目的，必须在理解整个系统的基础上，对体系结构作出决策，包括其范围、主要功能和诸如性能等非功能需求。同时为项目建立支持环境，包括创建开发案例，创建模板、准则并准备工具。

精化阶段结束时是第二个重要的里程碑：生命周期结构（lifecycle architecture）里程碑。生命周期结构里程碑为系统的结构建立了管理基准并使项目小组能够在构建阶段中进行衡量。此刻，要检验详细的系统目标和范围、结构的选择以及主要风险的解决方案。

该阶段的任务是：详细说明该产品的绝大多数用例，并设计出系统的构架。构架包括用例模型、分析模型、设计模型、实现模型和实施模型的视图。该阶段的结果是构架基线（architecture baseline）。

（3）构建阶段。在构建阶段，所有剩余的构件和应用程序功能被开发并集成为产品，所有的功能被详细测试。从某种意义上说，构建阶段是一个制造过程，其重点放在管理资源及控制运作上，以优化成本、进度和质量。

构建阶段结束时是第三个重要的里程碑：初始功能（initial operational）里程碑。初始功能里程碑决定了产品是否可以在测试环境中进行部署。此刻，要确定软件、环境、用户是否可以开始系统的运作。此时的产品版本也常被称为 beta 版。

构建阶段通过一系列迭代过程建造系统。每一次迭代开发都是一个小项目。需要对所要求的用例进行分析、设计、编码、测试和集成。完成一次迭代后，应向用户演示，并完成系统测试，以表明所要求的用例已正确实现。构建阶段的迭代开发是增量式和重复进行的。

所有 UML 技术均可用于这一阶段。每当考虑要加入一个用例时，首先应当使用用例模型来确定工作范围，然后用概念层类图来刻画用例的一些概念，并考虑如何将这些概念与已有的软件结合起来。如果用例包含了许多工作流的因素，则可考虑使用活动图来描述。过渡到设计阶段时，将类进一步细化，可使用规格说明层类图，并可使用交互图来描述实现用例时类之间的交互作用关系。包图可用于绘制系统的逻辑组成图，用来描述系统的逻辑组成部分以及各部分之间的依赖关系。

（4）交付阶段。交付阶段（又称产品化阶段）的重点是确保软件对最终用户是可用的。交付阶段可以跨越几次迭代，包括为发布做准备的产品测试，基于用户反馈的少量调整。在生命周期的这一点上，用户反馈应主要集中在产品调整，设置、安装和可用性问题，所有主要的结构问题应该已经在项目生命周期的早期阶段解决了。

在交付阶段的终点是第四个里程碑：产品发布（product release）里程碑。此时，要确定目标是否实现，是否应该开始另一个开发周期。在一些情况下这个里程碑可能与下一个周期的先启阶段的结束重合。

需要注意的是，交付阶段包括了产品进入 β 版后的整个阶段。迭代开发的关键是规范化地进行整个开发过程，以保证开发组能够正常地交付已完成的代码。在交付阶段，不能再开发新的功能，而只是集中精力进行纠错工作。

3. RUP 的核心工作流

RUP 中有九个核心工作流（core workflows），分为六个核心过程工作流（core process workflows）和三个核心支持工作流（core supporting workflows）。尽管六个核心过程工作流可能使人想起传统瀑布模型中的几个阶段，但应注意迭代过程中的阶段是完全不同的，这些工作流在整个生命周期中一次又一次地被访问。九个核心工作流在项目中轮流被使用，在每一次迭代中以不同的重点和强度重复。

1）业务建模

业务建模（business modeling）工作流描述了如何为新的目标组织开发一个构想，并基于这个构想在业务用例模型和业务对象模型中定义组织的过程、角色和责任。

2）需求

需求工作流的目标是描述系统应该做什么，并使开发人员和用户就这一描述达成共识。为了达到该目标，要对需要的功能和约束进行提取、组织、文档化，最重要的是理解系统所解决问题的定义和范围。

3）分析和设计

分析和设计（analysis & design）工作流将需求转化成未来系统的设计，其结果是一个设计模型和一个可选的分析模型。设计模型是源代码的抽象，由设计类和一些描述组成。设计类被组织成具有良好接口的设计包（package）和设计子系统（subsystem），而描述则体现了类的对象如何协同工作实现用例的功能。设计活动以体系结构设计为中心。体系结构不仅仅是良好设计模型的承载媒介，而且在系统的开发中能提高被创建模型的质量。

4）实施

实施（implementation）工作流的目的包括以层次化的子系统形式定义代码的组织结构；以组件的形式（源文件、二进制文件、可执行文件）实现类和对象；将开发出的组件作为单元进行测试以及集成由单个开发者（或小组）所产生的结果，使其成为可执行的系统。

5）测试

测试（test）工作流要验证对象间的交互作用，验证软件中所有组件的正确集成，检验所有的需求已被正确实现，识别并确认缺陷在软件部署之前被提出并处理。RUP 提出了迭代的方法，意味着在整个项目中进行测试，从而尽可能早地发现缺陷，从根本上降低了修改缺陷的成本。测试类似于三维模型，分别从可靠性、功能性和系统性能来进行。

6）部署

部署（deployment）工作流的目的是成功地生成版本并将软件分发给最终用户。部署工作流描述了那些与确保软件产品对最终用户具有可用性相关的活动，包括：软件打包、生成软件本身以外的产品、安装软件、为用户提供帮助。在有些情况下，还可能包括计划和进行 beta 版、移植现有的软件和数据以及正式验收。

7）配置和变更管理

配置和变更管理（configuration & change management）工作流描绘了如何在多个成员组成的项目中控制大量的产物。配置和变更管理工作流提供了准则来管理演化系统中的多个变体，跟踪软件创建过程中的版本。工作流描述了如何管理并行开发、分布式开发，如何自动化创建工程。同时，也阐述了对产品修改原因、时间、人员保持审计记录。

8）项目管理

软件项目管理（project management）平衡各种可能产生冲突的目标、管理风险，克服各种约束并成功交付使用户满意的产品。其目标包括：为项目的管理提供框架，为计划、人员配备、执行和监控项目提供实用的准则，为管理风险提供框架等。

9）环境

环境（environment）工作流的目的是向软件开发组织提供软件开发环境，包括过程和工具。环境工作流集中于配置项目过程中所需要的活动，同样也支持开发项目规范的活动，提供了逐步的指导手册，并介绍了如何在组织中实现过程。

1.3 信息系统开发方法学

方法学实质上是认识系统、理解系统、描述系统的一整套思路，代表着人类认识系统的一种认知模式。

1.3.1 典型的信息系统开发方法学

信息系统开发方法学（methodology）是一组思路、规范、过程、技术、环境及工具的集成。方法学是将具体的方法与技术包装在一起而形成的一种思想体系，任何一种方法学都应该支持系统开发生命周期的每一个阶段，是对整个系统开发生命周期的一种综合的、详细的描述。方法学是按其驱动对象来分类的，包括面向过程的方法学（即结构化方法学）、面向数据的方法学（即数据建模方法和信息工程方法）、面向对象的方法学。20 世纪 70 年代中期，主流的方法学是结构化方法；20 世纪 80 年代则是信息工程方法为主流方法学；而在今天，面向对象方法成为主流方法学。

信息系统实质上是业务系统的一种计算机模型，因此，信息系统的开发就是要建立业务系统与计算机模型系统之间的映射关系。可以从不同的角度建立不同的映射关系，从而也就形成了不同的信息系统开发方法学，这就是所谓的驱动对象的观点。如传统的结构化方法是从业务过程（process）或功能（function）的角度建立二者之间的对应关系；信息工程方法主要是从数据(data)或信息的角度建立二者之间的对应关系；而面向对象的开发方法则是从对象(object)的角度建立二者之间的对应关系。图 1-6 所示为信息系统开发方法学的实质：驱动对象的观点。

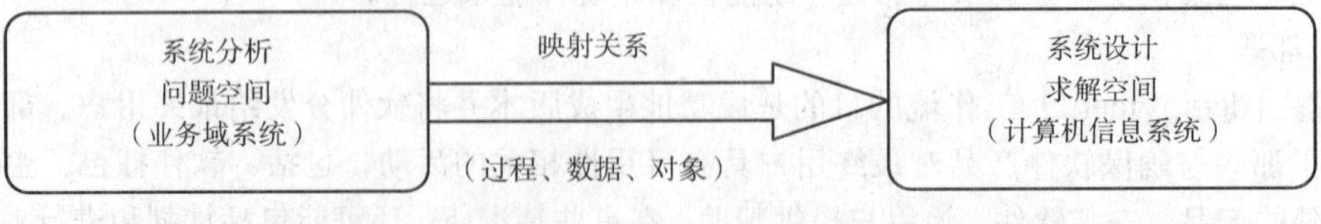

图 1-6 信息系统开发方法学的实质：驱动对象的观点

不同方法的不同之处主要体现在以下两个方面：

（1）对问题空间和求解空间的结构描述方法不同。这种结构主要体现在以下两个方面：构成系统的基本要素不同。例如，结构化方法认为组成系统的基本要素是“过程”（模块）；信息工程方法认为组成系统的基本要素是“数据”；面向对象方法认为组成系统的基本要素为“对象”。

（2）系统要素之间的联系方式不同。结构化方法是按“自顶向下、逐步求精”的方法来描述问题空间和求解空间的，系统基本要素即模块之间是一种调用关系；信息工程方法学认为构成系统基本要素的实体之间是一种关联关系；面向对象方法则是一种“归纳→演绎”的过程，即由特殊（通过抽象）归纳为一般，由一般（通过继承）演绎到特殊，因此，面向对象方法一般通过自底向上的方法来归纳描述问题空间，该方法认为构成系统要素的对象/类之间的关系有静态联系和动态联系两种，其中静态联系方式包括泛化-特化关系、整体-部分关系、关联关系；而动态联系方式则通过消息传递来实现。

一种生命力强的信息系统开发方法学的根本就在于所建立的映射是一个“同构关系(isomorphism)”，通过该同构关系，使问题空间与求解空间之间保持结构上的一致。同构关系的实质是尽可能接近人类的思维方式。

任何一种具有较强生命力的方法学的产生都是与人类认识世界的思维方式密不可分的。计算机技术的发展历程已经充分证明：一种方法或技术，其认识和处理问题的方式越是接近于人类认识世界的思维方式，就越具生命力。如结构化方法的实质是“自顶向下、逐步求精”，该方法体现了“从整体到局部，分而治之”的哲学思想。面向对象方法的实质是“自底向上，先归纳后演绎”，该方法体现了“由特殊到一般，由一般到特殊”的哲学思想。该方法近年来之所以受到人们的青睐，其主要的一个原因就在于该方法处理问题的方式较结构化方法而言更接近于人类认识客观世界的思维方式。

典型的信息系统开发方法包括：

1）结构化方法（面向过程的方法）

结构化方法学又称面向过程的方法或过程驱动（process-driven）的方法，或数据流建模方法。该方法产生于 20 世纪 70 年代中期，包括三个方面的内容：结构化程序设计（structured programming，SP）、结构化分析（structured analysis，SA）和结构化设计（structured design，SD）。

结构化方法学的原理和思想非常简单，概括起来就是自顶向下、逐步求精、模块化设计。模块自顶向下的结构是根据一定的设计原则获得的。所谓模块化设计，即将软件分解为一组尽可能功能独立的模块。模块化原理使得软件结构更加清晰，易理解，易测试，易修改，从而提高了软件的可靠性。模块化也有助于程序从个体化开发方式向集体化开发方式的转化，有助于软件开发工程的组织和管理。

结构化方法的代表性工具有数据流程图（data flow diagram，DFD）、结构图（structure chart）、warnier-orr 图、petri 网、数据字典以及判定树/判定表和结构化英语等。

2）信息建模方法（面向数据的方法）

面向数据的方法是根据系统数据的组织和存取来建立系统模型的一种技术。该方法又称以数据为驱动的方法。数据建模技术和信息工程方法（information engineering，IE）就是该方法的典型代表。该方法的代表性技术和工具有实体关系图（entity-relationship diagram，E-R 图）、业务域分析、信息模型等。

数据建模技术是在 20 世纪 80 年代初期数据库管理系统在企业管理中的作用日益突出的背景下出现的。该技术从信息（数据）而不是功能（过程）的角度来开发信息系统。在该技术中，现实世界被描述为是由数据、数据属性及其之间的关系组成的。

信息工程的倡导者 James Martin 对信息工程的定义是：在一个企业或企业的主要部门中，关于信息系统规划、分析、设计和构成的一套相互关联的、环环紧扣的正规化、自动化技术集合的应用，称为 IE。使用这套技术，使得企业模型、数据模型和业务过程模型在一个综合的知识库中建立起来，用于创建和维护数据处理系统。IE 是数据驱动的，同时也强调过程的技术。它首先建立数据模型，然后建立过程模型。

除了将过程建模和数据建模有机地结合起来以外，信息工程更强调数据规划的重要性。实际上，在许多技术中信息工程已经取代了传统的结构化分析和设计技术。这是因为信息工程包含了结构化技术中的绝大多数概念、工具和技术。

3）面向对象方法

面向对象方法（object-oriented，OO）出现于 20 世纪 80 年代中期和后期，一批面向对象的程序设计语言如 SmallTalk、C++、Java 等越来越多地被人们用于系统开发中。在面向对象方法中，数据和过程被包装成对象（object）。一个对象是由数据和能够使用和修改这些数据的过程组成的。只有定义在数据上的过程（又称服务，services）才能够使用和修改这一对象。不同的对象实例（instances）和对象类（classes）是通过传递能够指示它们执行某一个对象中的特定过程的消息（message）来相互联系的。

面向对象方法学认为，人们认识一个系统是一个渐进的过程，是在继承了以往的有关知识的基础上，多次迭代往复而逐步深化的。在这种认识的深化过程中，既包括了从一般到特殊的演绎，也包括了从特殊到一般的归纳。

1.3.2 结构化方法

“结构化（structured)”的含义是“按照一组标准的准则、规范与工具从事某项工作”。结构化方法是由三部分组成的：结构化程序设计、结构化设计和结构化分析，三者共同组成了结构化方法学。结构化方法学已经成为软件工程技术的一个重要组成部分。

结构化方法学的产生与发展是按照结构化程序设计、结构化（系统）设计、结构化（系统）分析这一顺序产生和发展的，这三者的基本原理是一致的，只不过是从不同抽象级上来运用结构化的思想。

结构化程序设计（SP）是指每一个程序都应按照一定的基本结构来组织，这些基本结构包括顺序结构、选择结构和循环结构。结构化设计（SD）是指对于一个清楚陈述的问题，选择和组织模块和模块接口，从而求得所述问题的“最优”解。即，结构化设计是运用一组标准的准则和工具帮助系统设计员确定软件系统是由哪些模块组成的，这些模块用什么方法连接在一起，才能构成一个最优的软件系统结构。结构化分析（SA）是以过程为中心的、建立系统用户需求模型的技术。结构化分析将系统分解为过程、输入、输出和文件，它为业务问题建立了一种面向输入-处理过程-输出的模型。

系统开发过程实际上是一个从最高级的系统抽象级与设计无关的逻辑实现到系统物理实现的一系列抽象的过程。这期间有多个抽象级，最高级抽象是用问题环境语言来描述问题的环境和问题是什么；接下来的一级抽象是用过程化方法和语言描述问题的解法；最后一级抽象是以一种可以直接实现的方式来描述问题的解法。这一过程是一个对软件解法的抽象级的逐步求精的过程。具体而言，结构化分析是最高级的抽象，结构化程序设计是在实现级上运用结构化方法的原理对问题解法的抽象，是最低一级的抽象，而结构化设计则是对问题解法的过程性抽象，是从面向问题到面向实现的过渡过程，如图 1-7 所示。

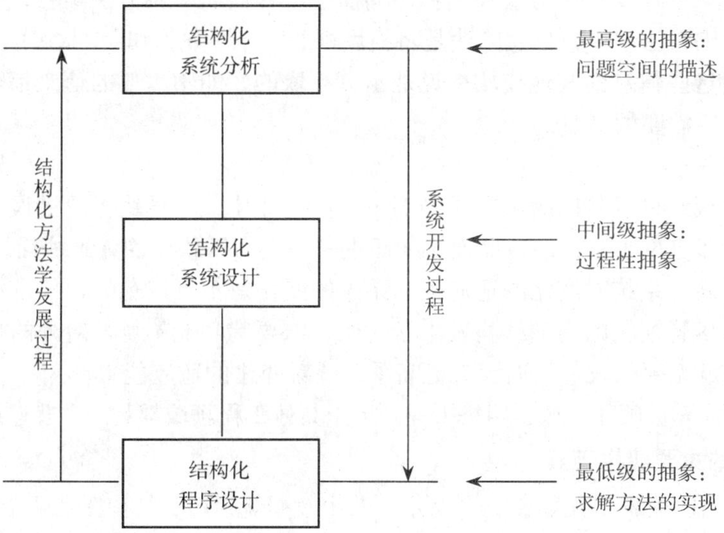

图 1-7　系统开发的三个不同抽象级别

1. 结构化方法的基本概念和原理

结构化方法是理解问题和解决问题的一种模式，这种模式的实质可以概括为：模块化；自顶向下，逐步求精；信息隐藏。

1）模块化原则

模块化是分解原则在结构化设计中应用的结果。模块化就是将程序分解成若干个模块，每一个模块完成一个子功能，把这些模块集成起来组成一个整体，就可以完成程序指定的功能。因此，模块化原则实际上是分而治之、逐步求精思想的具体应用。

采用模块化原则设计的软件结构清晰，容易设计。由于每一个模块都对应单一独立的程序功能，每个模块都可独立测试，因此，按模块化原则设计的软件也容易测试和调试，从而有助于提高软件的可靠性和可维护性。另外，模块化也有助于软件开发工程的组织管理，一个复杂的程序可以分解为许多模块，这些模块具有一定的独立性，所以，可以由许多程序员分工编写不同的模块。

2）自顶向下，逐步求精原则

自顶向下，逐步求精原则即分解原则，是结构化方法学中最基本的一个原则，它也称为“分而治之”原则。

分解原则是指在求解问题的过程中，将复杂问题分解为一些较小的、比较容易理解的、相对独立的部分来求解，然后将这些部分问题的解综合成复杂问题的解。例如，在结构化分析中，信息系统过程模型（DFD）的构造采用的方法就是自顶向下、逐步求精的方法。在结构化设计中，对软件结构的构造也是采用自顶向下分解的方法，而且这种分解是按层次进行的。

3）信息隐藏原则

信息隐藏原则是结构化方法对软件工程的最大贡献之一。信息隐藏的概念最早是由 David Parnas 提出的，他认为：代码模块应该采用定义良好的接口来封装，这些模块的内部结构应该是程序员的私有财产，对其外部来说是不可见的。在这种情况下，工作效率最高。

信息隐藏原则是软件设计应该遵循的一个基本原则。结构化方法学和面向对象方法学都支持信息隐藏的原则，只不过支持的方式和名称不同而已。在面向对象方法学中，这一原则被称为“封装”。在结构化方法学中，信息隐藏是将模块视为一个黑箱（black box），包含在模块内部的信息对于无须这些信息的其他模块来说是不可存取的，即不需要的信息都隐藏起来，只允许模块知道它本身所需要的信息。

信息隐藏的优点在于：

（1）通过信息隐藏，可以将问题和错误局部化，因此即使某个模块出现错误，该错误也不会影响其他的模块，即避免了错误的传播性，从而进一步提高了软件的可维护性。

（2）信息隐藏提高了系统对变化的适应性。系统的变化是不可避免的，但是如果采用了信息隐藏的原则，那么尽管模块的内部结构发生了变化，只要其功能不变，对外的接口不变，那么系统中其他的模块就无须修改，从而大大提高了系统对变化的适应能力。

信息隐藏原则在计算机硬件领域、网络工程乃至于其他工程领域都是一个普遍运用的原则。

2. 结构化方法的主要建模工具

结构化方法中使用的图表工具如表 1-2 所示，其中数据流程图和结构图是两个主要的工具。

表 1-2 结构化方法学的主要建模工具

结构化分析	结构化设计	结构化程序设计
数据流程图（DFD） 数据字典 过程描述：结构化英语、判定树/判定表 E-R 图	结构图 伪码 系统流程图	程序流程图 N-S 图（又称盒图） PAD 图

3. 典型的结构化方法

结构化方法中，有两大类典型的方法（见表 1-3），一类是以 Yourdon 的结构化设计方法、Gane/Sersor 结构化分析方法、Demarco 结构化分析方法为代表的面向过程（面向数据流）的方法；另一类是以 Jackson 方法和 Warnier/Orr 方法为代表的面向数据结构的方法。

表 1-3 典型的结构化方法

方　　法	特　　征
Yourdon 结构化设计	面向过程（面向数据流）
Gane/Sersor 结构化分析	面向过程（面向数据流）
Demarco 结构化分析	面向过程（面向数据流）
Jackson 结构化设计	面向数据（面向数据结构）
Warnier/Orr	面向数据（面向数据结构）

1.3.3 面向对象方法学

面向对象方法是一种风范（paradigm），是观察和分析问题的一种方法论。基于这样的方法论，人们可以用自然的方式认识和模拟现实世界，并由此带来软件制造方式的根本变化。

具体来说，面向对象是一种运用对象、类、继承、封装、聚合、消息传递、多态性等概念来构造系统的软件开发方法。面向对象是认识和描述系统（问题域、实现域即软件系统）的一种方法学。该方法学认为，系统是由一系列相互联系、相互作用的对象组成的。用面向对象方法认识和描述系统就是分析系统是由哪些对象组成的，以及这些对象之间的联系是什么。

面向对象的高效率来自两个方面：首先是来自用户和开发者之间语义差别的减少，其次是来自重用（reuse）。

1.3.4　结构化方法与面向对象方法的比较

不同的方法学比较的依据是：问题空间与实现空间之间的对应；交流问题；对需求变化应变能力；复用的要求。

结构化方法学认为：系统是过程的集合，过程与数据实体交互，过程接收输入并产生输出；面向对象方法学则认为：系统是交互对象的集合，对象与人或其他对象交互，对象发送和响应消息。

1．认识问题空间的出发点不同

信息系统开发方法的本质是建立现实世界的模型，信息系统开发方法之间的本质区别就在于它们是从不同角度去建立客观世界模型的。从逻辑模型的角度来说，结构化方法是从过程的观点建立信息系统模型的，而面向对象方法则是从对象的角度建立信息系统模型的。

从实现的角度（即程序），二者也有显著的不同。对结构化方法而言，软件开发的基本定律——Wirth 定律可描述如下：

程序=(算法)+(数据结构)

这一方法的最大缺点是算法（即过程）与数据的分离。也就是说，在结构化方法中，过程模型和数据模型是分别来建立的，这样产生的一个严重问题就是过程模型和数据模型的不一致性。随着问题空间越来越复杂，人们逐渐认识到，有时这种方法实际上是行不通的，主要的问题是开发的软件可复用性差。因此，人们开始从新的角度来看待 Wirth 定律，下面的两个公式代表了面向对象方法学中对程序的认识：

对象=(算法+数据结构)

程序=(对象+对象+…)

面向对象方法通过将过程（算法）和数据封装成为对象，消除了结构化方法中的上述缺点。

2．认识系统和描述系统的方式不同

1）结构化方法的设计思想

结构化方法在设计时是从产品的应用着手，把应用分成不同的子系统，再把子系统分解为许多模块，最后把模块分解成许许多多的函数。它是一种自顶向下、逐步求精的设计方法，是一种从整体到局部的一个认识过程。

一个系统的成功与否取决于其对应用系统需求的抽象是否恰当。自上而下、从大到小的结构化设计方法对缺乏经验的设计人员的最大挑战是如何划分子程序和模块，对具有开发经验的设计者很不方便。如果两个人同时对同样的应用进行开发，结果是可以抽象出两种不尽相同的模型，谁的模型更好一些经常是争论的焦点。

2）面向对象方法的设计思想

从概念上讲，面向对象方法把设计分成两个层次：一个叫问题域，一个叫求解域。面向对象方法在对问题域进行需求分析时寻找的是对象及其之间的联系，而设计阶段的求解域模型则是在分析阶段所确定的对象模型基础上增加实现域中的对象获得的。

3．分析到设计的过渡

结构化方法中，系统分析阶段所获得的模型在设计阶段被映射成为设计模型。分析模型与设计模型之间需要转化，存在分析到设计的鸿沟。在结构化方法中，系统分析采用的主要工具是过程建模工具（数据流程图），而在系统设计中则采用了按自顶向下层次组织的结构图，从数据流程图映射到软件结构图并不是一件自然的、很容易的事情，也就是说，在结构化方法中，分析与设计之间存在着很大的差异，从分析到设计的过渡也被认为是不平滑的。

面向对象方法中，面向对象分析与面向对象设计运用的概念是完全一致的，面向对象分析与面向对象设计模型的进一步深化和拓展，过渡是平滑的、自然的、无缝的，两个阶段人员的交流毫无问题。在面向对象方法中，需求分析和设计是重叠的，设计和实现是重叠的。也就是说，面向对象方法在需求分析中产生出来的类型和种类可以直接在设计中使用。而编程时可以直接使用设计中产生出来的类。

4. 对变化的适应能力

软件工程中有一个基本定律：基于稳定的建模要素建立系统的模型会增强系统的适应性。那么，构成系统的基本要素，如过程、数据、对象，哪些是比较稳定的呢？很显然，数据和对象是比过程更加稳定的要素。

结构化方法侧重于过程建模，过程是系统中极不稳定的因素，因此结构化方法对变化的适应能力差。面向对象方法则侧重于对象建模，对象是系统中比较稳定的因素，因此该方法对变化的适应能力较好。

5. 对复用的支持

结构化方法对复用支持差，缺乏复用的标准。即使在代码级可以复用，但在分析件和设计件的复用显然要困难得多。面向对象方法对复用支持程度高，本身提供了一些支持复用的机制（如继承），有复用的标准。

1.4 信息系统建模语言

1.4.1 信息系统建模概述

1. 模型的作用

模型是运用某种图表工具对系统特征（包括静态特征和动态特征）的一种表示。模型从某一个建模观点出发，抓住事物最重要的方面而简化或忽略其他方面。构造模型的过程实际上是一个抽象、分析的过程，是从某个角度建立对象系统结构与模型系统结构之间的一种对应关系（映射）的过程。

从不同的角度可以构造不同的信息系统模型。例如，从过程的角度可以构造对象系统的过程模型，从数据的角度可以构造对象系统的数据模型，从对象的角度可以构造系统的对象模型。可以认为，系统开发的过程就是一个从不同角度建立系统模型的过程。任何系统都具有静态和动态两个方面的特征，也可以分别称为结构特征和行为特征。任何一种方法学都需要对系统这两个方面的特征建模。

一般来说，人类认识客观世界、改造客观世界有两种典型的途径，如图 1-8 和图 1-9 所示。可以看出，建模是人类认识客观世界、改造客观世界的一种手段和技术。

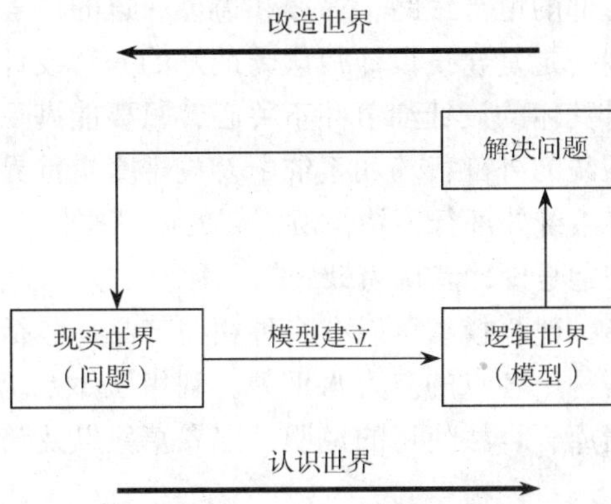

图 1-8 问题求解的第一种途径

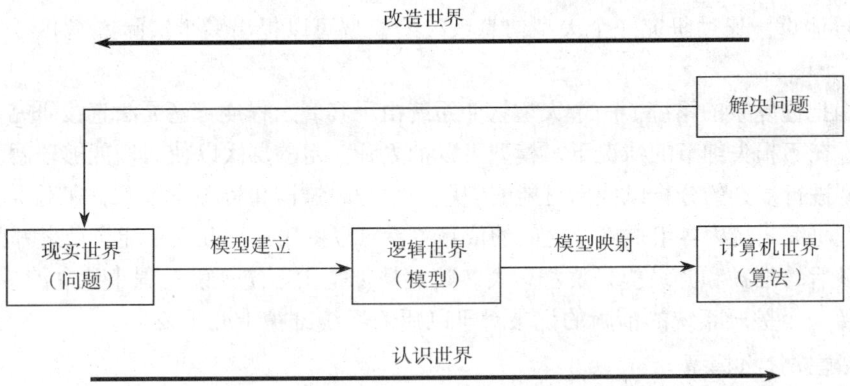

图 1-9 问题求解的第二种途径

信息系统开发过程中，建模也是其一项极为重要的活动。在信息系统开发过程中建立模型有助于：

（1）系统开发各方面人员之间的交流。通过建立模型能够捕获精确和表达项目的需求和应用领域中的知识，以使各方面的利益相关者（软件结构设计师、系统分析师、程序员、项目经理、投资者、最终用户和使用软件的操作员）能够理解并达成一致。

（2）通过抽象，降低描述和理解信息系统的复杂度。模型包含了系统的基本成分而忽略了其他内容。一般来说，在早期分析阶段使用高层次的、表达精度低的模型，随着开发过程的深入，所用的模型越来越细化，最终所使用的模型包含了大量的细节内容，具有很高的精度。建立系统各个方面的模型有助于问题的简化，并且能够使系统分析师的精力一次只集中在系统的几个方面上。

（3）进行灵活的系统设计。建筑设计师可以用画在图纸上的模型图、存于计算机中的模型或实际的三维模型使自己的设计结果可视化，并用这些模型来做设计方面的试验。建造、修改一个小型模型比较简单，这使得设计人员不需花费什么代价就可以进行创造和革新。在编写程序代码以前，软件系统的模型可以帮助软件开发人员方便地研究软件的多种构架和设计方案。在进行详细设计以前，一种好的建模语言可以让设计者对软件的构架有全面的认识。

（4）使具体的设计细节与需求分开。建筑物的某种模型可以展示出符合顾客要求的外观，另一类模型可以说明建筑物内部的电气线路、管线和通风管道的设置情况。实现这些设置有多种方案，最后确定的建筑模型一定是建筑设计师认为最好的一个设计方案。顾客可以对此方案进行检查验证，但通常顾客对具体的设计细节并不关心，只要能满足他们的需要即可。软件系统的一类模型可以说明这个系统的外部行为和系统中对应于真实世界的有关信息，另一类模型可以展示系统中的类以及实现系统外部行为特性所需要的内部操作。实现这些行为有多种方法。最后的设计结果对应的模型一定是设计者认为最好的一种。

(5) 生成有用的实际产品。建筑模型可以有多种相关产品，包括建筑材料清单、在各种风速下建筑物的偏斜度、建筑结构中各点的应力水平等。利用软件系统的模型，可以获得类的声明、过程体、用户界面、数据库、合法使用的说明、配置草案以及与其他单位技术竞争情况的对比说明。

(6) 经济地研究多种设计过程中的解决方案。同一信息系统的不同设计方案的利弊在一开始可能不很清楚。在实际开发信息系统以前，利用模型可以同时研究多种设计方案并进行相应的成本和风险估算。通过研究一个大型信息系统的模型可以提出多个实际方案并可以对它们进行相互比较。

(7) 全面把握复杂的系统。一个大型软件系统由于其复杂程度可能无法直接研究，但模型使之成为可能。在不损失细节的情况下，模型可以抽象到一定的层次以使人们能够理解。可以利用计算机对模型进行复杂的分析以找出可能的问题，如时间错误和资源竞争等。在对实物做出改动前，通过模型研究系统内各组成部分之间的依赖关系可以得出这种改动可能会带来哪些影响。

(8) 为以后的维护和升级提供文档。大多数文档都是由系统开发过程中建立的模型组成的。开发小组保留一个关于系统的清晰的记录对于以后的系统维护十分重要。

2. 应该建立什么模型

显而易见，单纯用一种视角或线性过程理解一个大型系统是不可能的，任何一种模型都不可能将信息系统方方面面的特征刻画清楚，也就是说任何方法中只建立一个信息系统模型都是远远不够的。不同的方法会使用一些不同的模型，不同的系统开发阶段中也会使用不同的模型。那么应该建立哪些方面的模型呢？

信息系统具有静态和动态两个方面的特征。静态特征是指系统中数据的结构信息；动态特征是指系统的行为信息。结构信息是静态的，具有较大的稳定性；行为信息是动态的，属于系统中易变的成分。静态特征反映了系统中包含哪些事物，这些事物的性质是什么；动态特征体现了系统的功能是什么，以及如何完成这些功能。

无论采用什么方法（结构化方法、面向对象方法等）开发信息系统，都需要从以下两个方面入手建立系统的模型：

(1) 结构建模——系统结构表达了系统的组分以及它们之间的关系。

(2) 行为建模——系统行为包括组分之间的交互行为、组分与系统环境之间的交互行为等。

学习信息系统建模要抓住几个关键问题：

(1) 在系统开发的不同阶段需要建立哪些方面的模型？

(2) 建模思路是什么？建模思路体现了人们认识系统的方法。从人类认识、理解和描述系统的共同规律来看，主要有如下几种思路：

① 由外而内，由内而外。

② 由上而下，由而下上。

③ 由静态而动态，由动态而静态。

④ 由特殊到一般，由一般到特殊。

(3) 模型之间的关系是什么？典型的信息系统模型之间的关系包括：

① 映射（转化）关系。

② 增量（细化）关系。

(4) 模型刻画的范围是什么？通常一个系统不可能通过一个模型全部刻画清楚。即使是只刻画系统的某个方面的特征，往往也需要多个模型分别来描述。因此，理解一种建模工具，必须要搞清楚其描述的范围是整个系统，还是系统的某个功能或子系统，还是系统中的某个要素。

图 1-10 展示了结构化方法与面向对象方法在分析和设计阶段所建立的模型。

需要说明的是，一种方法中的某些模型也可以在另一种方法中使用，例如面向对象方法中的用例图同样可以在结构化方法中使用；某些系统分析阶段的模型也可以在系统设计阶段使用，例如面向对象方法中的类图在设计阶段也同样要使用，只不过设计类图是在分析阶段类图基础上的进一步扩充。

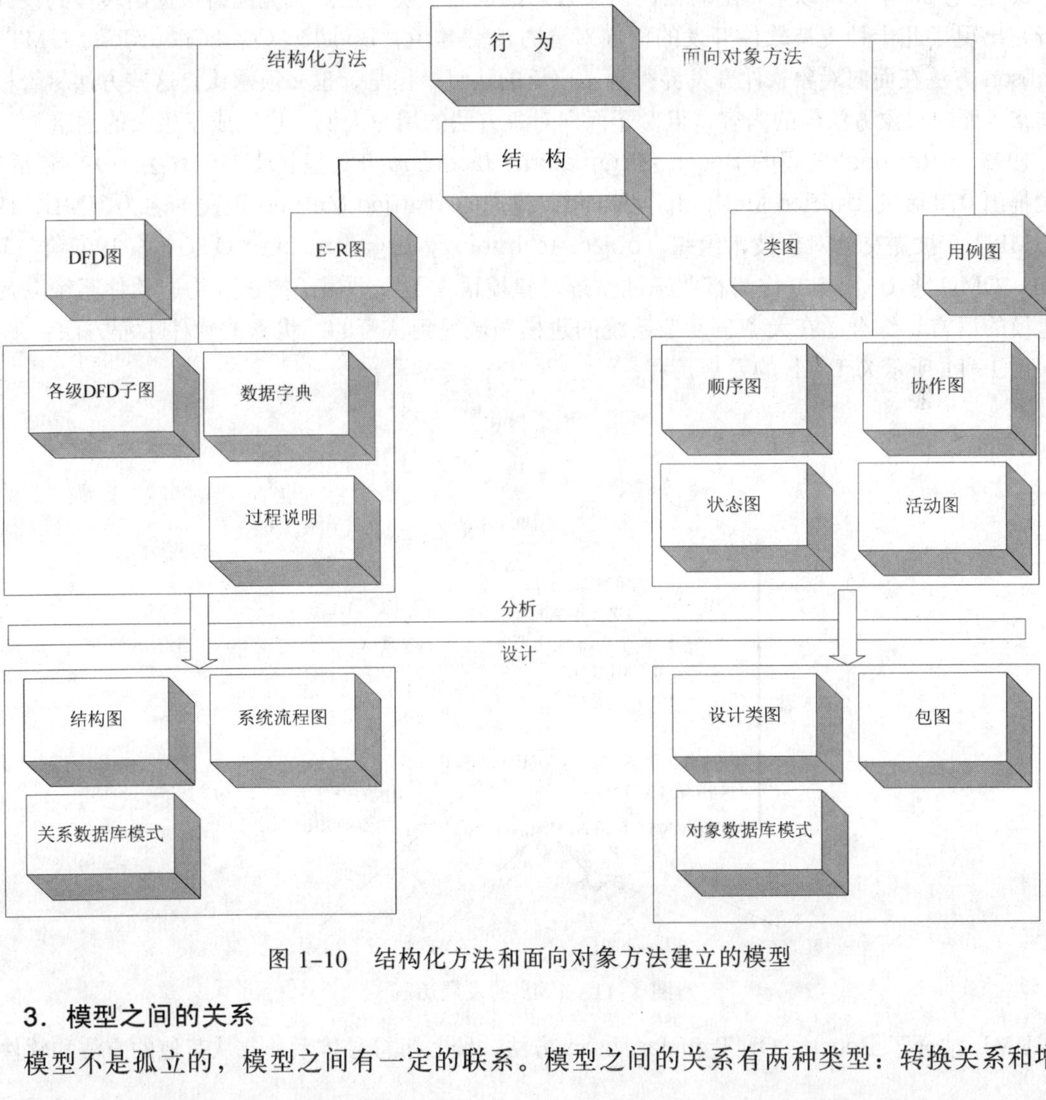

图 1-10 结构化方法和面向对象方法建立的模型

3. 模型之间的关系

模型不是孤立的，模型之间有一定的联系。模型之间的关系有两种类型：转换关系和增量关系。

（1）转换关系是指一种模型是在另一种或几种模型的基础上，运用某种映射关系（原则）转化而成的。例如：结构化方法中数据流程图和软件结构图之间的关系、E-R 模型和关系模型之间的关系都属于此类。

（2）增量关系是指一种模型是在另一种模型的基础上通过添加新的模型元素扩充而成的。例如，面向对象方法中分析阶段的类图和设计类图之间的关系。

1.4.2 统一建模语言

模型的建立需要建模语言的支持，建模工作贯穿于信息系统开发的整个过程。统一建模语言（unified modeling language，UML）是目前流行的、可视化的统一建模语言，是一种已经成为业界标准的面向对象的建模语言。

UML 是一种面向对象的可视化图形建模语言，用于对软件系统进行说明、构造和文档建立。UML 统一的不是建模过程，而是建模语言。

20 世纪 80 年代末以来，随着面向对象技术的成熟，研究热点从编程语言逐渐转移到设计与分析，出现了几十种支持软件开发的面向对象方法。其中，Booch、Coad/Yourdon、OMT 和 Jacobson 方法在面向对象软件开发界得到了广泛的认可。但是，也必须承认，这些方法尽管极大地丰富了面向对象方法学的内容，但对于面向对象方法的用户来说，也造成了极大的困惑。

1993 年 Rational 公司的 Booch、Rumbaugh、Jacobson 开始设计 UML 方法。1995 年后期，正式推出 0.8 版的 Unified Method。1996 年，改进的 Unified Method 正式更名为 UML。1997 年 UML 1.0 被提交给对象技术组织（object technology organization，OTG）。1997 年 11 月 14 日，OMG 将 UML 1.0 作为行业标准。统一建模语言是一种用于描述、构造软件系统以及商业建模的语言，综合了在大型、复杂系统的建模领域得到认可的、优秀的软件工程方法。

图 1-11 所示为 UML 的发展历程。

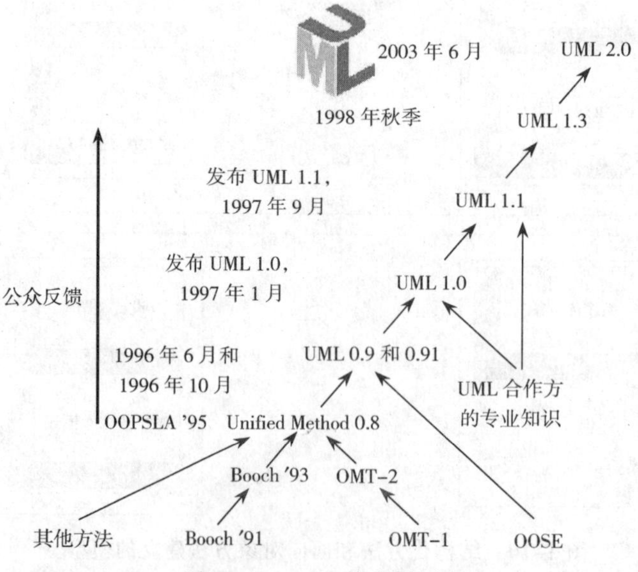

图 1-11 UML 的发展历程

UML 结合了 Booch、OMT 和 Jacobson 方法，统一了符号体系，并从其他的方法和软件工程实践中吸收了许多经过实际检验的概念和技术，UML 是 Grady Booch、Dr. James Rumbaugh、Ivar Jacobson、Rebecca Wirfs-Brock、Peter Yourdon 和许多其他人员集体智慧的结晶。

UML 的产生有三方面的原因：首先，不同的面向对象方法有着许多相似之处，通过这项工作，消除可能会给用户造成混淆的不必要的差异是非常有意义的；其次，语义和表示法的统一，可以稳定面向对象技术的市场，使工程开发可以采用一门成熟的建模语言，CASE 工具的设计者也可以集中精力设计出更优秀的系统；第三，这种统一能使现有的方法继续向前发展，积累已有的经验，解决以前没有解决好的问题。

面向对象方法解决问题的概念和方式与人类认识世界、解决问题的方式完全一致，从而使之成为主流的开发方法，这是因为运用该方法可以提高软件的质量（可维护性、适应性、可理解性等），提高软件开发效率（通过软件复用、专业化的软件生产流水线，使软件生产方式由人工集约生产方式转变成为资源集约生产方式），降低软件开发成本（软件复用）。

图 1-12 是 UML 的一个概念模型，说明了 UML 的各组成要素。

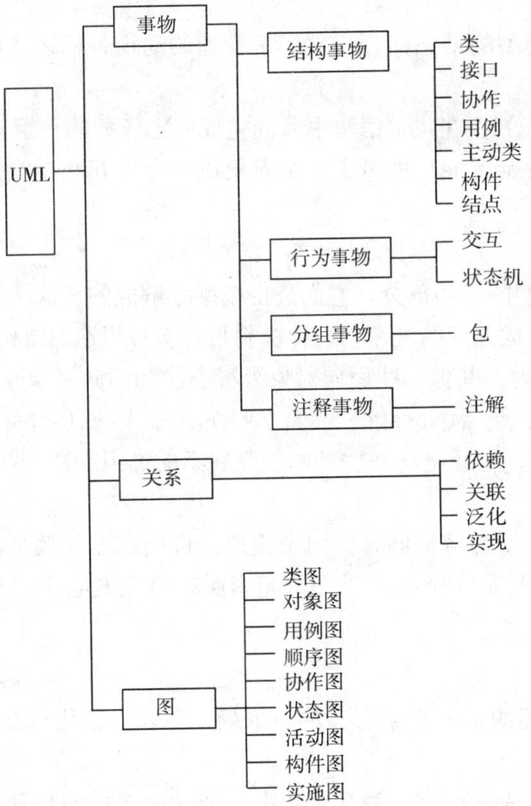

图 1-12 UML 的组成

1. 事物

UML 中的事物包括结构事物、行为事物、分组事物和注释事物。

1）结构事物

结构事物通常是模型的静态部分，描述概念或物理元素。共有七种结构事物。

（1）类（class）是对一组具有相同属性、相同操作、相同关系和相同语义的对象的描述。一个类实现了一个或多个接口。

(2) 接口 (interface) 是描述一个类或构件的一个服务的操作集。接口描述元素的外部可见行为。接口是在没有给出对象的实现和状态的情况下对对象行为的描述。接口包含操作但不包含属性，并且它没有对外界可见的关联。一个或多个类或构件可以实现一个接口，并且每个类都可以实现接口中的操作。

(3) 协作 (collaboration) 定义了一个交互，它是由一组共同工作以提供某协作行为的角色和其他元素构成的一个群体，这些协作行为大于所有元素的各自行为的总和。

(4) 用例 (use case) 是系统中的一个功能单元，可以被描述为活动者 (actor) 与系统之间的一次交互作用。用例模型的用途是列出系统中的用例和活动者，并显示哪个活动者参与了哪个用例的执行。

(5) 主动类 (active class) 的对象至少拥有一个进程或线程，因此它能够启动控制活动。

(6) 构件 (component) 是系统中物理的、可替代的部件，它遵循且提供一组接口的实现。

(7) 结点 (node) 是在运行时存在的物理元素，它表示了一种可计算的资源。

2) 行为事物

行为事物是 UML 模型的动态部分。它们是模型的动词，描述了跨越时间和空间的行为。有两类主要的行为事物。

(1) 交互 (interaction) 由在特定语境中共同完成一定任务的一组对象之间交换的消息组成。

(2) 状态机 (state machine) 描述了一个对象或一个交互在生命周期内响应时间所经历的状态序列。

3) 分组事物

分组事物是 UML 模型的组织部分，它们是由模型分解成的“盒子”。主要的分组事物是包。包 (package) 是把元素组成为组的机制，这种机制具有多种用途。结构事物、行为事物甚至其他的分组事物都可以放在包内。其他一些面向对象分析方法和面向对象设计方法也提供了类似的概念，如：主题 (subject)、包 (package)、箱 (kit)、子系统 (subsystem) 等。主题的概念来自于 Coad/Yourdon 方法。主题是将一些具有较强联系的类组织在一起而得到的类集合。

4) 注释事物

注释事物是 UML 模型的解释部分。用来描述、说明和标注模型的任何元素。主要的注释事物是注解。注解 (note) 是一个依附于一个元素或一组元素之上，对它进行约束或解释的简单符号。

2. 关系

UML 提供的模型之间的基本联系有四种：依赖、关联、泛化、实现 (见表 1-4)。

1) 依赖

依赖 (dependency) 是一种使用关系，其中一个 (独立事物) 发生改变将影响另一个 (依赖事物) 的语义。依赖表示两个或多个模型元素之间语义上的关系。它只将模型元素本身连接起来而不需要用一组实例来表达它的意思。它表示了这样一种情形：提供者的某些变化会要求或指示依赖关系中客户的变化。

2) 关联

关联是人类思考问题时经常运用的思想方法：通过一个事物联想到另外的事物。能使人发生联想的原因是事物之间确实存在着某种联系。关联 (association) 是指模型之间的结构联系，两者存在结构性的连接。聚集 (aggregation) 是一种特殊的关联，表示结构的整体与部分关系；

组成是更强形式的关联，整体有管理部分的特有的职责。

3）泛化

泛化是指模型建筑块之间的一般与特殊的联系。泛化关系是一般描述和具体描述之间的关系，具体描述建立在一般描述的基础之上，并对其进行扩展。具体描述在所有特性、成员和关系等方面与一般描述完全一致，并且包含补充的信息。例如，抵押是借贷中具体的一种，抵押保持了借贷的基本特性并且加入了附加的特性，如房子可以作为借贷的一种抵押品。一般描述被称作父，具体描述被称作子。在类中，超类和子类分别代表父和子。

4）实现

实现是指模型建筑块之间的一种语义联系，其中一个规定了一组约定（协议），另一个负责实现它们。

表 1-4　UML 中的联系类型及其表示

关　系	功　能	表 示 法
关联	类实例间连接的描述	————————
依赖	两个模型元素间的关系	- - - - - - - ->
流	在相继时间内一个对象的两种形式的关系	- - - - - - - ->
泛化	更概括的描述和更具体的种类间的关系，适用于继承	————————▷
实现	说明和实现间的关系	- - - - - - - -▷
使用	一个元素需要别的元素提供适当功能的情况	- - - - - - - ->

3．图

客观世界是一个复杂的巨系统，需要从不同的角度来考察，才能真正理解这个系统。为了能支持从不同角度来考察系统，标准建模语言 UML 定义了下列五类、共九种模型图（见表 1-5）。

表 1-5　UML 中的模型

类型	图名	描　述
用例图	用例图	从用户角度描述系统的功能，并指出各功能的操作者
静态图	类图	用于定义系统的类，包括描述类之间的联系（如关联、依赖、聚合等）以及类的内部结构，即类的属性和操作。因此，类图是描述系统中类的静态结构，即它描述的是一种静态关系，在系统的整个生命周期都是有效的
	包图	包或类组成，主要表示包与包或包与类之间的关系。包图用于描述系统的分层结构。可利用包图对较为复杂的系统模型进行管理和组织
行为图	状态图	描述一类对象的所有可能状态以及事件发生时状态的转移条件。通常状态图是对类图的补充
	活动图	描述为满足用例要求所要进行的活动以及活动间的约束关系。使用活动图可以很方便地表示并行活动
交互图	顺序图	用以显示对象之间的动态合作关系。它强调对象之间消息发送的顺序，同时也显示对象之间的交互过程
	协作图	同顺序图是等价的，但着重描述对象间的协作关系
实现图	构件图	描述代码部件的物理结构及各部件之间的依赖关系。一个部件可能是一个资源代码部件、一个二进制部件或一个可执行部件。它包含逻辑类或实现类的有关信息。部件图有助于分析和理解部件之间的相互影响程度
	配置图	定义系统中软硬件的物理体系结构。它可以显示实际的计算机和设备（用结点表示）以及它们之间的连接关系，也可显示连接的类型及部件之间的依赖性。在结点内部，放置可执行部件和对象以显示结点与可执行软件单元的对应关系

下面主要对其中的七种进行介绍。

1）类图

静态视图对应用领域中的概念以及与系统实现有关的内部概念建模。这种视图之所以被称为是静态的，是因为它不描述与时间有关的系统行为，此种行为在其他视图中进行描述。静态视图主要是由类及类间相互关系构成，这些相互关系包括关联、泛化和各种依赖关系，如使用和实现关系。类图是以类为中心来组织的，类图中的其他元素或属于某个类或与类相关联。静态视图用类图来实现，正因为它以类为中心，所以称其为类图。

2）用例图

用例图是被称为活动者的外部用户所能观察到的系统功能的模型图。用例是系统中的一个功能单元，可以被描述为活动者与系统之间的一次交互作用。用例模型的用途是列出系统中的用例和活动者，并显示哪个活动者参与了哪个用例的执行。

3）顺序图

顺序图表示了对象之间传送消息的时间顺序。每一个类元角色用一条生命线来表示，即用垂直线代表整个交互过程中对象的生命周期。生命线之间的箭头连线代表消息。顺序图可以用来进行一个场景说明，即一个事务的历史过程。

顺序图的一个用途是用来表示用例中的行为顺序。当执行一个用例行为时，顺序图中的每条消息对应了一个类操作或状态机中引起转换的触发事件。

4）协作图

协作图对在一次交互中有意义的对象和对象间的链建模。对象和关系只有在交互后才有意义。类元角色描述了一个对象，关联角色描述了协作关系中的一个链。协作图用几何排列来表示交互作用中的各角色。附在类元角色上的箭头代表消息。消息的发生顺序用消息箭头处的编号来说明。

协作图的一个用途是表示一个类操作的实现。协作图可以说明类操作中用到的参数和局部变量以及操作中的永久链。当实现一个行为时，消息编号对应了程序中嵌套调用结构和信号传递过程。

5）状态图

状态图是一个类对象所可能经历的所有历程的模型图。每个状态对一个对象在其生命周期中满足某种条件的一个时间段建模。当一个事件发生时，它会触发状态间的转换，导致对象从一种状态转化到另一新的状态。状态图可用于描述用户接口、设备控制器和其他具有反馈的子系统。它还可用于描述在生命周期中跨越多个不同性质阶段的被动对象的行为，在每一阶段该对象都有自己特殊的行为。

6）构件图

构件图展现了一组构件之间的组织和依赖。构件图专注于系统的静态实现视图。它与类图相关。通常把构件映射成一个或多个类、接口或协作。

7）配置图

配置图展现了对运行时处理结点以及其中的构件的配置。配置图给出了体系结构的静态实施视图，它与构件图有关，通常一个结点包含一个或多个构件。

1.5　信息系统建模工具

系统开发环境/工具（environment/tools）是指用于支持信息系统生命周期、方法学以及技术的应用系统，如计算机辅助系统工程。

任何工具的集成都必须强调以下五点：平台的集成，即在异构的网络中工具之间互操作的能力；表示的集成，即用户界面的通用性；过程的集成，即将工具和开发过程联系在一起；数据的集成，即工具之间能够共享数据；控制的集成，即一个工具通知和触发另一个工具某种行为的能力。

软件开发环境与工具的演变反映了软件开发技术的发展是一个“手工作坊式→工程化→自动化”的发展过程。软件开发环境与工具是提高软件开发效率和质量（通过复用等）的必要手段，是实现软件开发方式由人工集约生产方式向资源集约生产方式转变的重要途径。

典型的 CASE 产品有 Microsoft 公司的 Visio、Project，Rational 公司的 Rose 等。

1.5.1　项目管理工具 Microsoft Project

Microsoft Project 是微软公司推出的一个功能强大而且可以灵活运用的项目管理工具，利用 Microsoft Project 可以从所有九个项目管理知识领域的角度帮助用户，而大多数用户使用 Microsoft Project 来辅助项目范围、时间、成本、人力资源和沟通的管理。

Project 具体功能包括：

（1）迅速、完整地制定项目计划。

（2）帮助项目工作者寻找关键路径，并提供优化的方法。

（3）资源分配、协调和效率分析。

（4）项目成本估算、控制、分析。

（5）项目动态跟踪和控制。

（6）项目执行状态分析、评价。

（7）信息沟通交流。

Microsoft Project 能够协助项目经理完成制定计划、为任务分配资源、跟踪进度、管理预算和分析工作量等项目需要进行的各项活动。Microsoft Project 具有如下优势和特点：

（1）使项目参与人员有共识的项目描述语言。

（2）代替人完成烦琐的项目调整计算工作。

（3）帮助项目经理分析项目焦点，抓住主要矛盾，提高工效。

（4）提高项目管理的应变能力。

（5）能提供大量在项目管理过程中所需数据、信息。

（6）在国际上应用广泛、通用性强，易学易用。

（7）凝聚了现代项目管理的理论和方法（WBS、甘特图、里程碑、关键路径法、网络图、责任矩阵、成本估算、项目评价技术）。

（8）数据分析处理能力强。

（9）信息交流功能强。

（10）基于网络的协同工作方式。

1．Microsoft Project 的时间管理

在时间管理方面，利用 Microsoft Project，可以：

(1) 将项目目标等信息记录在项目文件的属性中。

(2) 创建活动（任务）列表。

(3) 设置任务的依赖关系。

(4) 设置限制条件。有时出于市场需求、其他项目联系人的要求或管理上的需求，某些任务的开始或完成会有明确的限制，如必须在某日之前完成、必须在某个时间段内完成等，通过 Project 可以方便地为任务设置限制条件。

(5) 拆分任务。在项目管理中，有时由于稀缺资源的短缺或人事的意外变动，会造成某项任务在一定时期内的中断，通过 Project 可进行任务的拆分。

(6) 指定任务时间、设置任务历时、设置里程碑。

(7) 设置日历、创建基准日历、创建全局基准日历。项目类型不同，使用日历也不同。有些项目是在正常工作时间及正常工作日下进行，而有些项目则需要在 24 小时不间断、三班倒和节假日不休息的情况下完成。在制定进度计划之前，首先要选择项目使用的日历。在某一个项目文件中创建及编辑的基准日历，只适用于该项目文件，而没有改变其他项目文件的基准日历，如果希望编辑的日历适用于所有项目文件，则需要创建全局基准日历。

(8) 显示松弛量。在制定进度计划时，松弛量是一个重要的参考数据，它使项目进度安排具备一定的弹性，合理地使用可以错开不同任务对资源的同时需求，并监控项目的进度。

(9) 设置基准计划。对项目进度进行控制，首先需要确定一个判断标准，即基准计划。在随后的项目进度中，用实际项目进度与之相比，看看实际项目进度比基准计划是提前了，还是准时完成或延迟。Project 不仅可以为整个项目进度设置基准，而且可以为一个或几个需要重点控制的项目单独设置基准。

(10) 跟踪进度。项目开始执行后，应对项目进度进行跟踪监督，记录下每个项目任务实际已使用的时间、完成的程度及最终完成的时间。Project 可以根据各项任务实际已完成的时间，自动重排项目的剩余任务。这部分操作包括记录项目实际历时及完成百分比、使用进度线。

2. Microsoft Project 的资源分配与管理

利用 Microsoft Project 的资源分配与管理功能，可以建立资源库、设置资源成本、定义资源的相关信息、分配资源、跟踪资源、解决资源过度分配等。

1.5.2 项目管理工具 Microsoft Visio

Visio 是公司推出的一个典型的 CASE 产品。信息系统开发中可充分利用 Visio 的优秀功能帮助信息系统分析和设计人员建立信息系统的过程模型、数据模型和对象模型。

图 1-13 是 Visio 主界面。

1. 建立 Visio 模型的一般操作

利用 Visio 创建各种图表模型的一般操作如下：

(1) 新建文件。在每次进入 Visio 时，首先看到的都是“新建和打开文件”窗口。该窗口分为两部分：选择绘图类型和新建绘图。在“选择绘图类型”部分按类别列出了 Visio 提供的适用于各种场合的绘图模板。选择新建绘图文件要使用的模板，双击便可以生成一个新的基于该模板的绘图文件。若不想使用任何现成模板，那么直接单击右侧任务窗格中“打开”栏中的“新建绘图”项就可以了。

(2) 打开文件。进入 Visio 时，单击右侧任务窗格中“打开”栏中的“打开”项，可以在“打开”对话框中选择已经存在的 Visio 文件、打开文件的类型等，选定后，单击“打开” 按钮即可。

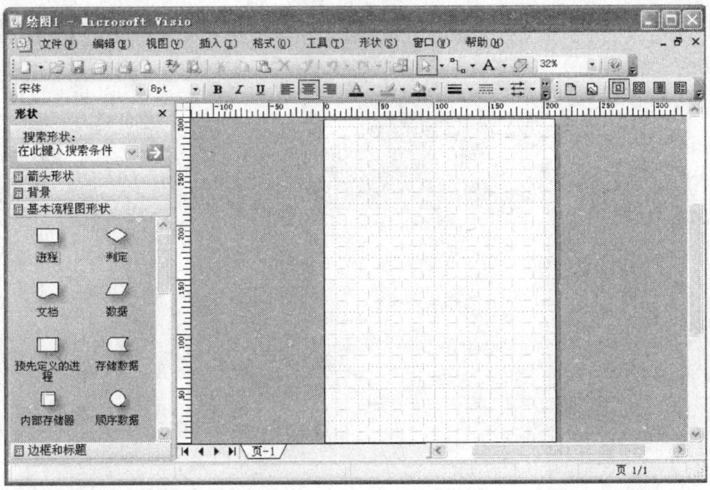

图 1-13　Visio 主界面

(3) 保存文件。选择“文件”→“保存”命令，或者直接单击工具栏上的“保存文件”按钮，都可以保存文件。如果是第一次保存文件，会弹出“另存为”对话框。

设定完毕后单击“保存”按钮，将弹出“属性”对话框，可对“常规”、“摘要”和“内容”三个选项卡进行相应设置。最后，单击“确定”按钮即完成保存操作。

(4) 保护文件。在 Visio 中，可以对文件设置保护，可以设置哪些对象需要保护，哪些对象不需要保护。

制作一份 Visio 绘图文件需要经过的主要步骤有六个：

(1) 选择合适的模板建立绘图文件（见图 1-14）。

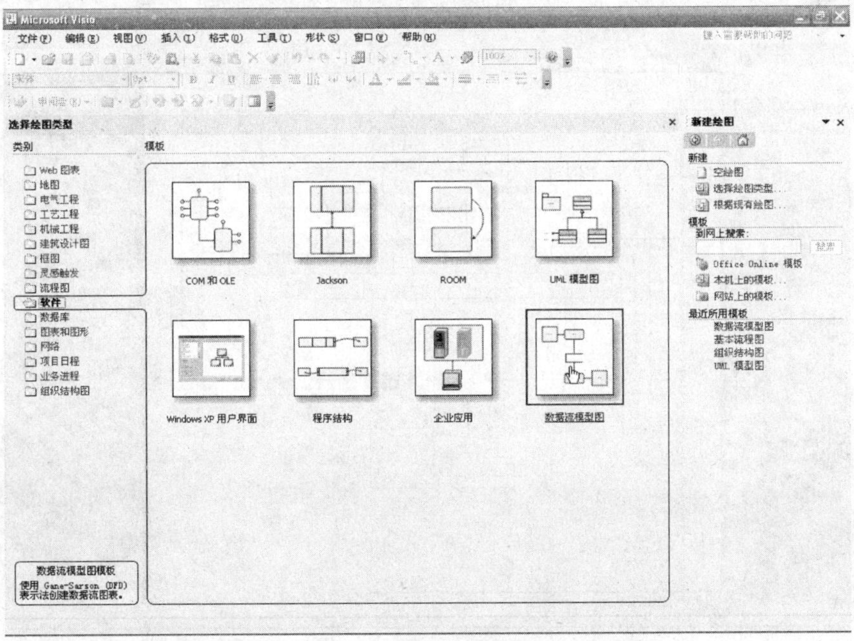

图 1-14　选择合适的模板

（2）从模具中向绘图页拖入图件形成图形（见图 1–15）。

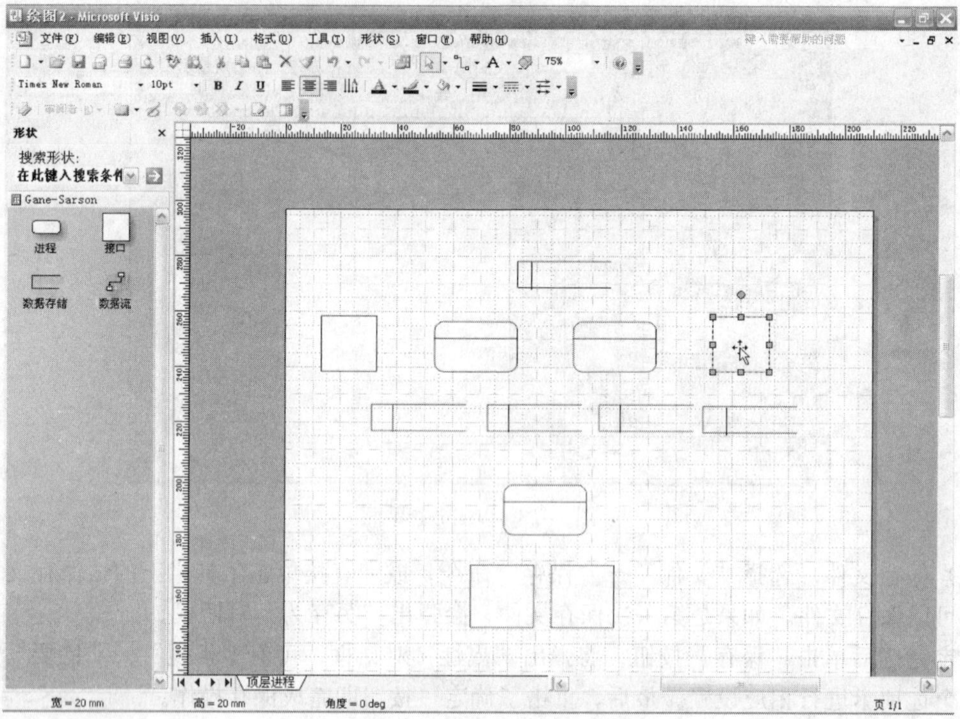

图 1–15　拖入图件形成图形

（3）用连接线工具将相互间有关系的图形连接（见图 1–16）。

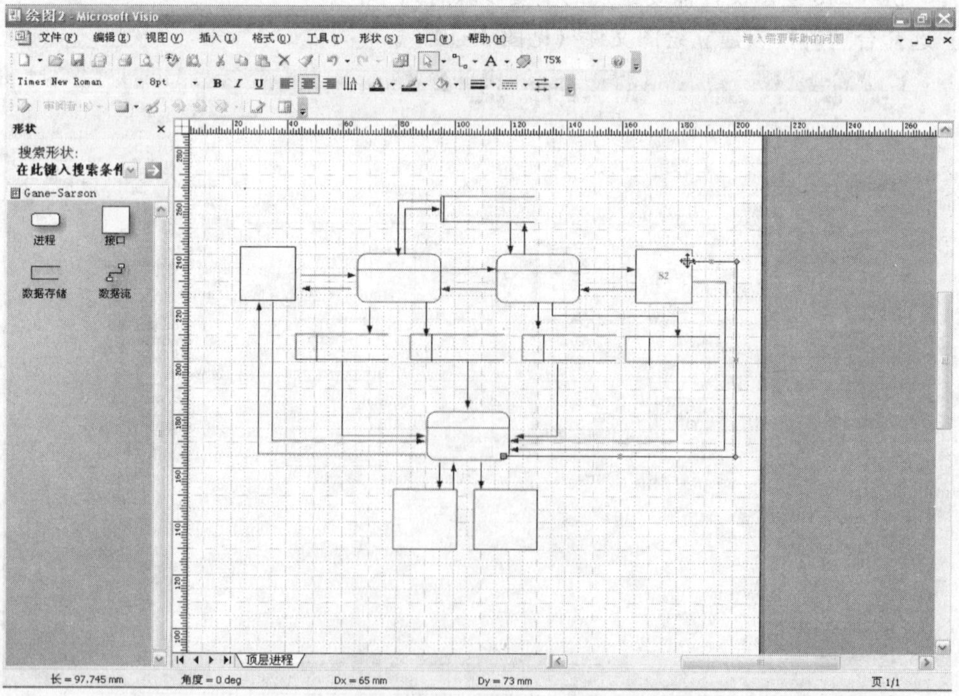

图 1–16　连接有关系的图形

（4）为图形和连接线加上适当的文字说明（见图 1-17）。

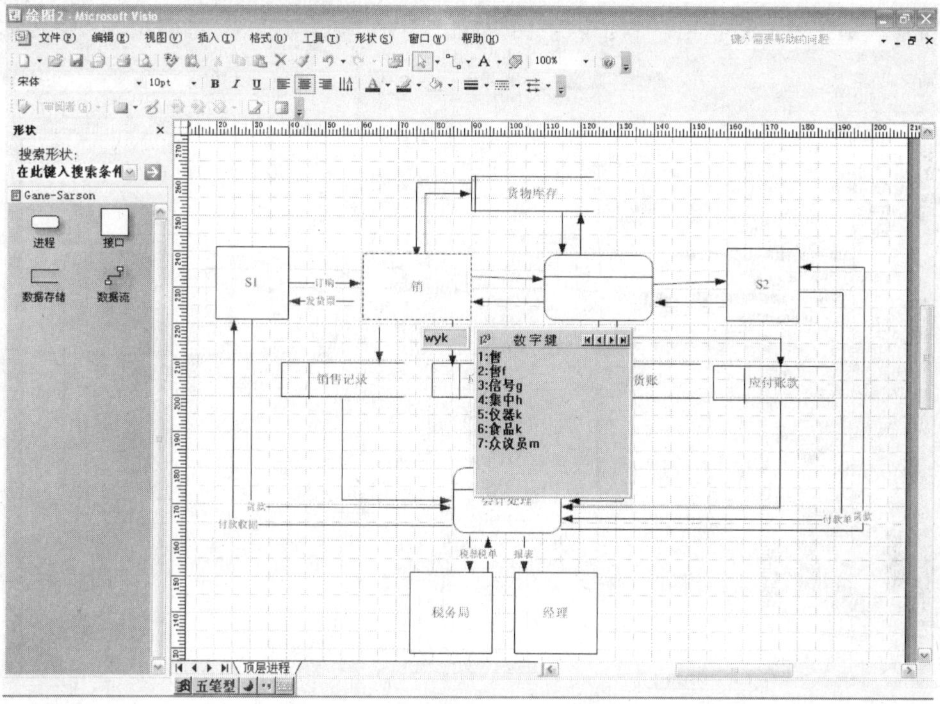

图 1-17　加上文字说明

（5）对绘图文件进行美化处理（见图 1-18）。

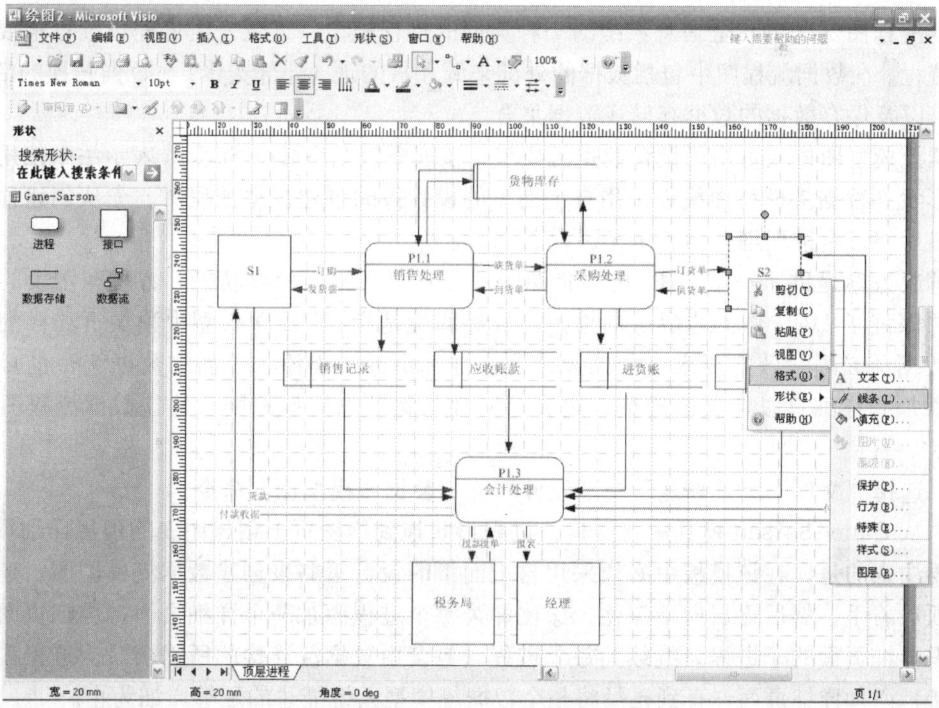

图 1-18　美化处理绘图文件

(6) 保存绘图文件（见图 1-19）。

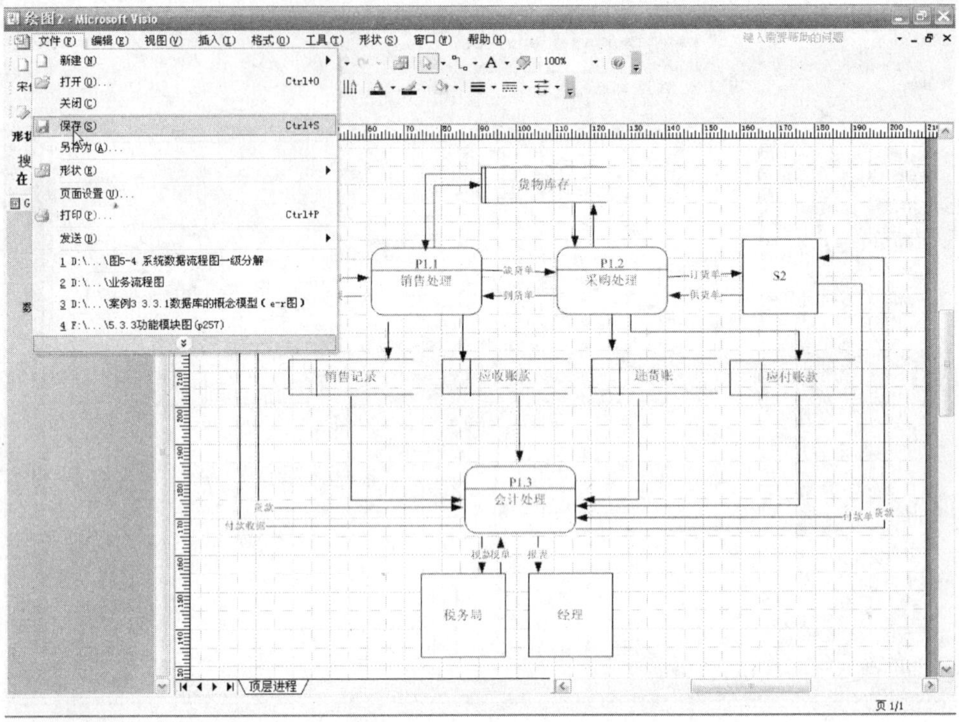

图 1-19 保存绘图文件

2. 建立过程模型（Gane-Sarson 表示法）

数据流程图（DFD）是信息系统的一种典型的过程模型，通过一组进程或过程来展示数据的逻辑流程。在数据流程图中包括数据的外部来源和目的地（外部实体）、数据转换的活动（加工处理）以及保存数据的数据存储或数据集合。

数据流模型图模板可用于设计数据流模型，该模板包括 Gane-Sarson 表示法中使用的所有符号的形状。数据流模型图模板采用自上而下的设计策略创建数据流程图，先从创建顶层进程开始，然后将每个进程细分为若干子进程。

该解决方案提供了一个 DFD 模型资源管理器和语义错误检查功能，方便在图表的各层间浏览，并保证了 DFD 图的边界等同性。边界等同性是指在 DFD 模型中顶层页和详细页之间使用的数据流必须一致的要求。如果为某个有详细页的进程添加了新的数据流，也必须将新数据流添加到详细页以便平衡模型。边界等同性又称数据守恒原则。建立数据流程图的步骤如下：

(1) 选择“文件”→“新建”→“软件”→“数据流模型图”命令。

(2) 从 Gane-Sarson 模具中将接口、进程形状拖到绘图页上创建图表的顶层详细页面。

需要注意的是，在该模板中必须采用自上而下的设计策略来创建数据流模型图。建立模型应先从顶层着手，然后逐层向下深化。深化即为每个进程添加一个详细页面。详细页面中可以包含另需详细页面的子进程。继续为每个进程（包含由数据流连接的所需接口、进程和数据存储等形状）添加详细页面，直到已经将整个数据流模型系统描述的足够详细为止。

(3) 如果要向高层页面上的某个进程添加数据流而该进程已经拥有一个详细页面，则可以将数据流导入到该详细页面上以平衡图表。具体操作方法如下：在详细页面上选择 DFD，然后单击导入数据流。需要用来平衡进程详细页面的数据流的列表会出现在“导入数据流”对话框中。

(4) 选中要导入的每个数据流，然后单击“确定”按钮。

图 1-20 所示为创建好的数据流程图。

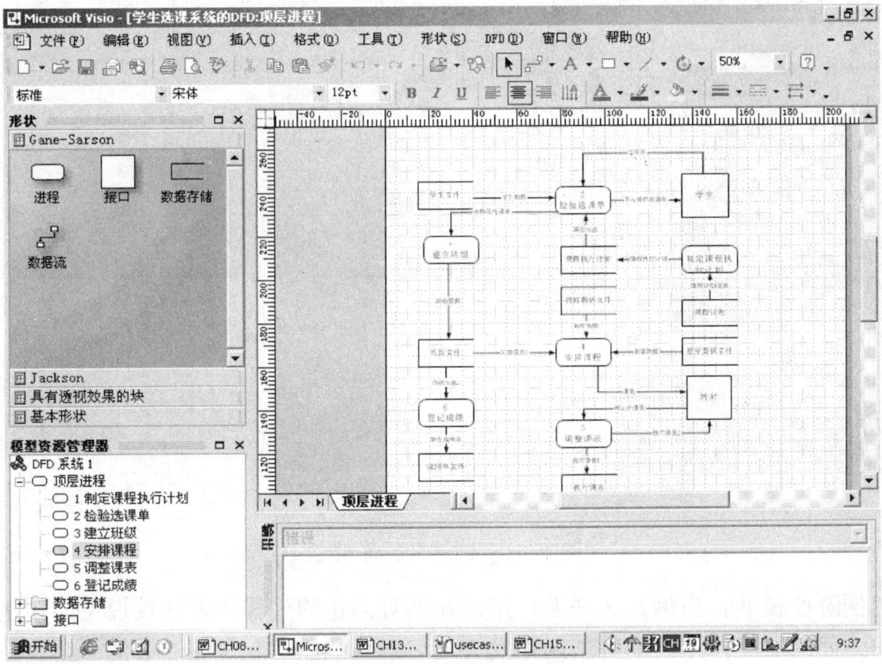

图 1-20　创建数据流程图

3. 建立数据模型

使用数据库模型图模板可以为关系数据库和对象关系数据库设计并记录逻辑模型图。设计良好的数据模型可以图形化显示数据库中保存的信息表之间的关系，确保设计的信息系统都准确、完整并且有效。

要创建数据库模型图可执行下列操作：

(1) 选择“文件”→“新建”→“数据库”→“数据库模型图”命令。

(2) 选择“数据库”→“选项”→“文档”命令，在“数据库文档选项”对话框中选择要使用的符号集以及其他表和关系选项，然后单击“确定”按钮。

开始创建数据库模型图的同时也就是改进模型图实质工作的开始。可以在模型中添加表、列、外键关系、数据类型、CHECK 约束、索引、视图、存储过程、触发器等数据库对象，如图 1-21 所示。

4. 建立 UML 模型

Microsoft Visio UML 模型图解决方案为创建复杂软件系统的面向对象模型提供全面的支持。Microsoft Visio 支持创建 UML 模型，同时并不推荐使用任何特殊的开发过程。这些模型大体相当于开发过程经历的各个阶段：用例模型阶段、领域模型阶段、设计模型阶段和实现模型阶段。这些阶段表面上是连续的，但最为有效的开发过程应是迭代式的，其中每个阶段要反复出现若干次。

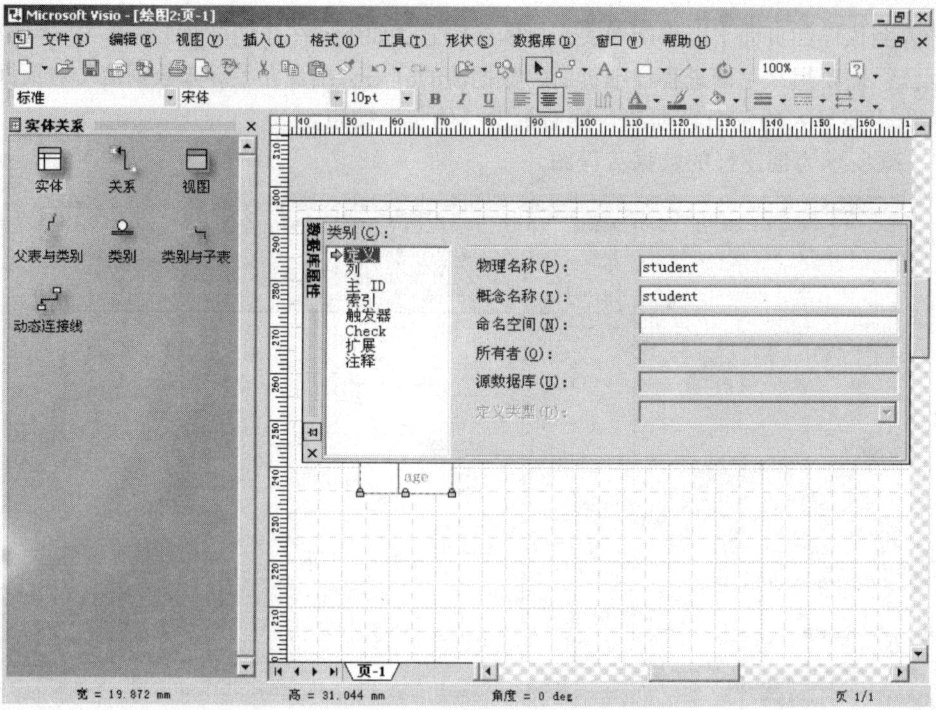

图 1-21　创建数据库模型

（1）用例阶段模型：用例是在开发周期的初期对创建的过程的叙述性说明。用例可描述活动者和系统之间的交互作用，同时帮助开发人员理解系统需求和领域专有的术语。在用例阶段中需要创建用例图。

（2）领域阶段模型：与用例模型阶段相似，领域模型阶段侧重于让用户了解系统的应用领域。该阶段仍然在考虑现实世界中的对象和各对象间的关系而并不涉及编程概念。在领域模型阶段需要创建概念静态结构图、包图和顺序图。

（3）设计阶段模型：在用例和领域模型两阶段中侧重于了解与所开发系统相关的需求和概念。而在设计阶段需要将这种理解转化为实际的解决方案。要制定这样的解决方案，需要使用协作图确定对象通信的方式；要使用类静态结构图来确定要在软件中实现的类；要了解某个对象的生命周期可以创建与特定类或用例相关的状态图或活动图。

（4）实现阶段模型：实现模型阶段侧重于开发环境的物理和构件结构。在实现阶段需要创建构件图和部署图。

图 1-22 是创建 UML 模型的模板界面。可以选定不同的模板创建所需要的 UML 模型。

1.5.3 PowerDesigner

PowerDesigner 系列产品提供了一个完整的建模解决方案，业务或系统分析人员、设计人员、数据库管理员（DBA）和开发人员可以对其裁剪以满足特定的需求；而其模块化的结构为扩展提供了极大的灵活性，从而使开发人员可以根据其项目的规模和范围来使用所需要的工具。PowerDesigner 灵活的分析和设计特性能够有效地创建数据库或数据仓库，但并不要求严格遵循一个特定的方法学。PowerDesigner 提供了直观的符号表示使数据库的创建更加容易，并使项目组内的沟通标准化，同时能更加简单地向非技术人员展示数据库和应用的设计。

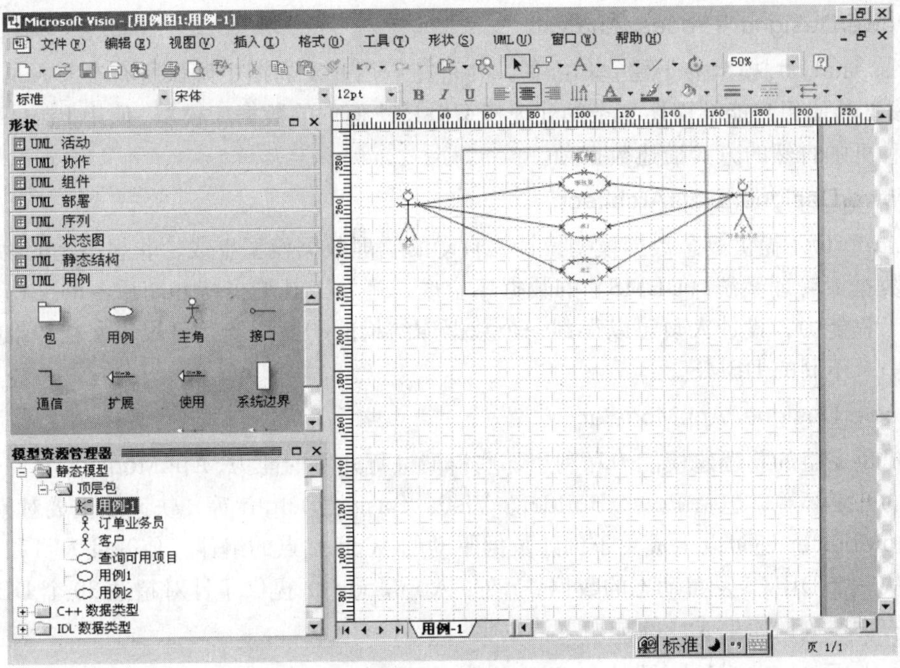

图 1-22　创建 UML 模型

PowerDesigner 包含六个集成的模块：

(1) PowerDesigner ProcessAnalyst：用于数据分析。

(2) PowerDesigner DataArchitect：用于双层、交互式的数据库设计和构造。

(3) PowerDesigner AppModeler：用于物理建模和应用对象及数据敏感组件的生成。

(4) PowerDesigner MetaWorks：用于高级的团队开发，信息的共享和模型的管理。

(5) PowerDesigner WarehouseArchitect：用于数据仓库的设计和实现。

(6) PowerDesigner Viewer：用于以只读的、图形化方式访问整个企业的模型信息。

图 1-23 是 PowerDesigner 主界面。

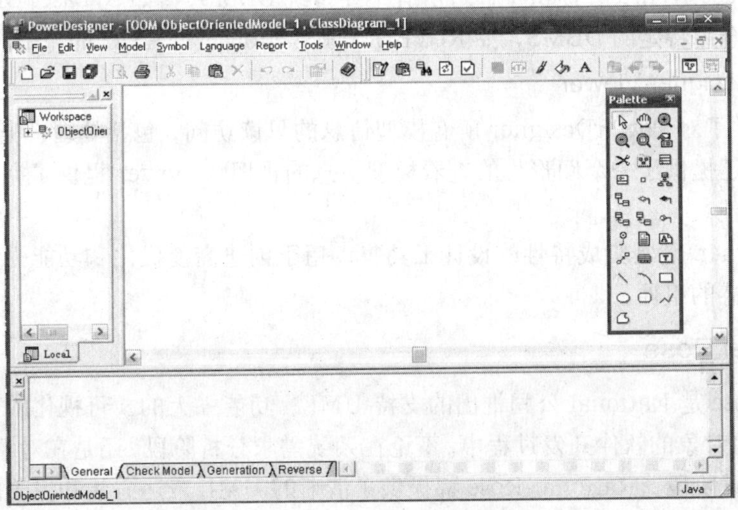

图 1-23　PowerDesigner 主界面

1. PowerDesigner ProcessAnalyst

ProcessAnalyst 模型易于建立和维护，并可在应用开发周期中确保所有参与人员之间顺畅的沟通。该工具使用户能够描述复杂的处理模型以反映他们的数据库模型。使用 ProcessAnalyst 可以以一种更加自然的方式描述数据项。

2. PowerDesigner DataArchitect

DataArchitect 提供概念数据模型设计，自动的物理数据模型生成，非规范化的物理设计，针对多种数据库管理系统（DBMS）的数据库生成，开发工具的支持和高质量的文档特性。使用其逆向工程能力，设计人员可以得到一个数据库结构的“蓝图”，可用于文档和维护数据库或移植到一个不同的 DBMS。

3. PowerDesigner AppModeler

通过提供完整的物理建模能力和利用那些模型进行开发的能力，AppModeler 允许开发人员针对领先的开发环境，包括 PowerBuilder、Visual Basic、Delphi 等，快速地生成对象和组件。此外，AppModeler 还可以生成用于创建数据驱动的 Web 站点的组件，使开发人员和设计人员同样可以从一个 DBMS 发布动态的数据。另外，AppModeler 提供了针对超过 30 个 DBMS 和桌面数据库的物理数据库生成、维护和文档生成。

4. PowerDesigner MetaWorks

该模块提供了所有模型对象的一个全局的层次结构的浏览视图，以确保贯穿整个开发周期的一致性和稳定性。MetaWorks 提供了用户和组的说明定义以及访问权限的管理，包括模型锁定安全机制。它还包含一个灵活的字典浏览器 MetaBrowser，用以浏览、创建和更新跨项目的所有模型信息，以及一个版本控制系统 Powersoft ObjectCycle。

5. PowerDesigner WarehouseArchitect

该模块提供了对传统的 DBMS 和数据仓库特定的 DBMS 平台的支持，同时支持维建模特性和高性能索引模式。WarehouseArchitect 允许用户从众多的运行数据库引入（逆向工程）源信息。WarehouseArchitect 维护源和目标信息之间的链接追踪，用于第三方数据抽取和查询及分析工具。WarehouseArchitect 提供了针对所有主要传统 DBMS，诸如 Sybase、Oracle、Informix、DB2，以及数据仓库特定的 DBMS，如 Red Brick Warehouse 和 ASIQ 的完全的仓库处理支持。

6. PowerDesigner Viewer

Viewer 提供了对 PowerDesigner 所有模型信息的只读访问，包括处理、概念、物理和仓库模型。此外，它还提供了一个图形化的查看模型信息的视图，Viewer 提供了完全的跨所有模型的报表和文档功能。

PowerDesigner 是具集成特性的设计工具集，用于创建高度优化和功能强大的数据库、数据仓库和数据敏感的组件。

1.5.4 Rational Rose

Rational Rose 是 Rational 公司推出的支持 UML、功能强大的、可视化的建模工具，它把 UML 集成到面向对象的软件开发过程中。不论在系统需求分析阶段，还是在对象的分析与设计、软件的实现与测试阶段，Rational Rose 都提供了清晰的 UML 表达方法和完善的工具，以帮助开发者建立起相应的软件模型。

Rational Rose 是一种面向对象的统一建模语言的可视化建模工具。图 1-24 是其主界面。

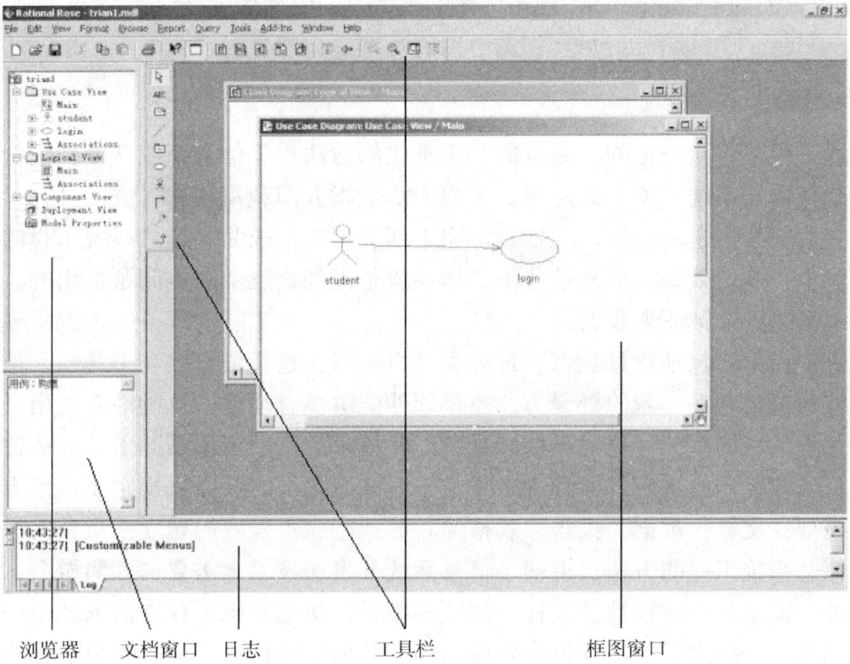

图 1-24　Rational Rose 主界面

可通过 Browser 窗口中的四个视图来分别创建 UML 中的各种模型（见图 1-25）：

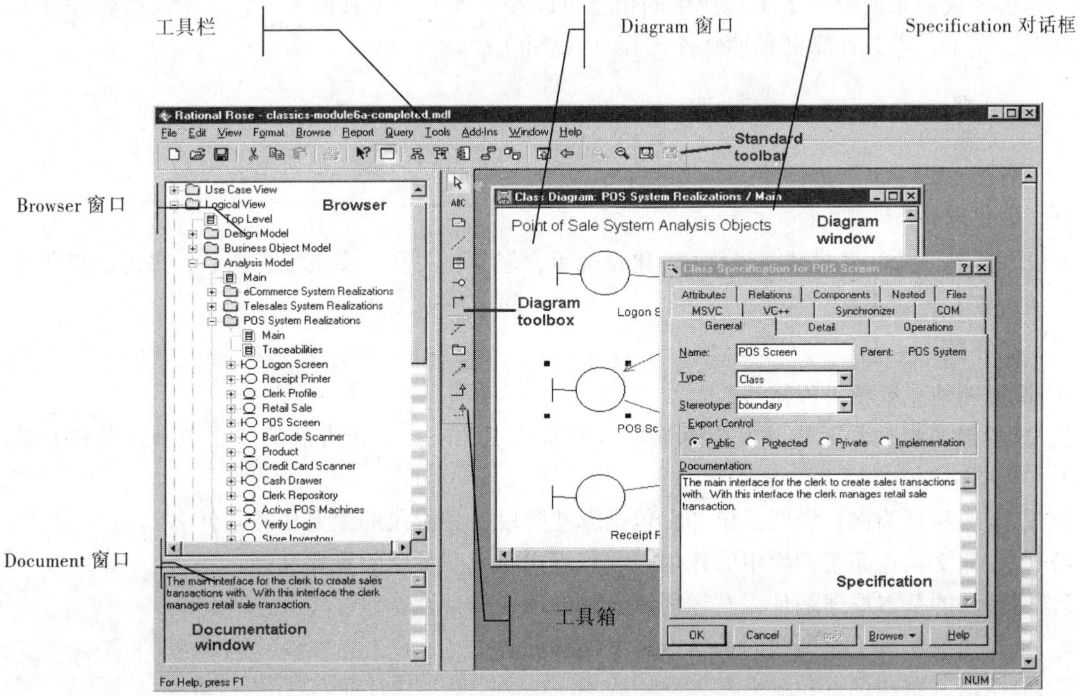

图 1-25　Rational Rose 视图

- Use Case。在 Use Case 视图中图的类型有：用例图、顺序图、协作图和活动图。

- Logical。在 Logical 视图中图的类型有：类图和状态图。
- Component。在 Component 视图中图的类型有：组件图。
- Deployment。在 Deployment 视图中图的类型有：部署图。

【本章要点回顾】

信息系统工程是将系统化的、规范的、定量化的方法用于信息系统开发、运行和维护，即是工程化思想在信息系统开发中的应用。工程方法是指人们利用技术（或工具）、技能通过有组织的活动完成契约规定的目标，即按预定完工期交付合格成品。信息系统工程的三个核心问题是质量、成本、开发效率。信息系统工程体系就是围绕这三个基本问题提出的。信息系统工程必须以有组织的质量保证为基础。

信息系统工程体系包括质量焦点、过程层、方法层、建模语言层和工具层。信息系统工程的过程是将技术层结合在一起的凝聚力，使得软件能够被合理地、及时地开发出来。过程定义了一组关键过程区域的框架，这对于信息系统工程技术的有效应用是必需的。关键过程区域构成了软件项目管理控制的基础，并且确定了上下各区域之间的关系，规定了技术方法的采用、工程产品（模型、文档、数据、报告、表格等）的产生、里程碑的建立、质量的保证及变化的适当管理。信息系统工程的方法层说明了信息系统开发在技术上需要“如何做”。方法涵盖了一系列的任务：需求分析、设计、编程、测试和维护。信息系统工程方法依赖于一组原则，这些原则控制了每一个技术区域，且包含建模活动和其他描述技术。信息系统工程的建模语言层提供了对信息系统模型的表达方式。模型从某一个建模观点出发，抓住事物最重要的方面而简化或忽略其他方面。信息系统工程的工具层能够为过程和方法提供自动的或半自动的支持。当这些工具被集成起来使得一个工具产生的信息可以被另外一个工具使用时，一个支持软件开发的系统就建立了，称为计算机辅助软件工程（CASE）。

习　题　一

一、名词解释

对象、属性、方法、封装、泛化-特化、继承、聚集、关联、多重性、消息、多态、持久对象、主动对象、包、主题、构件

二、简答题

1. 试说明信息系统工程体系。
2. 基于瀑布模型的系统开发生命周期有哪些优点和缺点？该方法的适用范围（前提）是什么？
3. 以瀑布模型为例，说明系统开发包括哪些阶段。各阶段的主要任务是什么？
4. 试说明文档在系统开发中的作用，并列举出系统开发中的重要文档。
5. 原型法的基本原理是什么？运用该方法的前提是什么？
6. 试简要说明基于原型法的系统开发生命周期。
7. 原型法有哪些优点和缺点？
8. 统一开发过程（RUP）的特点是什么？
9. 叙述结构化方法学的基本原理。

10．结构化方法学都遵循哪些原则？并解释为什么应该遵循这些原则。

11．封装的目的是什么？

12．试论述结构化方法学与面向对象方法学的区别。

13．简要分析信息系统工程体系四个层面的内容与信息系统质量、开发成本、开发效率之间的关系。

第2章 信息系统规划与决策

本章导读

目前，信息技术在企业中的应用已经进入战略信息系统时期，IT成为企业获取竞争优势的有力武器。但是，企业在引入和利用信息技术方面还存在很多问题。一方面，很少从企业战略高度管理IT，不顾企业所处行业环境和自身条件，盲目引入信息技术，缺乏对于信息技术引入过程中的科学分析和对信息技术战略的控制和评价；另一方面，对于企业信息系统建设的具体决策问题，例如，如何考察和选择IT项目、如何选择合作伙伴、如何规避IT风险等问题没有一套科学的方法，往往造成决策失误。本章首先从信息化战略规划的高度阐述企业战略与企业信息化战略的关系、企业信息化战略规划的内容、企业信息化战略规划的步骤、企业信息化战略规划的典型方法等有关问题，然后从决策的层面介绍信息系统建设中诸如信息系统风险评估、企业IT选型决策、企业IT外包决策等方面的有关问题。

学习目标

学完本章后，读者应该能够：

- 了解信息系统规划的内容。
- 了解信息系统规划的典型方法。
- 掌握企业IT项目决策的内容以及可行性研究的内容。
- 认识企业IT项目存在的风险，掌握企业IT风险的识别、评估及对策。
- 掌握企业IT选型的步骤以及信息系统开发方式的选择。
- 理解IT外包的收益和风险，掌握IT外包决策的过程。

2.1 信息系统规划

2.1.1 信息系统规划的概念

信息系统规划（information systems planning，ISP）又称IT规划，是从组织的宗旨、目标和战略出发，对企业内外信息资源进行统一规划、管理和应用，从而规范组织内部管理，提高工作效率和顾客满意度，最终为企业获取竞争优势，实现企业的长远发展。它从企业全局出发，为实现企业的长期发展战略规划一个基本的信息体系架构，统一规划和利用企业的信息资源，控制企业行为，辅助决策，帮助企业实现战略目标。

企业信息系统的建设是复杂的社会–技术系统工程，要获得成功，首先就要做好企业信息系统规划。

IT 规划的作用是：

(1) 全局性。从企业战略发展的高度出发，纵览全局，目标明确，规划整个企业信息系统的全景愿景图，确保信息架构能更好地应对业务流程和组织的变化。

(2) 预警性。通过考察、借鉴和学习，总结成功经验，吸取失败教训，能有效预防各种信息化建设过程中易出现的问题，指导系统选型和项目实施，从而有效地规避、降低企业信息化的各种风险。

(3) 有序性。根据企业各方面的资源约束，以及企业的预算，按照轻重缓急给出信息化建设的阶段性目标。

(4) 经济性。始终考虑成本投入与产出的关系问题，降低成本，科学地确定信息化建设的投资，用较少的资金做更多的事情。依据信息化建设的目标和全局架构，避免无效投资、重复投资等。

(5) 集成性。整合信息资源，解决“信息孤岛”问题，确保各应用系统的整体集成。

(6) 挖掘潜在的应用系统。

【小资料】据英国经济情报社联合一些 IT 咨询公司所作的联合调查表明，年收入在 10 亿美元以上的大公司中，有 95%进行了 IT 规划；年收入在 1 亿～9 亿美元的中型公司中，有 91.3%进行了 IT 规划；年收入小于 1 亿美元的小公司中，76.1%进行了 IT 规划。

2.1.2　信息系统规划的内容

信息系统规划就是在充分、深入研究企业发展远景、业务策略和管理的基础上，形成信息系统的远景、信息系统的组成架构、信息系统各部分的逻辑关系，以支撑企业战略规划目标的达成。信息系统规划的主要任务是：

(1) 根据组织的发展目标与战略，制定业务流程改革与创新的目标和信息系统的发展战略。

(2) 制定组织的业务流程规划，确定业务流程改革与创新的方案。

(3) 根据组织目标和业务流程规划确定信息系统的总体结构规划方案。

(4) 安排项目实施方案，制定信息系统建设的资源分配方案。

信息系统规划的内容（见图 2–1）包括：信息系统战略规划、业务流程规划、信息系统总体结构规划、项目实施与资源分配规划。

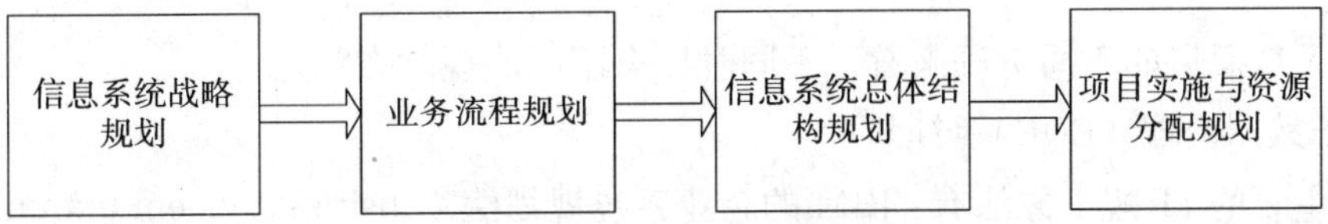

图 2–1　信息系统规划的内容

企业信息化战略规划工作进程的四个主要阶段，形成了 IT 规划四阶段模型的基本框架。

1. 信息系统战略规划

信息系统战略规划通常包括主要发展目标、发展重点、实现目标的途径和措施等。它既可以看成是企业战略规划下的一个专门性规划，也可以看成是企业战略规划的一个重要组成部分。

信息系统战略规划的主要内容包括：

（1）信息系统的目标、约束与结构。

（2）对目前组织的业务流程与信息系统的功能，应用环境和应用现状进行评价。

（3）对影响计划的信息技术发展的预测。信息系统战略规划无疑要受当前和未来信息技术发展的影响。

（4）近期计划。

2．业务流程规划

业务流程是指一个组织在完成其使命、实现其目标的过程中必需的、逻辑上相关的一组活动。由于业务流程比组织内部的机构相对稳定，面向业务流程的信息系统在组织机构与管理体制变化时能够保持工作能力。动态多变的市场要求企业的业务流程有较好的柔性，能根据环境的变化及时调整其业务流程。

3．信息系统总体结构规划

信息系统总体结构规划是 IT 规划的中心环节。其任务是：

（1）组织的信息需求分析。组织的信息需求分析是这一环节的基础工作。

（2）数据规划。科学、系统的数据规划是信息系统成功的基本条件。

（3）功能规划与子系统划分。功能规划与子系统划分是信息系统总体结构规划的核心与关键所在。

（4）信息资源配置规划。对信息系统的软硬件、数据存储与网络系统以及信息系统的组织与人员进行规划，为项目实施与资源分配规划打下基础。

4．项目实施与资源分配规划——IT 基础设施建设规划

（1）制定项目实施规划。在确定一个应用项目的优先顺序时应该依据以下五个方面进行分析：该项目的实施对组织的改革与发展有显著的推动作用；该项目的实施预计可明显节省费用或增加利润；无法定量分析其实施效果的项目，例如提高职工工资往往可以激发职工的工作积极性；制度上的因素；系统管理方面的需要。

（2）制定资源分配方案。为规划中的每个项目实施而需要的软硬件资源、数据通信设备、人员、技术、服务、资金等进行估计，提出整个系统的建设的概算。

IT 基础设施建设规划包括七个方面的内容：操作系统、应用系统开发环境、数据库平台、目录与安全服务、网络基础设施、信息交流与协作、网络与系统管理。

2.1.3 信息系统规划的典型方法

从信息系统发展的不同阶段来看，不同时期有不同的规划方法。

1．电子数据处理（EDP）时期

此时期主要的 IT 规划方法有：IBM 的企业系统规划法（business system planning，BSP）；King 的战略集合转移法（strategic set transformation，SST）；John Rockart（MIT）的关键成功因素法（critical success factor，CSF）等。

这一时期规划的特点是：以数据处理为中心，强调运作层工作效率和数据处理效率，缺乏系统的观念以及对决策的支持。

2．管理信息系统（MIS）和决策支持系统（DSS）时期

此时期主要的 IT 规划方法有：James Martin 的战略数据规划法；Holland 公司的战略系统

规划法；McFarlan 的战略栅格法（strategic grid，SG）等。

这一时期规划的特点是：信息系统目标的定位是被动地服务于组织战略，IT 规划与组织战略脱钩；很少得到高层管理者的关注。

3．战略信息系统（SIS）时期

此时期主要的 IT 规划方法有：Port 的价值链分析法（value chain analysis，VCA）；Ives & Learmonth 的客户资源生命周期法（customer resources life circle，CRFC）等。

这一时期规划的特点是：将组织外部环境作为一个要件加以考虑，并融入信息系统的战略规划过程之中，借以获得潜在的竞争优势。

本节主要介绍企业系统规划法和战略数据规划法。

1．企业系统规划法

企业系统规划法（BSP）是由 IBM 公司在 20 世纪 70 年代提出的指导企业 IT 规划的方法之一。它将信息作为企业的一种资源，在整个企业范围内进行规划。其特点是：信息结构的设计独立于企业的组织机构，使企业信息系统对市场环境的变更具有较强的适应性。即使企业的机构或管理体制改变，信息系统的结构体系也不会大变。

BSP 方法是将企业目标转化为信息系统战略的全过程。先用自顶向下的分析方法去确定企业各层次的子系统，再用自底向上的设计去实现这些子系统。

1）BSP 概述

企业的信息系统必须支持企业的战略目标。BSP 方法是一个将企业战略目标转化成信息系统的战略目标的全过程，是为企业制定一个信息系统的总体规划。因此，实行 BSP 方法的前提是企业要将其长期目标制定出来，实质上，要对企业各不同管理层次（战略计划层、管理控制层、操作控制层）的信息需求、管理策略进行计划和控制。

BSP 方法的出发点是：将数据看作一种资源在信息系统中进行统一管理，而不是由各个部门局部控制，由一个企业各部门可共享的数据中心来实现数据对企业的全面性价值。企业必须制定数据一致性定义，以及数据安全性策略和规划。保证信息系统为企业提供一致性信息。

BSP 方法的优点是采用了企业过程的概念，将任何一种企业从逻辑上定义出一组过程。过程只与产品和服务有关，与企业机构和组织结构无关。BSP 方法实际上将信息系统结构设计与企业组织机构分离，从而使信息系统在企业发展中具有强有力的适应性，只要产品和服务不变，企业过程的逻辑定义也不变。用这样的方法规划的信息系统其生命周期会得到延长。

BSP 方法的思路核心是：先自顶向下的分析企业目标，划分定义逻辑过程，并对数据分析、汇集、最终分成若干个子系统，再对子系统自下而上的分步实现。使企业可以按系统进行分步建设，既有全局战略规划，又能按企业重点、资金状况逐步实现。

2）BSP 的基本原则

进行 BSP 研究时，必须遵循以下原则：

（1）信息系统必须支持企业的战略目标。BSP 本身就是一个将企业的战略规划转化为信息系统战略的过程。

（2）信息系统战略应当表达出企业的各个管理层次的需求。包括战略计划层、管理控制层、操作控制层。

（3）信息系统应该向整个企业提供一致的信息。信息的不一致性源于“自下而上”的开发数据处理系统的做法，因此应该按照自顶向下的方法进行数据的分析。

(4) 信息系统应该适应组织机构和管理体制的改变。

(5) 信息系统战略规划一定由总体信息系统结构中的子系统开始实现。

3) BSP 的目标

BSP 的主要目标是提供一个 IT 规划，支持企业短期的和长期的信息需要。其具体目标有：

(1) 确定信息系统的优先顺序（产品和服务的优先），不考虑管理部门局部的主观利益。

(2) 基于企业业务活动而不是组织机构来建设信息系统，从而增强信息系统的适应性，使信息系统的生命周期得以延长。

(3) 数据作为企业资源来管理。

(4) 增加信息系统高收效的实施，高层领导必须参与。

(5) 用户优先的信息系统管理原则，改善企业与用户间关系。

BSP 方法创造了一种环境和初步行动计划，保护企业投资，使企业在信息化道路上不会发生重大失误。

4) BSP 方法的研究步骤

BSP 的主要研究流程参见图 2-2。

(1) 研究开始阶段。企业目标、范围、应交付结果报告内容必须得到最高领导的同意，避免事后分歧。另外，要通过介绍使研究小组成员对目前企业数据处理的状况和存在的问题进行深入了解。虽然规划是关于未来的发展蓝图，但是准确地表述、深入地分析、严密地考察现状是需求分析的前提，更是一切规划的良好开端。

(2) 定义企业过程。企业过程是指企业资源管理中所需要的、逻辑上相关的一组决策和活动。通过定义企业过程，确定信息总体结构，分析问题，识别数据类。

(3) 定义数据类。数据类是指支持企业所需要的逻辑上相关的数据，即数据按逻辑相关性归成类。

(4) 分析现行系统。对目前存在的组织、企业过程、数据处理和数据文件进行分析，发现不足和冗余，明确责任，并进一步增进对企业过程的理解。

(5) 确定管理部门对系统的要求。

(6) 提出判断和结论。

(7) 定义信息总体结构。信息总体结构刻画出未来的信息系统和相应的数据，使系统和它们产生的数据结构化和条理化。

(8) 确定总体结构中的优先顺序。即根据确定的准则评定总体结构中子系统的重要性，并依此决定系统和数据库开发的优先顺序。

(9) 评价信息资源管理工作。

(10) 制定建议书和开发计划。

(11) 成果报告。

2. 战略数据规划方法

1) 战略数据规划方法概述

信息系统是一项大的系统工程，也是企业的一项重要建设工程。著名学者 James Martin 在《战略数据规划方法学》一书中指出：信息对企业来说是具有极高价值的资源，对资源的开发，需要总体规划，而且这个规划还迫切需要一整套形式化、计算机化的方法学。

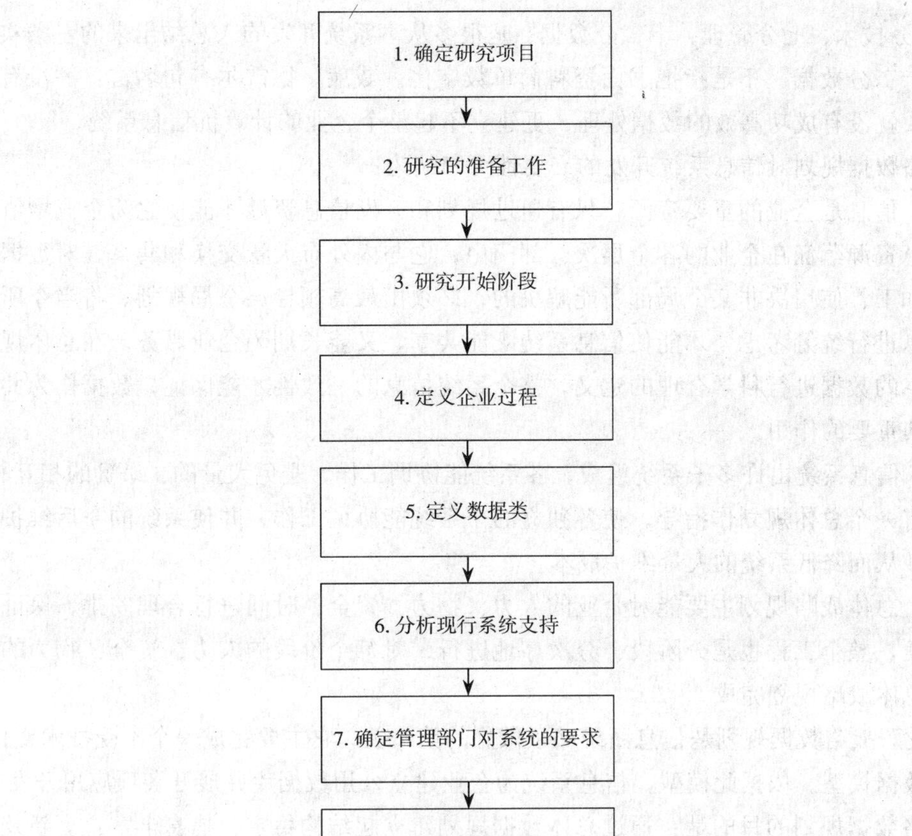

图 2-2　BSP 方法的流程

战略数据规划的核心思想是：企业信息系统应以数据为中心，数据是稳定的，而数据处理是多变的。通过主题数据库的建立，适应业务过程的变化。自顶向下的信息资源规划和自底向上的详细的数据库设计结合。

“三分技术、七分管理、十二分数据”是很多从事系统开发的人总结出来的一条实际工作经验。“十二分数据”不是指把书面资料简单数字化。威廉·德雷尔有句名言：“没有卓越的数据管理，就没有成功高效的数据处理，更建立不起整个企业的计算机信息系统。”

战略数据规划对信息系统开发的必要性可归纳为：

(1) 信息是企业的重要资源，只有通过规划和开发信息资源才能使它为企业增值发挥高效益。信息资源蕴涵在企业的各个层次、部门中，它与内外有大量交换和共享，对数据的收集、存储、加工、使用决非某个局部所能解决的，必须由最高领导层全局规划。将当今所用及未来所用信息进行统筹考虑，才能使信息系统既能共享，又能长期为企业服务。在总体规划中，对大量共享的数据进行科学合理的定义，整个系统信息的一致性才能保证，数据作为共用资源才能发挥其重要的作用。

(2) 信息系统由许多子系统组成，各系统能协调工作，避免大量的、昂贵的相互转化工作，也必须有一个总体规划作指导，使各独立的子系统能协调工作，并使系统的今后维护尽可能简单省事，从而降低系统的大量维护成本。

(3) 总体战略规划主要能对企业的人力、物力、资金、时间进行合理安排，保证信息系统顺利开发，整个工程也是分阶段、分次序地进行，对每个阶段的人力、资金、物力的调配，都必须由总体战略规划完成。

总之，战略数据规划是信息系统必须做好的第一关，它主要完成一个不受技术变化影响的、稳定的数据模型。依据此模型，信息系统为企业建立公用数据库并展开各项应用开发。

战略数据规划的目的是：通过总体数据规划建立起结构稳定、信息丰富、更新及时的共享数据库。战略数据规划的实质，就是运用信息组织技术，将企业多年来所积累的结构不合理、数据冗余混乱的数据库进行规范化的重组织工作，从而取消或极大地减少数据接口，实现基于高档次数据环境的系统集成。

James Martin 对信息系统开发的战略主要强调以下几个方面：

(1) 必须有最高管理层人员和用户的参与。

(2) 自顶向下的规划与局部设计结合。自顶向下的信息资源规划和详细的数据库设计是建立计算机信息系统的两个重要组成部分。规划给出整个信息系统的框架，数据库设计在它的指导下详细实现。自顶向下规划的主要目标是保证系统信息的一致性，由于企业的许多应用系统在不同时间开发，应用在不同方面。历史原因常造成企业自身的信息数据不一致，如要保留原有数据资源的共享，数据的一致性成为系统效率和正确运行的关键。

(3) 通过对企业主题数据库的规划，提高数据处理的生产率。

(4) 公司的政策。信息系统是建立在整个企业信息数据共享的观念上，这会产生来自用户及各层管理人员的抵触。因此，在企业中必须做出相应的政策，有时还需调整机构，使信息系统的实施排除人为因素的阻碍。

(5) 信息按“工程”规范化。James Martin 指出：信息工程要以数据为中心，并保证在数据类型和结构的相对稳定前提下，使数据处理灵活可变，以达到管理不断变化的需求。

2) 战略数据规划的步骤

整个战略数据规划可分成五大步进行。

(1) 建立企业模型。企业模型 (business model) 的建立是完成企业业务活动的结构图。企业模型是指企业管理职能的表示。企业模型采用“职能 - 业务过程 - 业务活动”这样的三层结构来建立。

① 职能层。职能 (function) 是对企业中的一些主要业务活动领域的抽象，而不是现有机构部门的简单对应。例如，某制造厂的职能有：经营计划、财务、产品计划、材料、生产计划、生产、销售、配送、会计、人事等。

② 业务过程层。每个职能都含有若干个业务过程 (process)，如“材料”职能包括材料需求、采购、进货、库存管理、质量管理这五个业务过程。

③ 业务活动层。每个业务过程都包含若干个业务活动 (activity)，如“采购”业务过程包括提出采购申请单、选择供应商等业务活动。它们是基本的、不能再分解的业务单元。

(2) 明确企业的边界。企业的边界对中小企业都比较容易明确；但对于大型企业，自顶向下规划的范围很大，会涉及几个独立的单位，而且信息资源可能相互交叉在几个独立单位。这种情况下，企业边界可以让各个独立单位先进行规划，然后对它们集中管理，从而明确整个企业的边界。

(3) 建立企业业务活动过程。按企业模型的职能范围，详细确定业务活动过程，这对以后数据库的设计和实施有指导性的作用。

(4) 确定实体与活动。这步工作要由规划小组与用户密切配合来完成。实体分析也要求高级管理人员的参与，对实体选择确定得是否得当，与高级管理人员的素质有密切关系。实体活动的划分也是使信息系统变成易于计算机处理的一个过程。

(5) 对规划结果进行审查。规划结果应由各职能管理人员和用户分析员进一步审核，要经过多次的反复，并与 BSP 研究结合。必须保持规划与方法研究变化的一致和同步，因此，规划本身最好在计算机的一些辅助工具下进行，使自顶向下的规划能及时得到更新和改进。

3) 主题数据库

主题数据库 (subject database) 与组织机构的业务主题有关，而不是与传统的计算机应用项目有关。有些应用项目可以使用多个主题数据库，一个主题数据库也可以为多个应用项目提供数据。

信息系统的最终目标是使信息资源获得最有效的利用，也就是使信息达到共享。但是由于历史原因，许多应用系统都是分散独立开发，这为当今网络时代实现信息共享带来许多困难。数据库本来是为解决数据的共享而产生，但现在多数是单一的应用数据库，由于数据结构不同而使数据和共享出现了维护成本极高的危机。

从数据库的应用历史来看，有两类数据库，即主题数据库和应用数据库。主题数据库按企业业务主题来建立，应用数据库按应用项目来建立。主题数据库是根据管理要求，将信息按主题进行分类，然后分别对每一个主题定义数据库。在这方面目前还没有一套形式化的方法，但有一点是公认的：主题数据库是建立信息系统稳定数据的基础。

主题数据库应设计得尽可能稳定，使其能长期为企业的信息资源提供稳定的服务。稳定并不意味着主题数据库永不发生变化，而是指主题数据库发生的变化具有这样的性质：它们使得老的应用项目不需要改写仍然可以工作。

2.2 IT 项目决策

2.2.1 IT 项目决策概述

1. 项目与项目决策的概念

项目是为实现目标而开展的任务的集合，是一系列活动有机组合而形成的一个完整过程。项目是一次性任务。项目管理是以项目为对象的系统管理方法，通过一个临时性专门机构的柔性组织，对项目进行高效率的计划、组织、指导和控制，以实现项目全过程的动态管理和项目目标的综合协调与优化。

决策是为了实现一个特定的目标，运用科学的理论和方法，系统地分析主客观条件，在掌握大量相关信息的基础上，提出若干预选方案，并从中选出作为人们行动纲领的最佳方案。

大量实例表明，项目选择决策失误是导致项目失败的一个重要原因。IT 项目的特点是高投入。如果项目的选择决策出现失误，很容易导致企业陷入“信息化黑洞”。

项目决策涉及多方面的工作。包括：

(1) 调查研究收集资料。

(2) 确定项目目标。

(3) 确定项目产出物。

(4) 拟定项目备选方案。

(5) 分析和评估各备选方案的可行性。

(6) 选择项目备选方案，作出项目决策。

2. IT 项目的特点和 IT 项目决策的概念

IT 项目是指应用信息技术按限定时间、限定费用和要求的质量标准完成的一次性任务或管理对象。典型的企业 IT 应用项目可分为以下三类：

(1) IT 系统平台构建项目。主要指系统硬件配置、系统网络和系统集成等。

(2) 应用软件开发项目。主要指信息系统开发与实施、门户网站、应用数据库以及决策支持系统项目等。

(3) IT 咨询项目。主要指信息系统咨询规划项目、信息化人才培训项目等。

IT 项目的特点有：

(1) 收益的无形性。IT 项目投资的收益是隐性收益。例如，通过信息技术的实施提升了企业的竞争力，其收益很难加以量化评估。

(2) 复杂性。IT 项目涉及的领域极为广泛，包括企业的业务、技术、管理等，需要许多专业性的知识。

(3) 高不确定性。一方面，IT 项目实施过程中，实际的情况与项目的计划和预算可能会出现较大的偏差；另一方面，在执行过程中还会遇到各种始料未及的风险和意外，使 IT 项目具有很大的不确定性。

(4) 柔性。在 IT 项目投资过程中，投资者往往具有灵活性，他们可以根据市场的变化，决定项目的投资时间、规模和方式等，甚至终止项目的进行。投资过程中的这种柔性称为经营柔性。

(5) 学习型投资。IT 项目投资是一种学习型投资。例如，成功的项目投资可以培养和锻炼一批管理和技术人才，使企业的知名度提高，为企业在本行业或相关行业拓展业务提供可能和便利。

IT 项目决策是指按照一定的程序、方法和标准，对拟建的 IT 项目的各种因素进行调查、研究、分析、判断并作出选择的过程。其具体内容包括 IT 项目选型决策、IT 项目投标决策和 IT 项目外包决策等。

2.2.2　企业 IT 项目可行性研究

"可行的（feasible）"即可能的和必要的意思。IT 项目的可行性研究（feasibility study）是指从项目必须具备的条件的调研出发，对可能的项目方案从经济、技术和运行等几个方面因素考察所建设的 IT 项目是否在给定的约束条件下是必要的和可能的过程。

可行性研究的主要任务是了解客户的要求及现实环境，从技术、经济和运行等因素研究并论证 IT 项目的可行性，编写可行性研究报告，制定初步项目开发计划。可行性研究的目的是说明该 IT 项目的实现在技术上、经济上和运行条件上的可行性；评述为合理地达到开发目标可能选择的各种方案；说明并论证所选定的方案。

通常，对于 IT 项目来说，其可行性可以从以下三个方面来考虑：经济可行性（economic feasibility）、技术可行性（technical feasibility）、运行可行性（operational feasibility）。

1．经济可行性

对于 IT 项目来说，提高效益才是硬道理。经济可行性是评价 IT 项目是否可行的最基本、最常用的一种方法，是对 IT 项目解决方案的成本有效性（cost-effectiveness）的度量。IT 项目是一种高投资，因此，投资者首先关心的是 IT 项目所获得的收益是否大于 IT 项目的费用或成本。如果收益远远大于成本，则说明这个 IT 项目从经济的角度来讲是可行的；反之，则是不可行的。因此，经济可行性对于 IT 项目来讲是最重要的一种可行性。

进行经济可行性研究通常使用成本/效益分析法（cost/benefit analysis）。经济可行性研究最大的难度在于成本和效益的估计。确定一项投资是否具有经济上的可行性，通常有多种方法，如投资回收期分析、投资回报率（return on investment，ROI）等。

2．技术可行性

技术可行性是指 IT 项目实施所需要的技术是否具备，如支持系统的硬件和软件能力，以及从事这些工作的技术人员的数量和技术水平。

IT 项目的技术可行性研究主要考虑如下几个方面的内容：

（1）技术的先进性、适用性和经济性。对 IT 项目的技术要求是：在保持先进性的情况下，以适用性为上，并且在经济上要合理，要有较好的性能价格比。

（2）设备和软件的选择建议与说明。

（3）技术对操作者的要求和本企业对技术的接受能力。要避免技术水平过高而造成功能冗余，浪费建设资金。

（4）企业业务流程和信息流程变化的可行性。IT 项目的实施必然会引起企业业务流程和信息流程的变化，对于这种变化，可能会由于部门的权利受到削弱、人员不能很快适应这种变化而遭到企业内部有些部门或人员的抵制，导致 IT 项目失败。所以，需要在 IT 项目项目实施之前大力宣传流程改变的好处，增进大家对项目的理解和对新技术的理解，取得普遍的支持和配合。

（5）考虑项目开发商的技术要求和开发商来源。

（6）项目建成后管理和操作人员的结构和技术培训问题。

（7）技术寿命。

（8）项目开发的风险及其他内容。判断在给定的限制范围和时间期限内，能否设计出预期的系统并实现必需的功能和性能。

3. 运行可行性

运行可行性是指一个IT项目的实施在特定的环境中能否正常运行，从而满足组织的各种业务信息需求。因此，在评价IT项目的可行性时，应考虑的一个重要因素是从人工处理而不是计算机处理的观点来考虑系统能否正常工作。这就要考虑IT项目的实施对于组织各方面（如组织结构、管理方式等）以及对于各类人员的影响。一个新IT项目的实施必然会引起某些方面的变化，而从人的本性来说，通常对变化总是持抵触的情绪，这样对新系统的实施就会产生一系列不利的影响。因此，在进行可行性研究时必须考虑到人员方面的可行性，即评估人员的抵触情绪对IT项目的妨碍程度。简言之，运行可行性就是考虑一个IT项目能否在组织内顺利实施。这一点经常被忽略。

2.3 企业IT选型决策

2.3.1 企业IT选型的概念和原则

IT选型是指用户在决定实施IT项目后，基于企业IT战略和IT规划，结合IT项目的投入预算，对市场上相关IT产品和供应商进行调查、比较、分析和评估，最后选择其中最适合企业自身需求和特点的IT产品和服务的过程。

IT选型是IT项目中最直观的工作，但它绝不仅仅是一个简单的购置软件、硬件产品的过程，而是企业IT项目建设至关重要的一个环节，包含了系统规划、系统实施与二次开发、培训、系统维护与升级、系统应用管理等众多环节的复杂项目管理过程。因此，IT选型必须从IT项目建设的整体性出发，进行综合考虑。

选型过程是需求分析与供应商及其产品相匹配的过程，同时也是需求进一步明确的过程。IT选型是一项极其复杂的工作，表现在：技术本身的复杂性，软件厂商的复杂性，集成的复杂性。

IT选型必须遵循如下的原则：

（1）IT选型的前提是必须具有明确的信息化战略和完整的IT规划。

（2）IT选型需要考虑IT项目预算，不同的预算约束会对IT选型的范围和方向造成重要影响。

（3）IT选型的主要工作是对市场上主要相关产品及其供应商做调查分析和比较，在综合各种关键指标的基础上进行决策。

（4）IT选型的核心要素必须适合用户的需求和特点，包括经济性、技术先进性、稳定性、可扩展性、安全性、针对性等。

2.3.2 企业IT选型的步骤

IT选型包括如下步骤：

（1）IT选型前的准备工作。包括：成立项目选型小组，聘请IT咨询商帮助，确定项目目标，拟定预算，确定项目建设模式（外包还是自行开发）。

（2）供应商及其相关产品调研。包括：供应商初选，发送需求建议书。

（3）对供应商及其相关产品进行权衡评估。包括：方案建议书评估，系统演示。

(4) 定向考察、商业性洽谈和签约。包括：联系供应商的典型客户，拜访供应商及其典型客户，供应商调整方案，最后决策。

2.3.3　企业 IT 项目建设模式的选择

IT 项目建设模式有四种：自主开发方式、委托开发方式、联合开发方式、购置软件包。

1．自主开发方式

自主开发方式是指由企业内部的信息技术专门人员开发系统。由于企业内部人员比较熟悉企业的业务流程，能够真正地把握企业的需求，所以可开发出满意度较高的信息系统。但是，由于开发人员的专业性不强，没有接受过专业化工程的训练，开发的系统可能不够优化。该方式适用于有较强的系统分析与设计队伍的企业。

自主开发方式的优点是：开发费用低；开发的系统能够适应本企业的实际需求，用户满意度高；系统维护工作方便。其缺点是：由于专业化程度不够，开发的系统不够优化；开发周期长；人员调动会影响到系统的维护工作。

2．委托开发方式

委托开发方式是指聘请专业的开发公司为企业建设信息化项目，但是开发过程中，需要企业的业务骨干参与系统的调研、分析、论证工作。委托开发的一个关键问题是要解决技术人员与企业的业务人员之间的沟通。委托开发方式适用于无系统开发人员或开发队伍力量薄弱但资金较为充足的企业。

委托开发方式的进一步发展就是 IT 外包。委托开发多是进行一次性的项目开发，而 IT 外包则有可能是一个长期的项目合同，因为有些外包需要外包商负责 IT 系统的日常管理和维护。

委托开发方式的优点是：省时省力，开发的系统技术水平较高。其缺点是：费用高；维护困难，系统维护需要开发单位的长期支持。

3．联合开发方式

如果企业自主开发有一定的困难，但又有一定的 IT 专业人员，可以采取联合开发的方式。联合开发方式是聘请专业开发公司的技术人员，但在开发过程中本企业的信息技术人员也参与其中。联合开发方式适用于企业有一定的系统分析、设计及软件开发人员，但开发力量较弱，希望通过合作开发提高自己开发队伍的水平，便于系统维护工作的企业。

联合开发方式的优点是：节约了资金；有利于培养、增强本企业技术力量；便于日后的系统维护工作。其缺点是：易出现沟通问题，需要开发双方有一个很好的沟通机制。

4．购置软件包

当前，专业信息系统公司针对某些业务开发出大量功能强大的信息系统软件，企业可以根据自身的需求和实际情况进行购买。该方式适用于通用性较强的业务，如财务管理。其优点是：省时；费用低；系统专业化程度和技术水平较高。其缺点是：软件专用性（针对性）差，不一定能完全符合本企业的实际需求，尤其是购置国外软件公司的产品，由于管理模式、业务流程等有较大的不同，会出现“水土不服”的现象，针对这种问题，有可能需要进行二次开发；与其他系统的接口需要进一步完善。

可以针对企业的实际需求和企业的规模、资金条件、信息化建设队伍的实际情况，结合每种方式的特点来选择开发方式。就国内目前的情况来看，联合开发方式是主流，外包是未来发展的趋势。但无论选择哪种方式，引入第三方 IT 咨询来帮助企业进行系统规划、项目管理以及建立系统应用管理机制都将是比较明智的举措。

2.4 企业 IT 外包决策

2.4.1 企业 IT 外包概述

1. IT 外包概述

外包（outsourcing）是指企业整合其外部最优秀的专业化资源，从而达到降低成本、提高效率、充分发挥自身核心竞争力和增强企业对环境的应变能力的一种管理模式。通俗地讲，外包就是将公司的一些重要但并非核心的业务职能交给外面的专家去做。最流行的外包服务形式包括：IT 外包、营销外包、人力资源管理外包、应收账款外包等。

IT 外包（IT outsourcing）是将组织中与信息相关的活动从企业其他业务中剥离出来，部分或全部交给组织外的信息服务提供者（information service provider，ISP）来完成。IT 外包的内容包括：信息处理服务、业务流程支持、应用软件系统开发、网络系统建设、硬件设备选型与维护、IT 知识培训和企业信息化方案咨询等。

2. IT 外包的发展历史

1962 年，美国 EDS 公司开创了最初的 IT 外包服务。由于当时很多企业客户负担不起昂贵的大型机系统，于是 EDS 公司的创始人便采用了“卖处理时间”的方式，即根据客户的信息处理要求所需的处理时间进行收费。

20 世纪 90 年代，由于软件成本大大增加，全球 IT 人才短缺等因素，引发了第二次 IT 外包浪潮。在这样的环境下，外来的供应商能够更好地配置 IT 资源，而且还可以解放企业，使其集中精力在自己的核心能力上。

1990 年后，美国许多大公司开始将部分信息中心的功能实行外包。柯达公司成功地将其数据中心和通信网络外包给了 IBM、DEC 等机构来运作，成为当时影响最大的外包案例，也开创了 IT 外包的先河。当时柯达公司的 CIO 是一名高级经理而不是一名计算机专家，因此他的管理思维使他得以跳出计算机专家的固有模式，在 IT 外包方面采取了积极的态度，对以前被大中型企业认为细枝末节的 IT 外包问题予以足够的重视。

目前，IT 外包在世界范围内正成为一种新的趋势，这种服务模式在许多国家已被普遍接受，尤其是在西方发达国家，大部分的中小企业均以 IT 服务外包形式实现了企业自身的信息化，在美国有 60%的企业正在享受专业 IT 外包服务带来的种种便利。而越来越多的发展中国家的企业也已开始计划或正在考虑实施 IT 外包战略。人们已经清楚地认识到，IT 外包不再是公司管理中的一个短暂的时尚，而是传统的 IT 部门改革的前奏，IT 外包为网络经济下的组织结构变革提供了参考。

美国著名管理学家彼德 · 德卢克曾预言：“任何企业中仅作为后台支持而不创造营业额的工作都应外包出去，任何不提供向高级发展的机会、活动和业务也应该采用外包的形式。”

3. IT 外包的内容

IT 外包的内容包括：

（1）IT 维护和管理的外包。

（2）构建企业信息网。

(3) IT 知识培训。

(4) 日常技术维护。

(5) IT 行业信息咨询。

(6) 系统解决方案。

Gartner Group 将信息技术的外包分为四大类型，分别由“外包业务属性”和“企业使用系统环境”两个维度组成：

(1) 按照“外包业务属性”将市场分为业务层次（business level）的和技术层次（technical level）的外包。

(2) 按照“企业使用系统环境”以系统环境是否共享分为系统专属环境（dedicated environment）和共享环境（shared environment）下的外包。

按上述维度划分四个象限如图 2-3 所示，分属于各维度与层次的有：

(1) 业务流程外包（business process outsourcing，BPO）。

(2) 信息技术系统外包（IT systems outsourcing）。

(3) 应用服务提供商（application service provider，ASP）。

(4) 业务服务供应商（business service provider，BSP）。

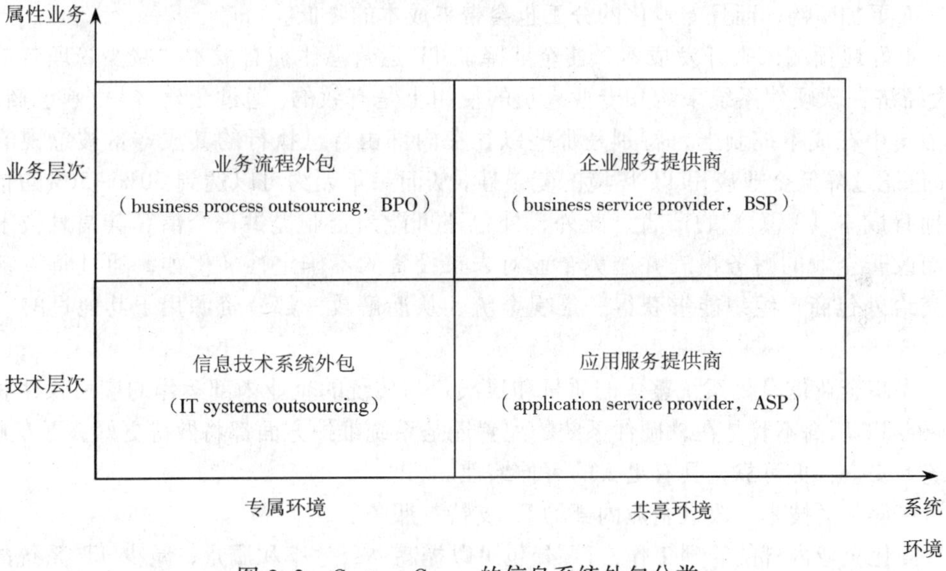

图 2-3 Gartner Group 的信息系统外包分类

4. IT 外包的方式

IT 外包有如下四种方式：

(1) 整体外包。整体外包是指在外包双方同意的价格水平下，在一个固定的时间内，在双方认可的服务水平下，企业将有关的 IT 服务、运行和管理外包给 IT 专业服务公司，后者将提供全套的 IT 运行、维护和发展的服务支持。一般整体外包应将 IT 职能的 80%或更多外包给外包商，本企业只保留极少数核心人员去管理和控制合同以及规划未来的发展方向。

(2) 选择性外包。选择性外包是指几个有选择的信息技术职能的外包，外包数量少于整个信息技术职能的 80%。企业可以创建一个框架性的合同来根据自身的竞争优势，选取一个或多个 IT 服务提供商，将相应的一些设施和服务委托给他们，公司仍保持它主要的 IS/IT 人员组织结构。

（3）战略资源联盟。一个公司也可以通过与某供应商设立合资公司来运行 IT 外包服务，这种形式是建立在风险和收益共担的基础上，并且是出于某种特别目的。

（4）买入式外包。组织买进相关的管理和技术，从而使公司内部的信息系统发展得更好，提升 IT 服务的效能。在这种情况下，公司仍保留它的集中化的 IT 功能。一个典型的例子是利用“offshore 境外离岸的系统”发展资源，即公司与一个国外的供应商签订合同，让他们去编写一套新的应用系统，但是所有这些需求和规格标准都由原公司自己制定和提出。其好处是可以找到技术熟练而人工相对便宜的专业技术人员，但也存在项目管理与沟通困难的问题。

2.4.2 企业 IT 外包的收益与风险

1. IT 外包的收益

IT 外包可以：

（1）使企业将力量集中到核心能力上。这是 IT 外包的根本原因。IT 外包服务使企业能够把它的注意力集中于核心竞争力的提升上，而不必为一些非主流的业务花费大量的人力和物力，包括人员成本和软硬件成本。另一方面，系统的运营及服务支持也将因为由专业的 IT 公司来维护和管理而更加顺畅，而且专业化的分工也会带来成本的降低。

（2）更好地预测未来开发成本，使企业降低 IT 运营总体拥有成本并减少管理者的时间消耗。规模经济在软硬件系统采购和专业人员的使用上是有效的。通过创建客户/承包商的关系，将注意力集中在成本控制上，特别是那些以往在内部由自己执行的其成本常被忽视的活动，而 IT 外包通过降低企业应用 IT 环境的复杂性，从而每年大约可以达到 30%～50%的信息化系统总体拥有成本（TCO）的节省。此外，外包还可能为企业提供一个清算其信息技术资产机会，从而改善企业的财务报表并避免企业对未来投资的不确定性。例如，通过将设备和固定资产移交给外包商，组织能够获得一笔现金流，从而解放一部分资源用于其他目的（如战略投资）。

（3）提高企业信息化系统整体的质量和层次。与传统的企业内部运作的应用软件和服务相比，专业的 IT 厂商不管是在软硬件系统的配置还是系统维护方面都将做得更好、更专业，使得整个系统更安全、更可靠，具有更大的可伸缩性。

（4）获得前沿技术，改进企业内部的 IT 支持与服务。

（5）简化企业内部的管理工作。IT 外包可以提高办公效率和质量，减少 IT 系统故障发生率，避免 IT 技术人员的流动给企业 IT 系统带来的不稳定性，确保企业 IT 系统始终处于良好的运行状态，让系统及时得到合理优化和升级，简化了企业内部的管理工作。

（6）利用其他组织的智力资源，促进企业资源整合。IT 外包后，企业原有 IT 部门的去留、部门功能的全面程度等都将发生重大变化。业务流程的优化改进必将给企业的核心业务部门带来较大调整。外包企业所提供的是经过整合的 IT 服务包，具有很强的系统性、完整性，是一般企业靠自己的力量难以达到的。通过对企业业务流程、数据流程的分析、重组与优化，可以为企业带来更有效的经营、生产模式，增强企业的核心竞争力。

2. IT 外包的主要风险

IT 外包作为一种先进的竞争策略具有明显的优势，但不合理的外包也会带来风险。

(1) 企业的战略柔性丧失。战略柔性是指企业的战略能经济而快速地响应环境变化的能力。IT 外包可能会导致企业战略的不连续、不稳定，包括管理政策不稳定、管理组织不稳定、管理人员不稳定。

(2) 存在项目可行性不确定的风险。这主要是由所选择的外包项目或签订的合同缺乏灵活性造成的。由于技术的迅猛发展和市场因素的变化，可能会导致项目完成后不再适用或者不再具有竞争优势；由于外包商和外包企业之间对需求理解的不一致而使信息系统不能很好地满足企业需求。

(3) 信息技术服务商不能很好地提供服务。

(4) 削弱企业的学习能力和创新能力。企业是在实践中了解和应用信息技术的。而 IT 外包可能会阻碍新技术与业务的结合，降低企业对某些技术的跟踪和对新技术的了解程度，从而削弱企业的学习和创新能力。

(5) 可能会对企业有关职能部门产生冲击。企业 IT 活动的外包往往会影响企业的内部业务流程，需要企业的内部业务流程重组，这个过程很可能会对组织成员产生影响，有时会遭到企业内部员工的抵制而对企业正常的生产经营产生负面影响。

(6) 降低了企业的控制能力。某些 IT 外包可能导致企业自动放弃对信息系统的控制，从而丧失企业的部分职能。

(7) 委托代理关系复杂容易引起法律纠纷。企业一旦将工作交给外包商就基本不再插手管理，造成管理过程不易控制，特别是在合同内容不明确或者含糊的情况下，一旦企业和外包商发生误会或不一致，双方各自站在自己的立场上，则会产生矛盾甚至法律纠纷，这样就很难形成战略伙伴关系了。

2.4.3　企业 IT 外包决策过程及分析

IT 外包决策的内容包括：

(1) 是否外包。

(2) 外包什么和如何外包。若外包，针对外包内容，考虑是整体性外包还是选择性外包。针对如何外包，则要考虑选择一个外包商还是选择多个外包商，选择国内的外包商还是选择国外的外包商，是签订一个长期外包协议还是签订一个短期外包协议。

(3) 如果决定不进行 IT 外包，则考虑是否内包。

(4) 如果既不外包也不内包，则要考虑是否要进行人员调整。

IT 外包的决策过程如图 2-4 所示。

【本章要点回顾】

企业信息化战略是企业战略的有机组织部分，是关于信息功能的目标及其实现的总体谋划。企业信息化战略目标必须与企业战略一致，二者的一致性匹配是一个持续适应和不断变化的过程，企业战略和企业信息化战略要根据企业内、外环境情况相互间不断调整。企业信息化战略规划的内容包括：信息系统战略规划；业务流程规划；信息系统总体结构规划；项目实施与资源分配规划。其典型方法有 BSP 方法和战略数据规划法。

企业必须处理与企业信息化相关的一系列 IT 决策问题。IT 项目决策是指按照一定的程序、方法和标准，对拟建的 IT 项目的各种因素进行调查、研究、分析、判断并作出选择的过程。IT 项目的可行性可以从经济可行性、技术可行性、运行可行性三个方面进行；IT 项目由于其固有的特殊性，在实施过程中具有很大的风险，需要进行风险规避。IT 选型是用户在决定实施 IT 项目后，基于企业 IT 战略和 IT 规划，结合 IT 项目的投入预算，对市场上相关 IT 产品和供应商进行调查、比较、分析和评估，最后选择其中最适合企业自身需求和特点的 IT 产品和服务的过程。IT 外包是将组织中与信息相关的活动从企业其他业务中剥离出来，部分或全部交给组织外的 ISP 来完成。其内容包括：信息处理服务、业务流程支持、应用软件系统开发、网络系统建设、硬件设备选型与维护、IT 知识培训和企业信息化方案咨询等。

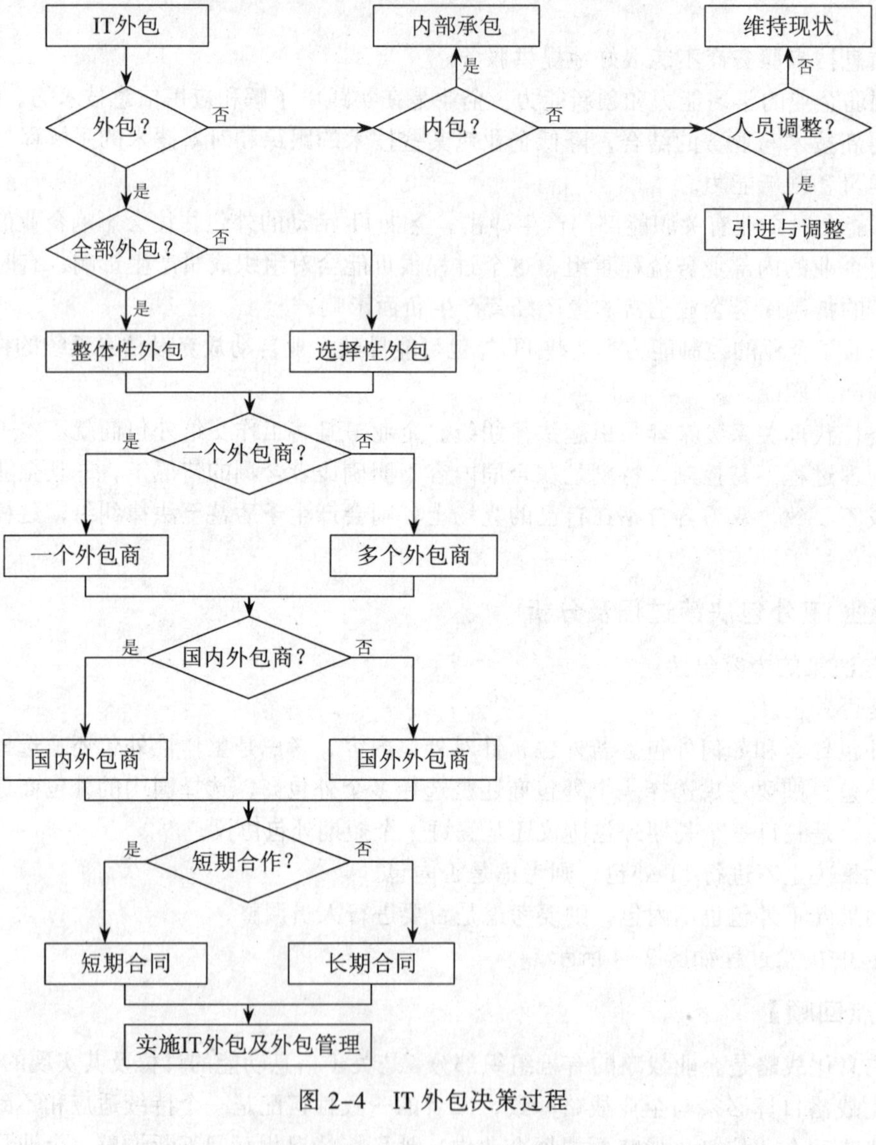

图 2-4　IT 外包决策过程

习　题　二

一、名词解释

信息系统规划、企业系统规划方法、企业过程、数据类、企业模型、主题数据库、经济可行性、技术可行性、运行可行性、IT 风险、IT 选型、IT 外包

二、简答题

1. 简述信息系统规划的作用。

2. 简述信息系统规划的内容。

3. 信息系统规划为什么需要高层领导的参与？

4. 简述 BSP 方法的基本原则和目标。

5. BSP 方法的主要步骤。

6. 简述战略数据规划的步骤。

7. 主题数据库和应用数据库有何区别与联系？

8. “可行性”的含义是什么？在进行可行性研究时，应考虑哪些方面的因素？

9. 结合一个或更多的例子说明在信息系统生命周期中，什么是有形成本、无形成本、有形效益和无形效益。

10. 简述 IT 选型必须遵循的原则。

11. 试比较 IT 项目四种建设模式的优点和缺点。

12. 简述 IT 外包的内容。

13. 简述 IT 外包的四种方式。

14. 简述 IT 外包的收益和主要风险。

15. 举例说明在 IT 项目中，都有哪些方面的成本和效益？（提示：分别考虑在项目的开发期和运行期有形和无形成本和效益）

三、案例分析题

中国零售业的 IT 外包

目前 IT 服务市场上主要有支持服务、集成服务、IT 咨询、IT 外包这四个层面。IT 外包又分基础设施外包、应用管理外包和业务流程外包。而像 IBM 和惠普等都将重点放在基础设施外包项目上，但效果不是很好。IBM 开始改变策略，将目光转向与企业业务特别是非核心相关的外包服务项目上。应用管理服务与传统基础设施外包相比有一个明显的优势：单个合同涉及的金额比较小，比较适合中国的中小企业。

2005 年 1 月，百安居中国公司与 IBM 签署协议，由 IBM 向百安居提供 SAP 应用管理外包服务。中国零售业第一个应用管理外包服务合同表明了 IT 外包服务从基础设施服务向帮助客户实现业务转型服务延伸的趋势。随着业务与 IT 联系得越来越紧密，企业在选择外包供应商时已经开始关注供应商在业务上的咨询能力和整合能力及能否为企业建立可即时响应的业务系统。

无疑，外资零售企业首次大规模地将自己在中国的 IT 管理服务进行外包为本土企业开了个头。百安居中国总裁表示：“我们只做自己擅长的事情，而把并不擅长但同样重要的事情交给别人去做。百安居在中国也是第一个把日常信息支持、服务外包给第三方的零售机构。”

此后的 4 月，全球最大餐饮集团百胜餐饮集团与 IBM 签署了“餐厅 IT 系统安装及支持协议”，而几乎同一时间，在联华超市与 IBM 以及中国台湾特力集团联手打造联华新供应链管理体系的合同中，联华采用了最新的外包服务模式——AMS。AMS 是 IBM 的应用管理服务，包括：制定和实施客户所需要的流程及程序；协助客户监测系统表现，改良应用环境；执行和跟进对企业应用系统所作的变更、管理数据库；高效管理工作成果；拥有遍布全国的数据支持系统。

尽管本土企业采用 IT 外包服务的例子还屈指可数，但业内专家分析，越来越多的外资零售企业的进入，正在逐渐改变本土零售企业的观念，更多的企业将理解并接受 IT 外包，学会去牢牢抓住自己的核心竞争力，尝试采用既减少投入又降低开发周期的外包服务方式。而IDC的研究报告也显示，零售企业IT部门的角色正在逐步进行调整，其职责也从单纯的维护拓展到采集信息、处理并分析信息等。

请结合案例回答下列问题：

（1）目前国内IT服务外包的主要内容有哪些？

（2）分析零售业的IT外包服务具有哪些优势？

（3）分析零售企业IT部门角色的变化。

第3章 信息系统分析

本章导读

系统分析是信息系统开发生命周期中最重要的一个阶段，是指运用一定的方法，对问题域和系统责任进行分析和理解，对其中的事物和它们之间的关系产生正确的认识，并产生一个符合用户需求，能够直接反映问题域和系统责任的模型及其详细说明。系统分析的主要任务是需求开发。需求开发包括需求获取、需求分析、需求规格说明、需求验证四项工作内容。

本章首先介绍需求的概念、层次，需求分析的重要性以及好的需求应该满足的基本条件；然后详细介绍需求开发的四项具体工作的内容。

数据建模是创建数据库逻辑结构的过程。为了保证正确性，数据模型必须支持所有的用户视图。它是开发有效的数据库应用的最重要的任务。如果数据模型不能正确地表示用户的数据视图，用户会发现应用是难以使用的、不完整的和无效的。

对象建模是基于对象、属性、行为、封装、类、继承、多态、持久性等概念来识别系统环境内对象及这些对象之间联系的技术。从面向对象的角度来看，系统是由对象组成的。任何系统都是由一系列相互联系、共同工作（协作）的对象组成的。进行面向对象分析时，首先定义组成系统的对象，然后描述这些对象如何协调来完成系统的功能。这些描述可分为两部分：一是对象之间的联系，这些联系表现为对象之间的泛化-特化联系、整体-部分联系和关联；二是系统对象之间的交互或通信，这些交互表现为对象之间的消息以及对象的内部处理，即每个对象对于其他对象所发出的消息如何作出反应以及怎样发送消息给其他对象。

面向对象需求定义需要用到五个分离而又相互联系的面向对象模型。这五种图分别是：类图、用例图、协作图、顺序图、状态图。

（1）类图：类图是一种用于描述系统中对象类及其之间相互联系的对象模型。

（2）用例图：用例图是一种用于显示不同用户角色和这些用户角色如何使用系统的图。

（3）协作图：协作图一种用以显示对象如何被协调在一起以执行用例的图。

（4）顺序图：顺序图是一种用于显示用例对象之间消息顺序的图。

（5）状态图：状态图描述了对象的状态和行为。

传统的需求分析方法与面向对象需求分析方法在建立模型方面是不同的，当然也有一些共同点。

面向对象建模目前流行的建模工具是统一建模语言。

学习目标

学完本章后，读者应该能够：

- 掌握系统分析的基本任务。
- 理解需求的概念、需求的类型、需求分析的重要性。
- 掌握利用 Visio 等 CASE 工具构造数据流程图的方法。
- 掌握数据字典的内容和编制以及构造判定树/判定表。
- 掌握数据库设计的步骤和数据建模的内容。
- 根据需求描述，利用 Visio 等 CASE 工具构造 E-R 模型。
- 理解面向对象建模中的基本概念和建模思路。
- 理解对象建模中各种模型的作用及相互之间的关系。
- 掌握利用 Visio、Rational Rose 等 CASE 工具构造用例图、类图、顺序图、协作图和状态图的方法。

3.1 信息系统分析概述

3.1.1 系统分析的任务

系统分析（system analysis）是一个需求开发和管理的过程，是指运用一定的方法，对问题域和系统责任进行分析和理解，对其中的事物和它们之间的关系产生正确的认识，并产生一个符合用户需求，能够直接反映问题域和系统责任的模型及其详细说明。

通过调查，系统分析师初步了解了现行系统、用户的需求及解决所存在问题的潜在的解。进入系统分析阶段后，系统分析师进一步细致地分析和研究存在的问题，并产生能够满足用户需求的系统需求规格说明书（system requirements specification，SRS）。

系统分析本质上是一个沟通的过程。沟通作为系统分析的一个重要组成部分，是一种传递信息的行为。沟通由两部分组成：解释和理解，二者缺一不可。在解决问题前，必须要理解它；对问题越了解，就越容易解决它。用户必须检查这些说明书的准确性和完整性，而系统设计员必须根据这些说明书来进行新系统的设计。用户往往只具备经营管理、业务等方面的知识，而系统设计员往往只具备计算机方面的知识，二者之间存在着一条明显的鸿沟。所以，系统分析师是连接系统用户与系统设计员之间的关键。

系统分析是一个认识系统、理解问题和描述系统的过程。大量实践经验表明，如果没有首先搞清楚系统要做什么（what to do），而直接就考虑如何去做（how to do），所开发的信息系统是要失败的。也就是说，信息系统开发成功的关键在于对问题的理解和描述是否准确。而解决“做什么”的问题正是系统分析的基本任务。

3.1.2 需求的概念和层次

需求是人们的期望，探索需求是寻找人们的期望的过程，需求开发就是把人们的期望转化成一种能够满足其期望的产品的过程。需求（requirement）是指用户要求软件系统必须满足的所有功能和限制，包括：功能要求、性能要求、可靠性要求、安全保密性要求，以及开发费用和开发周期、可使用资源等方面的限制。其中，功能需求是最基本的，包括数据要求和加工要求。

需求包括三个不同的层次：业务需求、用户需求、功能需求和非功能需求。

(1) 业务需求（business requirement）反映了组织机构或客户对系统、产品高层次的目标要求，它们在项目视图与范围文档中予以说明。

(2) 用户需求（user requirement）描述了用户使用产品必须要完成的任务，这在用例（use case）文档或方案脚本（scenario）说明中予以说明。

(3) 功能需求（functional requirement）定义了开发人员必须实现的软件功能，使得用户能完成他们的任务，从而满足业务需求。作为功能需求的补充，软件需求规格说明还应包括非功能需求。它描述了系统展现给用户的行为和执行的操作等。它包括产品必须遵从的标准、规范和合约；外部界面的具体细节、性能要求；设计或实现的约束条件及质量属性。

信息系统需求有如下特点：需求是隐性的，即用户不清楚自己的需求；需求是变化的。

需求的 PIECES 框架给出了非功能需求的类型（见表 3-1），同时也为需求调查提供了指南。PIECES 分别是指性能（performance）、信息（information）、经济（economy）、控制和安全（control）、效率（efficiency）、服务（service）。

表 3-1　非功能需求的类型

需求类型	解　　释
性能	• 吞吐量 • 响应时间
信息	信息需求表达了用户所需的信息在内容、时间、准确性、格式等方面的要求 • 所需要的输入和输出是什么？什么时候需要？ • 需要存储什么数据？ • 信息的现时性要求如何？ • 信息系统与外系统的接口是什么？
经济	经济方面的需求表达了系统需要在哪些方面降低成本，提高效益 • 系统什么方面的成本必须降低？ • 应该降低多少成本，增加多少效益？ • 预算范围是多少？ • 开发的时间表是什么？
控制和安全	控制和安全方面的需求包括： • 是否必须对系统或信息的存取进行控制？ • 保密性方面有什么要求？ • 是否有特殊的数据处理要求？（如备份、脱机存储）
效率	效率是指系统利用最小的资源产生输出的能力 • 是否有必须要消除的重复的业务环节？ • 是否有降低系统用户使用资源时产生浪费的途径？
服务	服务需求表达了系统在可靠性、灵活性和可扩充性方面的要求 • 谁将使用系统？他们分布于何处？ • 是否有不同类型的用户？ • 系统的培训设备和培训资料有什么要求？ • 需求的可靠性/可用性是什么？ • 系统应该如何打包和发布？ • 需要产生什么方面的文档？

【例 3-1】字处理程序

业务需求：用户能有效地纠正文档中的拼写错误。

用户需求：找出文档中的拼写错误并通过一个提供的替换项列表来供选择替换拼错的词。

功能需求：找出拼写错误的词并高亮显示；显示提供替换词的对话框；实现整个文档范围的替换。

3.1.3 需求分析的重要性

Frederick Brooks 在 1987 年的经典的文章 *No Silver Bullet:Essence and Accidents of Software Engineering* 中充分说明了需求过程在软件项目中扮演的重要作用：开发软件系统最为困难的部分就是准确说明开发什么。最为困难的概念性工作便是编写出详细技术需求，这包括所有面向用户、面向机器和其他软件系统的接口。同时一旦做错，将最终给系统带来极大损失，并且以后再对它进行修改也极为困难。

1994，Standish Group 调查了 350 多家公司中的 8 000 多个软件项目发现：1/3 的项目在完成之前就被取消；在大型公司中，只有 9%的项目是按预算和进度的要求完成的；在小公司中，只有 16%的项目是按要求完成的。

导致项目失败的原因有：不完备的需求（13.1%）；缺乏用户的参与（12.4%）；缺乏需要的资源（10.6%）；用户不切合实际的期望（9.9%）；缺乏管理人员的支持（9.3%）；需求和规格说明经常变化（8.7%）；没有统一的规划（8.1%）；开发过程中发现系统已不再需要（7.5%）。

不正确的需求定义可能会导致：系统开发超出预算；系统交付延期；系统不满足用户的期望，从而导致用户不再使用该系统；一旦投入生产性运行，维护成本会急剧升高；系统不可靠，并且经常容易出现问题和宕机；用户会将所有的错误都推到开发人员身上。

需求分析是系统开发的一个重要步骤，是整个系统开发的基础。如果需求定义错误（例如需求不完全、不合乎逻辑，不贴切或使人易于发生误解），那么不论以后各步的工作质量如何，都必然导致系统开发的失败。因此，系统开发中需求定义是系统成功的关键一步，必须引起足够的重视，并且提供保障需求定义质量的技术手段。

许多成本分析表明，随着开发生命周期的进展，改正错误或在改正错误时引入的附加错误的代价是按指数增长的（见图 3-1）。研究表明，60%～80%的错误来源于需求定义。因此，开发面临的问题是随着生命周期的展开，不仅发现修改费用越来越高，而且发现绝大多数的错误起源于早期的需求定义阶段。

关于需求的几个事实：

（1）在软件生命周期中，错误发现的越晚，修复错误的费用越高。

（2）许多错误是潜伏的，并且在错误产生后很长一段时间才被检查出来。TRW 公司的一项调查表明：54%的错误是在编码和单元测试阶段以后发现的，但实际上，这些错误的一半是属于需求和设计阶段的，而编码阶段的错误只有 9%。

（3）在需求过程中会产生很多错误。

（4）需求错误是可以被检查出来的。

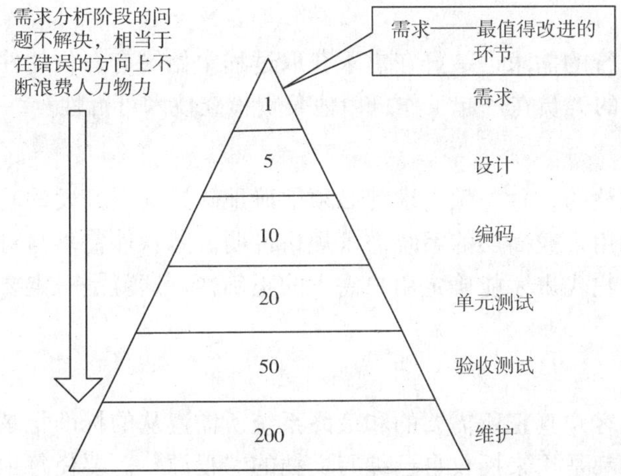

图 3-1　需求——最值得改进的环节

3.1.4　好的需求

【小测试】在一个小组里，让每个组员独立设计一种能够将自己从家里带到办公场所的工具。他们的设计方案都是什么？从中会得出什么结论？

需求定义必须满足以下几个方面的要求：

1．一致性

需求不应该是矛盾的、模糊的、二义的，每项需求对系统所有活动者而言都只能有一个明确统一的解释，需求之间应该没有逻辑上的矛盾。由于自然语言极易导致二义性，所以尽量把每项需求用简洁明了的用户性的语言表达出来。避免二义性的有效方法包括对需求文档的正规审查、编写测试用例、开发原型以及设计特定的方案脚本。可理解性是一致性的前提，即参加的各方应能以一种共同的方式来解释和理解需求。

建议：

（1）需求应尽可能详细。

（2）尽可能用图表表达需求。

2．完备性

所有需求都必须加以适当说明。每一项需求都必须将所要实现的功能描述清楚，以使开发人员获得设计和实现这些功能所需的所有必要信息。完备性的另一方面含义是应该表达所有系统风险承担者（stakeholder）的需求。

建议：

（1）认真检查 I-P-O（输入-处理-输出）。

（2）用例（use case）的思想。

3．必要性

所规定的需求必须是用户所需要的。

建议：不要画蛇添足。

4．可行性（现实性）

利用现有资源可以实现系统的需求。每一项需求都必须是在已知系统和环境的权能和限制范围内可以实施的。

建议：为避免不可行的需求，最好在需求获取过程中始终有一位软件工程小组的组员与需求分析人员或考虑市场的人员在一起工作，由他负责检查技术可行性。

5．正确性

需求应是准确和完整的。每一项需求都必须准确地陈述其要开发的功能。做出正确判断的参考是需求的来源，如用户或高层的系统需求规格说明。若软件需求与对应的系统需求相抵触则是不正确的。只有用户代表才能确定用户需求的正确性，这就是一定要有用户的积极参与的原因。

6．可跟踪性

每一项需求都应把客户真正所需要的和最终系统所需遵从的标准记录下来。“可跟踪性”也可以理解为每项需求都是用来授权自己编写文档的“根源”。要使每项需求都能回溯至某项客户的输入，如用例或别的来源。

7．可测试性

需求必须能够验证。检查一下每项需求是否能通过设计测试用例或其他的验证方法，如用演示、检测等来确定产品是否确实按需求实现了。如果需求不可验证，则确定其实施是否正确就成为主观臆断，而非客观分析了。一份前后矛盾、不可行或有二义性的需求也是不可验证的。

8．划分优先级

给每项需求、特性或使用实例分配一个实施优先级以指明它在特定产品中所占的分量。如果把所有的需求都看作同样重要，那么项目管理者在开发或节省预算或调度中就会丧失控制自由度。

建议：尊重用户的意见。

例如，“系统应该提供实时查询响应”就是一个含糊的需求。一个是“应该”这个词用的很含糊，换句话说系统也可以不提供实时查询响应，因此将“应该”改成“必须”。其次，实时查询响应时间有没有上限、下限的要求？是1秒，1天，还是1年，因此，上述需求的陈述改成“系统必须提供实时查询响应，并且响应时间不超过2秒”就是一个符合要求的需求描述。

3.1.5 需求开发

需求工程研究领域可划分为需求开发和需求管理两方面内容。

需求管理是一种获取、组织并记录系统需求的系统化方案，以及一个使客户与项目团队对不断变更的需求达成并保持一致的过程。需求管理的内容包括：需求确认、需求评审、需求变更、需求跟踪，如图3-2所示。

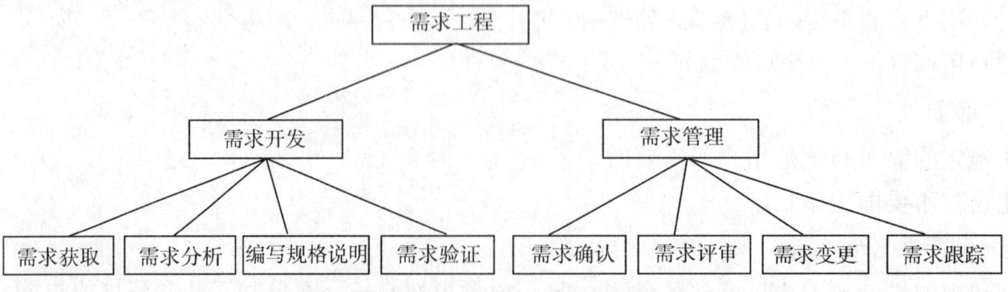

图3-2 需求工程的内容

需求开发包括以下四个方面的活动：需求获取（elicitation）、需求分析（analysis）、编写规格说明（specification）和验证（verification）。首先，开发人员通过询问客户问题，演示类似的系统或者开发系统的全部或部分部件的原型来启发需求。然后，为了使开发人员和客户能够在系统应该做什么方面达成一致，利用系统需求规格说明书（SRS）将需求以文档的形式描述下来。最后，通过检查以确信需求是完备的、正确的和一致的，通过确认工作确保开发人员已经对用户所希望的最终产品有一个正确的描述。通过需求验证，确保没有遗漏需求，没有冲突的需求，没有不可行的需求，没有重叠的需求，没有含糊不清的需求。

不适当的需求开发过程会导致一些风险，这些风险包括：

1）用户参与程度不够导致产品无法接受

客户经常不明白为什么收集需求和确保需求质量需花费那么多功夫，开发人员可能也不重视用户的参与。究其原因，一是因为与用户合作不如编写代码有意思；二是因为开发人员觉得已经明白用户的需求了。在某些情况下，与实际使用产品的用户直接接触很困难，而客户也不太明白自己的真正需求。应让具有代表性的用户在项目早期直接参与到开发队伍中，并一同经历整个开发过程。

2）用户需求的不断增加带来过度的耗费和降低产品的质量

在开发中若不断地补充需求，项目就越变越庞大以致超过其计划及预算范围。计划并不总是和项目需求规模与复杂性、风险、开发生产率及需求变更实际情况相一致，这使得问题更难解决。实际上，问题根源在于用户需求的改变和开发者对新需求所作的修改。

要想把需求变更范围控制到最小，必须一开始就对项目的范围、目标、约束限制和成功标准给予明确说明，并将此说明作为评价需求变更和新特性的参照框架。说明中包括了对每种变更进行变更影响因素分析的变更控制过程，有助于所有风险承担者明白业务决策的合理性，即为何进行某些变更，相应消耗的时间、资源或特性上的折中。

产品开发中不断延续的变更会使其整体结构日渐紊乱，补丁代码也使得整个程序难以理解和维护。插入补丁代码使模块违背强内聚、松耦合的设计原则，特别是如果项目配置管理工作不完善的话，收回变更和删除特性会带来问题。如果能够尽早地区别这些可能带来变更的特性，就能开发一个更为健壮的结构，并能更好地适应它。这样设计阶段需求变更不会直接导致补丁代码，同时也有利于减少因变更导致质量的下降。

3）模棱两可的需求说明可能导致时间的浪费和返工

模棱两可是需求规格说明中最为可怕的问题。它的一层含义是指诸多读者对需求说明产生了不同的理解；另一层含义是指单个读者能用不止一个方式来解释某个需求说明。

模棱两可的需求会使不同的风险承担者产生不同的期望，它会使开发人员为错误问题而浪费时间，并且使测试者与开发者所期望的不一致。

模棱两可的需求带来不可避免的后果便是返工。返工会耗费开发总费用的 40%，而 70%~85%的重做是由于需求方面的错误所导致的。想象一下如果能减少一半的返工会是怎样的情况？那便能更快地开发出产品，在同样的时间内开发更多、更好的产品。

消除模棱两可需求的一种方法是建立一支从不同角度审查需求的队伍。仅仅简单浏览一下需求文档是不能解决模棱两可问题的。如果不同的评审者从不同的角度对需求说明给予解释，但每个评审人员都真正了解需求文档，二义性就不会直到项目后期才被发现，那时再发现的话会使得更正代价很大。

4）用户增加一些不必要的特性和开发人员画蛇添足

“画蛇添足”是指开发人员力图增加一些“用户欣赏”但需求规格说明中并未涉及的新功能。经常发生的情况是用户并不认为这些功能很有用，以致在其上耗费的努力“白搭”了。

开发人员应当为客户构思方案并为他们提供一些具有创新意识的思路，具体提供哪些功能要在客户所需与开发人员在允许时限内的技术可行性之间求得平衡，开发人员应努力使功能简单易用，而不要未经客户同意，擅自脱离客户要求，自作主张。

同样，客户有时也可能要求一些看上去很“酷”，但缺乏实用价值的功能，而实现这些功能只能徒耗时间和成本。为了将“画蛇添足”的危害尽量减小，应确信：明白为什么要包括这些功能，以及这些功能的“来龙去脉”，这样使得需求分析过程始终是注重那些能使用户完成他们业务任务的核心功能。

5）过分简略的需求说明以致遗漏某些关键需求

有时，客户并不明白需求分析有如此重要，于是只作一份简略之至的规格说明，仅涉及产品概念上的内容，然后让开发人员在项目进展中去完善，结果很可能出现的是开发人员先建立产品的结构之后再完成需求说明。这种方法可能适合于尖端研究性的产品或需求本身就十分灵活的情况。但在大多数情况下，这会给开发人员带来挫折（使他们在不正确的假设前提和极其有限的指导下工作），也会给客户带来烦恼（他们无法得到所设想的产品）。

6）忽略某类用户的需求将导致众多客户的不满

大多数产品是由不同的人使用其不同的特性，使用频繁程度也有所差异，使用者受教育程度和经验水平也不尽相同。如果不能在项目早期就针对所有这些主要用户进行分类的话，必然导致有的用户对产品感到失望。例如，菜单驱动操作对高级用户太低效了，但含义不清的命令和快捷键又会使不熟练的用户感到困难。

7）不完善的需求说明使得项目计划和跟踪无法准确进行

“上述是我对新产品的看法，好，现在你能告诉我你什么时候能完成吗？”许多开发人员都遇到这种难题。对需求分析缺乏理解会导致过分乐观的估计，而当不可避免的超支发生时，会带来颇多麻烦。据报道，导致需求过程中软件成本估计极不准确的原因主要有以下五点：频繁的需求变更、遗漏的需求、与用户交流不够、质量低下的需求规格说明和不完善的需求分析。

对不准确的要求所提问题的正确响应是“等我真正明白你的需求时，我就会来告诉你”。基于不充分信息和未经深思的对需求不成熟的估计很容易为一些因素左右。要作出估计时，最好还是给出一个范围（如最好的情况下，很可能的，最坏情况下）或一个可信赖的程度（我有90%的把握能在8周内完成）。未经准备的估计通常是作为一种猜测给出的，听者却认为是一种承诺。因此，要尽力给出可达到的目标并坚持完成它。

高质量的需求过程可以带来诸多好处。最大的好处是在开发后期和整个维护阶段的重做的工作大大减少了。Boehm 发现要改正在产品付诸应用后所发现的一个需求方面的缺陷比在需求阶段改正这个错误要多付出 68 倍的成本。近来很多研究表明这种错误导致成本放大因子可以高达 200 倍。强调需求质量并不能引起某些人的重视，他们错误地认为在需求上消耗多少时间就会导致产品开发推迟多少时间。传统的质量成本角度分析揭示了需求及其他早期质量工作的重要性。

正确的需求过程强调产品开发中的通力合作，包括在整个项目过程中多方风险承担者的积极努力。收集需求能使开发小组更好地了解市场，而市场因素是任何项目成功的一个关键因素。

在产品开发前了解这些比在遭到客户批评后才意识到要节约很多成本。让用户积极参与需求收集过程能使产品更富有吸引力，而且能拥有忠实的客户关系。通过了解用户的任务需求而不仅仅局限于一些“华丽”的特性，能避免在无用功能上白耗精力，并且用户的参与能弥补用户期望和开发者实际开发之间的“鸿沟（期望差异）”。

将选定系统的需求明确地分配到各软件子系统，强调采用产品工程的系统方法，这样能简化硬软件的集成，也能确保软硬件系统功能匹配适当。有效的变更控制和影响分析过程也能降低需求变更带来的负面影响。最后，将需求编写成清晰、无二义性的文档将会极大地有利于系统测试，确保产品质量，以使所有风险承担者感到满意。

1．需求获取

需求获取是通过与用户的沟通和交流来获取或诱导需求，在需求方面与用户达成一致的理解。优秀的软件产品是建立在优秀的需求基础之上的。而高质量的需求来源于客户与开发人员之间有效的交流与合作。只有当双方活动者都明白要成功自己需要什么，同时也应知道要成功合作方需要什么时，才能建立起一种合作关系。需求过程中充满了沟通：需求系统分析师和用户的沟通，不同的用户之间的沟通，系统分析师和需求审核人员的沟通，项目经理和系统分析师的沟通。沟通的效率与质量是需求成功与否的标志。

需求获取实质上就是通过与用户沟通，了解用户的需求。沟通是需求开发过程的重要技巧，是软件企业的生命线。一个项目失败的原因有很多，而绝大多数都可以总结到沟通不畅。

需求获取的具体工作内容包括：

（1）确定需求开发计划。确定如何组织需求的收集、分析、细化并核实的步骤，并将它编写成文档。对重要的步骤要给予一定指导，这将有助于分析人员的工作，而且也使收集需求活动的安排和进度计划更容易进行。

（2）编写项目视图和范围文档。项目视图和范围文档包括高层的产品业务目标，所有的用例和功能需求都必须遵从能达到的业务需求。项目视图说明使所有项目活动者对项目的目标能达成共识，而范围则是作为评估需求或潜在特性的参考。

（3）用户群分类。产品的用户在很多方面存在着差异，例如，用户使用产品的频度、应用领域和计算机系统知识、所使用的产品特性、所进行的业务过程、在地理上的布局以及访问优先级。根据这些差异，可以把这些不同的用户分成小组。用户类不一定都指人，可以把其他应用程序或系统接口所用的硬件组件也看成是附加用户类的成员。以这种方式来看待应用程序接口，可以帮助确定产品中那些与外部应用程序或组件有关的需求。将用户群分类并归纳各自特点是为了避免出现疏忽某一用户群需求的情况。详细描述出用户群的个性特点及任务状况，将有助于产品设计。

（4）选择产品代表。为每类用户至少选择一位能真正代表他们需求的人作为那一类用户的代表并能作出决策。这对于内部信息系统的开发是最易实现的，因为此时，用户就是身边的职员。而对于商业开发，就得在主要的客户或测试者中建立起良好的合作关系，并确定合适的产品代表。他们必须一直参与项目的开发而且有权作出决策。每一个产品代表者代表了一个特定的用户类，并在那个用户类和开发者之间充当主要的接口。

（5）确定用例。让用户代表确定用例，从用户代表处收集他们使用软件完成所需任务的描述用例，讨论用户与系统间的交互方式和对话要求。在编写用例的文档时可采用标准模板，在用例基础上可得到功能需求。

(6) 召开应用开发联席会议。应用开发联席会议是范围广的、简便的专题讨论会，也是分析人员与客户代表之间一种很好的合作办法，并能由此拟出需求文档的底稿。该会议通过紧密而集中的讨论得以将客户与开发人员间的合作伙伴关系付诸于实践。

(7) 分析用户工作流程。分析用户工作流程，观察用户执行业务任务的过程。画一张简单的示意图（最好用数据流程图）来描绘出用户什么时候获得什么数据，并怎样使用这些数据。编制业务流程图将有助于明确产品的用例和功能需求。

(8) 确定质量属性。在功能需求之外再考虑一下非功能的质量特点，这会使产品达到并超过客户的期望。对系统如何能很好地执行某些行为或让用户采取某一措施的陈述就是质量属性，这是一种非功能需求。听取那些描述合理特性的意见：快捷、简易、直觉性、用户友好、健壮性、可靠性、安全性和高效性。

(9) 检查问题报告。通过检查当前系统存在的问题来进一步完善需求，客户的问题报告及补充需求为新产品提供了大量丰富的改进及增加特性的想法，负责提供用户支持及帮助的人能为收集需求过程提供极有价值的信息。

(10) 需求重用。如果客户要求的功能与已有的产品很相似，则可查看需求是否有足够的灵活性以允许重用一些已有的软件组件。

2. 需求分析

1) 需求分析的内容

需求分析就是依据某种建模方式对原始需求进行整理并文档化。其主要内容是：

(1) 绘制关联图。绘制系统关联图是用于定义系统与系统外部实体间的界限和接口的简单模型。同时，它也明确了通过接口的信息流和物流。

(2) 创建开发原型。当开发人员或用户不能确定需求时，开发一个原型系统可以使许多概念和可能发生的事更为直观明了。用户通过评价原型将使项目活动者能更好地相互理解所要解决的问题。

(3) 分析可行性。在允许的成本、性能要求下，分析每项需求实施的可行性，明确与每项需求实现相联系的风险，包括与其他需求的冲突，对外界因素的依赖和技术障碍。

(4) 确定需求优先级。应用分析方法来确定用例、产品特性或单项需求实现的优先级别。以优先级为基础确定系统必须包括哪些特性或哪类需求。

(5) 建立需求模型。需求的图形分析模型是系统需求规格说明的补充说明。它们能提供不同的信息与关系，以有助于找到不正确的、不一致的、遗漏的和冗余的需求。这样的模型包括数据流程图、实体关系图、用例图、类图、顺序图、状态图等。

(6) 编写数据字典。数据字典是对系统用到的所有数据项和结构的定义，以确保开发人员使用统一的数据定义。在需求阶段，数据字典至少应定义客户数据项，以确保客户与开发小组是使用一致的定义和术语。分析和设计工具通常包括数据字典组件。

(7) 应用质量功能分配（QFD）。质量功能分配是一种高级系统技术，它将产品特性、属性与对客户的重要性联系起来。该技术提供了一种分析方法以明确哪些是客户最为关注的特性。它将需求分为三类：期望需求，即客户或许并未提及，但如若缺少会让他们感到不满意；普通需求；兴奋需求，即实现了会给客户带去惊喜，但若未实现也不会受到责备。

2) 需求分析的方法

典型的需求分析方法有传统的结构化分析方法（SA）和面向对象分析方法（OOA）。

(1) 结构化分析的方法。结构化分析是一种广泛使用的过程驱动的需求分析方法。结构化分析是以过程为中心的、建立系统用户需求模型的方法。结构化分析将系统分解为过程、输入、输出和文件，它为业务问题建立了一种面向输入-处理过程-输出的模型。

结构化分析是一种面向过程的方法，采用的主要工具是描述系统处理过程的数据流程图(data flow diagram，DFD)，数据流程图显示了数据、数据的存储以及进行数据变化的过程。现代结构化分析也强调系统的数据特征，所以在结构化分析中采用的另一种重要的工具是数据建模工具，如实体-联系图。

(2) 面向对象分析方法。面向对象分析方法（OOA）的基本任务是：运用面向对象的方法，对问题域和系统责任进行分析和理解，对其中的事物和它们之间的关系产生正确的认识，找出描述问题域及系统责任所需要的类及对象，定义这些类和对象的属性和服务，以及它们之间所形成的结构（一般-特殊结构、整体-部分结构）、静态联系（实例连接）、动态联系（消息连接）。最终的目的是产生一个符合用户需求，并能够直接反映问题域和系统责任的OOA模型及其详细说明。其中，问题域是指被开发系统的应用领域，即在现实世界中由这个系统进行处理的业务范围。系统责任是指所开发的系统应该具备的职能。

OOA建立的主要模型包括：用例图、类图、顺序图、状态图等。

OOA的主要优点是：加强了对问题域和系统责任的理解；改进与分析有关的各类人员之间的交流，这主要体现在OOA使用了与问题域一致的概念、词汇、原则与表示法，这种一致性保持到设计、编程、测试、维护等各个阶段，这对于整个软件生命周期的各种开发、维护及管理活动都具有重要的意义；对需求的变化具有较强的适应性；支持软件复用。

3. 编写软件需求规格说明书

需求分析的结果是系统需求规格说明书（SRS）。

在系统需求规格说明书中说明的功能需求充分描述了软件系统所应具有的外部行为。系统需求规格说明在开发、测试、质量保证、项目管理以及相关项目功能中都起到重要的作用。对一个复杂产品来说，系统功能需求可能只是系统需求的一个子集。

作为功能需求的补充，系统需求规格说明还应包括非功能需求，它描述了系统展现给用户的行为和执行的操作等。它包括产品必须遵从的标准、规范和合约；用户界面的具体细节；性能要求；设计或实现的约束条件及质量属性。所谓约束是指对开发人员在软件产品设计和构造上的限制。质量属性是通过多种角度对产品的特点进行描述，从而反映产品功能。

编写SRS的原则：

原则1：只描述“做什么”而无须描述“怎么做”。

原则2：必须说明运行环境。

原则3：考虑用户、分析员和实现者的交流。在形式化和自然语言之间作出恰当的选择。明确的理解最重要。十全十美的软件规格说明书是不存在的。

原则4：力求寻找到恰如其分的需求详细程度。一个有益的原则就是编写单个的可测试需求文档，如果想出一些相关的测试用例可以验证这个需求能够正确地实现，那么就达到了合理的详细程度。如果预想的测试很多并且很分散，那么可能就需要将一些集合在一起的需求分离开。建议将可测试的需求作用衡量软件产品规模大小的尺度。

原则5：文档段落不宜太长。不要在需求说明中使用“和/或”、“等等”之类的词。

原则6：避免使用模糊的、主观的术语。如用户友好、容易、简单、迅速、有效、许多、最新技术、优越的、可接受的等。

4．需求验证

需求验证的主要工作包括：

1）审查需求文档

对需求文档进行正式审查是保证软件质量的很有效的方法。组织一个由不同代表（如分析人员、客户、设计人员、测试人员等）组成的小组，对系统需求规格说明书及相关模型进行仔细的检查。另外，在需求开发期间所做的非正式评审也是有所裨益的。

2）依据需求编写测试用例

根据用户需求所要求的产品特性写出黑盒功能测试用例。客户通过使用测试用例以确认是否达到了期望的要求。还要从测试用例追溯回功能需求以确保没有需求被疏忽，并且确保所有测试结果与测试用例相一致。同时，要使用测试用例来验证需求模型的正确性，如对话框图和原型等。

3）编写用户手册

在需求开发早期即可起草一份用户手册，用它作为系统需求规格说明的参考并辅助需求分析。优秀的用户手册要用浅显易懂的语言描述出所有对用户可见的功能。而辅助需求如质量属性、性能需求及对用户不可见的功能则在需求规格说明书中予以说明。

4）确定合格的标准

确定合格的标准让用户描述什么样的产品才算满足他们的要求和适合他们使用。将合格的测试建立在使用情景描述或用例的基础之上。

3.2 过程建模

结构化方法是面向过程的信息系统（软件）开发方法学。本节重点介绍结构化分析（SA）中过程模型的建立和分析。内容包括：数据流程图（data flow diagram，DFD）的基本概念和DFD的层次分解；过程建模策略；数据字典；过程说明（判定树/判定表）。

3.2.1 过程模型

过程（process）是指将输入数据转换为输出的加工处理。过程是信息系统的主要特征之一。过程建模（process modeling）技术是一种组织和描述系统处理、输入、输出和数据存储的技术。过程建模是结构化方法学的主要建模技术之一。通过过程模型的建立，可以更好地理解现行系统，更好地定义新系统的需求和设计。数据流程图是信息系统过程建模的重要工具。

结构化方法学的特点之一是逻辑设计和物理设计分开进行，先进行逻辑设计，后进行物理设计，即首先考虑系统“做什么（what to do）”，然后再考虑“如何做（how to do）”。逻辑设计的结果是系统的逻辑模型，物理设计的结果是系统的物理模型。

逻辑模型（logical model）是与实施无关的模型。它描述了系统的本质，即系统必须做什么，而与系统如何实施无关。逻辑模型是用来描述数据的内容及处理功能的，而不关心这些功能如何实现。其优点是：

（1）逻辑模型不考虑系统具体的实施方式，因而可以最大程度地发挥系统分析师的创造性。

（2）逻辑模型减少了遗漏用户功能需求的风险。系统一旦实施，修正这种错误的费用极大。通过将系统做什么与如何做分离开来，有助于更好地保持需求的完整性、准确性、一致性。

(3) 逻辑模型可以使系统开发人员以非技术语言或尽可能少的技术语言与最终用户进行交流。

例如，订单处理系统中，“准备顾客发票”是一个逻辑处理，而发票的产生是用计算机还是手工操作，发票的格式等则是物理特征。

逻辑模型在系统分析中起着重要的作用，是新系统设计的基础和依据。这是因为：

(1) 逻辑模型相对比较稳定，而物理实现手段具有多样性、多变性。逻辑模型代表了系统的本质业务处理功能，这些功能反映了组织的经营策略和目标，一般比较稳定；而物理模型则可能经常发生变化。

(2) 如果新系统是基于逻辑模型设计的，则新系统具有较高的可维护性、灵活性和可适应性。

(3) 通过逻辑模型，系统分析师可以发现物理模型所忽略的输入、输出和处理。通过逻辑模型，可以降低遗漏业务需求的风险。

(4) 逻辑模型方便了系统开发人员和用户的交流。

建模工具是以图形化的或表格的形式对系统某些方面的特征的描述。要求既要对分析问题有充分的表达能力，又要避免过于复杂。

3.2.2　过程建模思路

过程建模思路如图 3-3 所示。

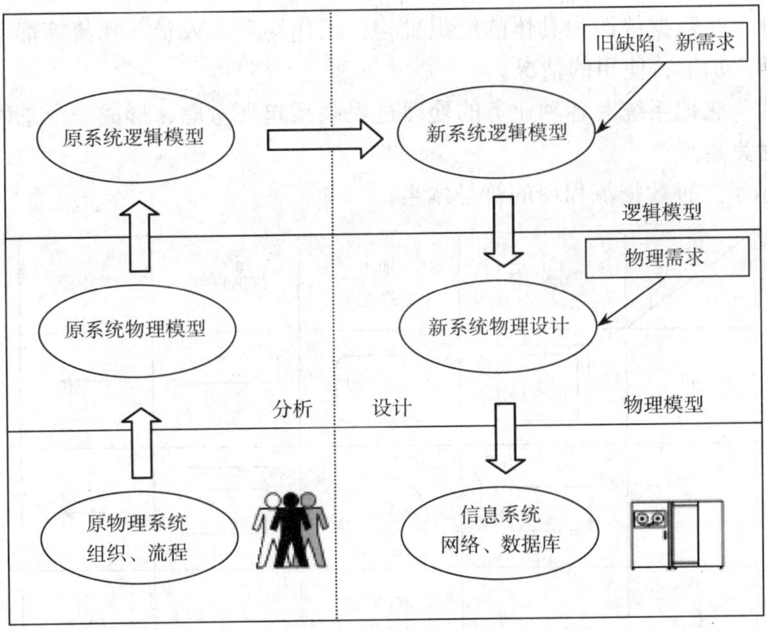

图 3-3　过程建模思路

3.2.3　数据流程图

数据流程图是结构化方法学中的一个主要过程建模工具。数据流程图可以作为描述系统逻辑模型的一个主要工具。

1. 数据流程图的定义及符号

数据流程图是一种图形化的过程建模工具。它通过四个基本要素：外部实体、数据流、过程和数据存储描述了系统中数据的流动和数据的变化（即系统所执行的工作或处理），它强调的是数据流和处理过程。

数据流程图是对系统中数据流变化的一种图形化的描述。

（1）过程。过程是 DFD 中的一个主要要素。过程是指由输入的数据流产生输出数据流所要执行的工作或动作。尽管这些工作或动作可以由人、部门、机器、计算机来完成，我们主要强调工作或动作做什么，而不是由谁或什么来完成。过程用矩形表示。

（2）数据流。数据流（data flow）表示向过程输入的数据或经加工过程处理后产生的输出数据，它可以表示文件、数据库和数据存储中数据的变化。数据流用箭头表示。

（3）外部实体。实体（entity）有外部实体和内部实体之分。外部实体定义了系统的边界，它们向系统提供输入，接收由系统所产生的输出。例如，对于配送中心管理信息系统来讲，顾客、供应商可以为外部实体，而最终用户（源数据的输入者，信息的接收者）则为内部实体。外部实体有时也称为源/潭。实体用正方形表示。

（4）数据存储。数据存储（data store）是数据的仓库，又称文件和数据库。数据存储的典型内容包括：角色（如顾客、供应商、职工、学生、教师等）、客体（如产品、零部件、课本、设备等）、地理信息（如仓库、销售地区、商店等）、事件（如订单、选课单等）。数据存储用缺角的矩形表示。

数据流程图的特点是：

（1）抽象性。在数据流图中具体的组织机构、工作场所、人员、物流等都已去掉，只剩下数据存储、流动、加工、使用的情况。

（2）概括性。它把系统对各种业务的处理过程联系起来考虑，形成一个总体，能反映出各业务之间的数据关系。

图 3-4 显示了三种数据流程图的符号体系。

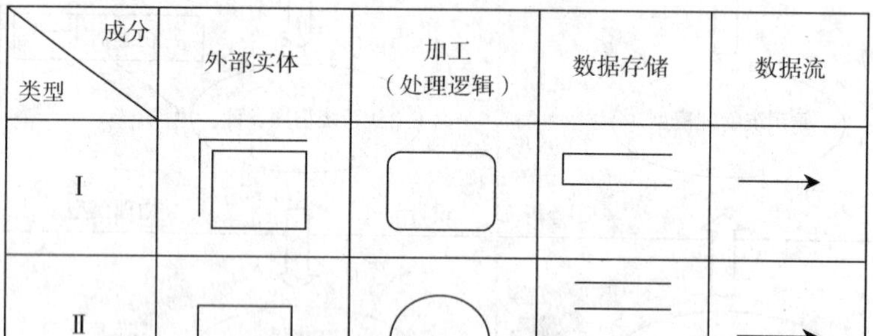

图 3-4　典型的 DFD 符号

2．数据流程图的例子

【例 3-2】销售系统的数据流程图。

在图 3-5 中，采用了 Gane/Sarson 符号体系中的符号。由于上述两种符号集中有些图形符号的含义容易造成混乱（如矩形有一般矩形和圆角矩形之分，但含义各不相同），所以，在构造 DFD 时，最好在 DFD 之后标注清楚各符号的含义。

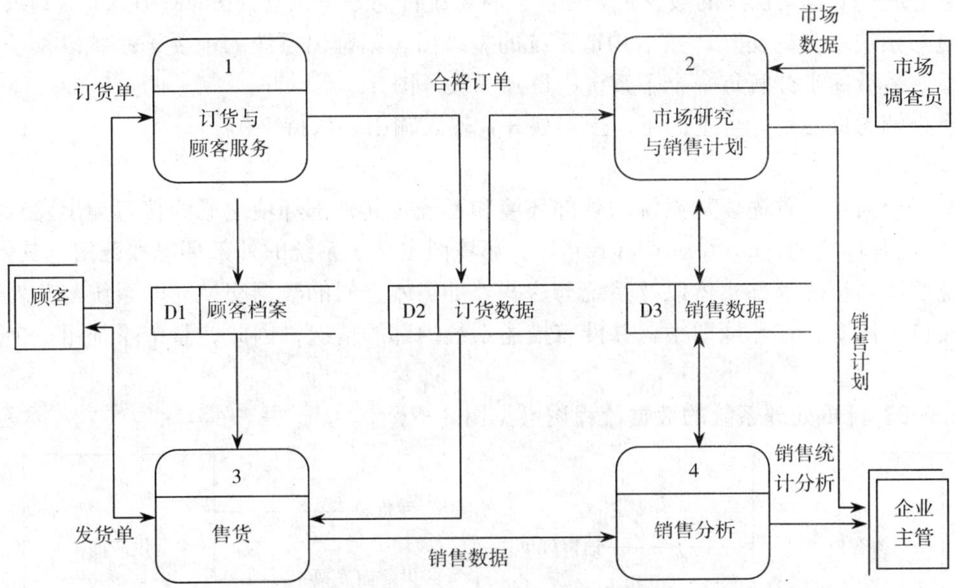

图 3-5　销售系统的数据流程图

3. 构造数据流程图的方法——层次分解

DFD 的目的是为了有效地、更清楚地描述出用户的需求，对 DFD 构造的一个基本要求是其简单性。在构造一个系统的 DFD 时，为了达到上述要求，常采用层次或自顶向下分解的方法 (hierarchical or top-down partitioning)，即将系统 DFD 中的每一个过程视为一个子系统，然后继续向下分解，直到每一个处理过程容易理解为止，如图 3-6 所示。这也正体现了结构化方法学“自顶向下、逐步分解”的基本原则。

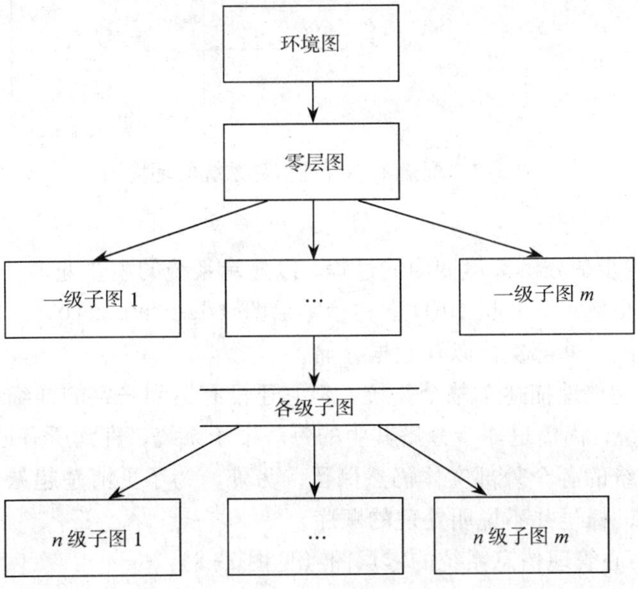

图 3-6　DFD 层次分解示意图

DFD 的层次分解体现了数据流程图的抽象水平。在分解过程中，首先构造的是系统的环境图，环境图是一个最高层次的数据流程图，它将系统视为一个黑盒（black-box），刻画系统的外部环境与系统本身的交互。然后构造系统的零级图，刻画出系统的主要子系统以及子系统之间的联系。最后逐步分解每一个子系统，得到各级子图。

层次分解的核心是：自上而下，逐层展开；输入输出，保持平衡。

1）环境图

理解一个系统，首先要从系统的外部环境和系统与其外部环境之间的接口为出发点。第一层 DFD 的图是环境图（context diagram）。环境图定义了系统的外部环境和范围。具体地说，环境图说明了系统的外部实体以及系统与这些外部实体之间的数据交换，即系统与其外部实体之间的接口。注意，在环境图中，并没有描述系统内部的情况，因此，整个系统用一个过程来表示。

【例 3-3】订单处理系统的数据流程图（见图 3-7）。

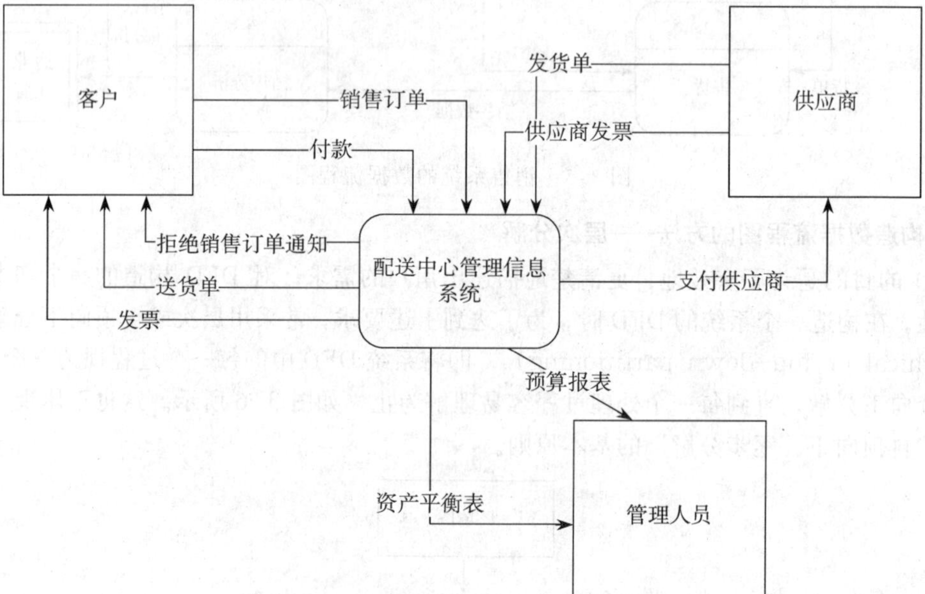

图 3-7　配送中心管理信息系统的环境图

2）零层图

构造 DFD 的下一步是分解环境图中的过程，以显示系统的主要处理过程即子系统，以及这些子系统之间的数据交换。这一层 DFD 图称为零层图（diagram zero）。零层图说明了系统的主要处理功能、数据流、外部实体以及数据存储。

零层图虽然比较完整地描述了整个系统，但它还没有达到一定的详细程度。因此，为了更好、更细致地理解系统，尚需进一步分解其中的每一个子系统，直到所有过程容易被理解为止。

在零层图中，系统的各个外部实体仍然保留。另外，为了更清楚起见，图中每一个处理都赋予一个标号。注意，标号并不说明处理的顺序。

【例 3-4】配送中心管理信息系统的零层图（见图 3-8）。

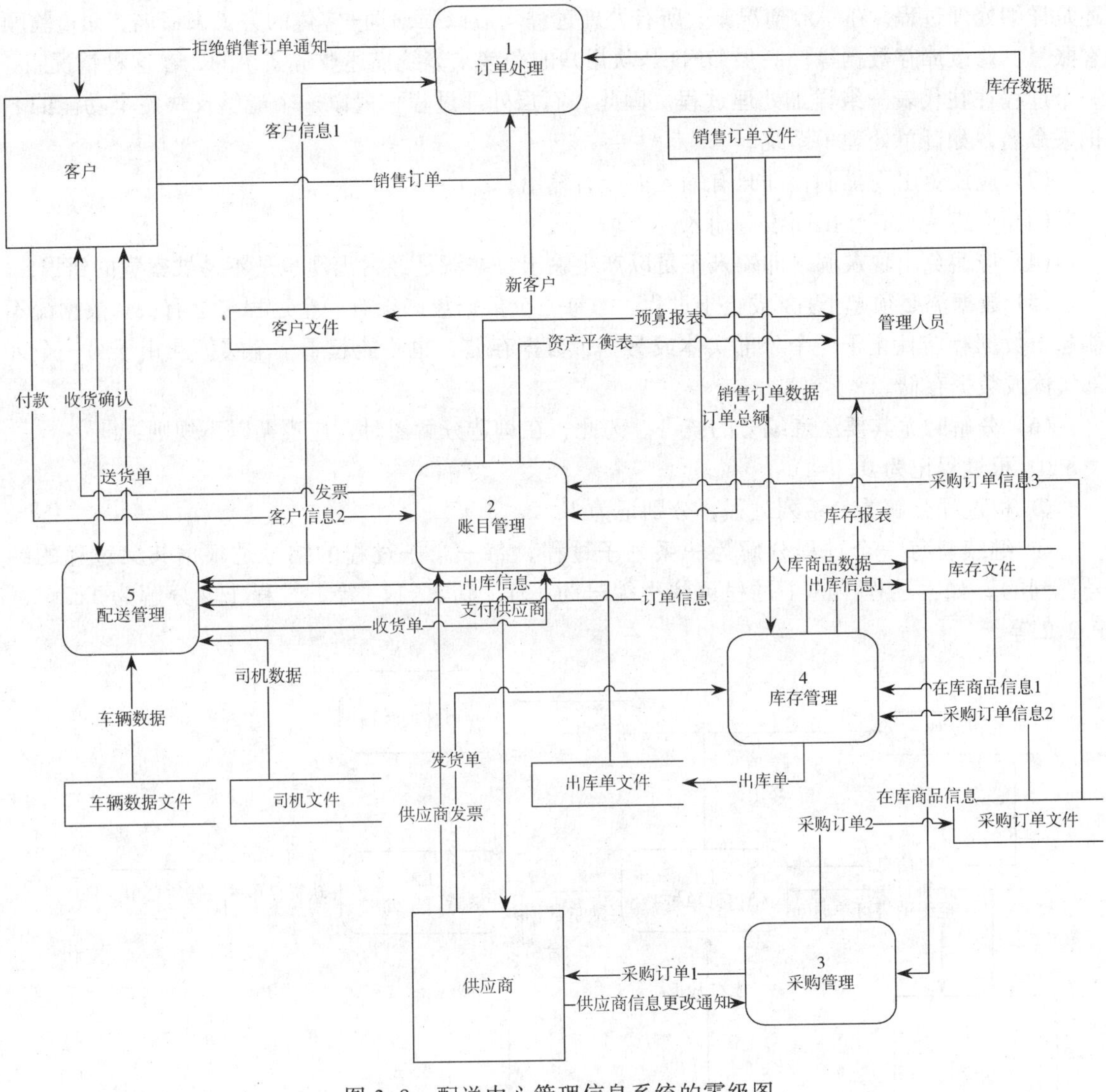

图 3-8　配送中心管理信息系统的零级图

3）各级子图

子图（child diagram）显示了其父母图（parent diagram）中某一个子系统的数据流和处理功能。每一级子图都是对其父母图的进一步分解。在分解时一定要注意子图与其父母图之间的一致性（即平衡）。

在分解时要注意的另一个问题是分解到什么程度。一般来说，如果不能很容易地描述出某个过程的处理，则需要进一步分解。

【例 3-5】配送中心管理信息系统的部分子图。

图 3-9 是订单处理子系统的数据流程图。注意，如果子图上的某个处理的业务处理过程仍难以理解，则进一步分解它。由于篇幅关系，其他二级子图从略。

4．构造 DFD 图时应注意的几个问题

(1) 过程的命名原则。对处理过程如何命名，取决于 DFD 的层次，即是一般的处理过程，还是详细处理过程。在一般情况下，所有处理过程均应以强动词+客体的方式来命名，如检验顾客账号、修改库存数据等。高层 DFD 是从用户的角度来笼统描述业务系统的，在这种情况下，一个过程往往代表一组详细处理过程。因此，高层处理过程一般以一个能够反映整个功能的名词来命名，如订单处理子系统。

（2）应避免出现黑洞，即只有输入而没有输出。

（3）应避免只有输出而没有输入。

（4）应避免出现灰洞，即输入不足以产生输出。灰洞是经常出现也是不易被察觉的错误。

（5）数据流必须起于且/或止于过程，即每一个数据流必须有一个过程与之有关，数据流不能起于数据存储且止于一个外部实体或另一个数据存储，也不能起于某个实体且止于另一个外部实体或数据存储。

（6）分解时尤其要注意编号的统一。为此，在构造分解图时，应遵循以下规则：

① 根过程记为 0。

② 根过程分解为一系列过程，分别记为 1、2、3 等。

③ 继续将每一个过程分解为一系列子过程，每一个子过程的编号是根据其父过程的编号得到的。如：过程 1 的子过程可依次编号为 1.1、1.2、1.3 等；过程 1.2 分解为 1.2.1、1.2.2 等。

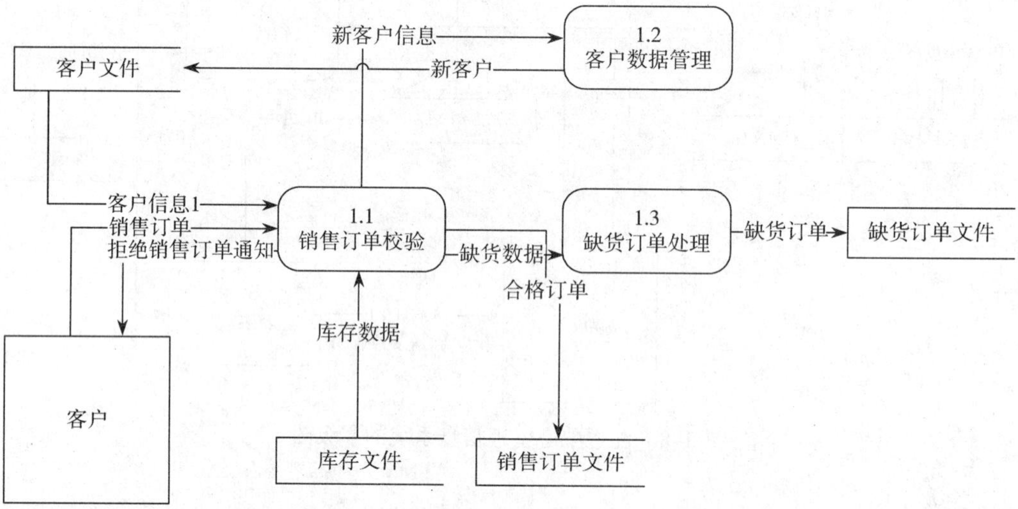

图 3-9　配送中心管理信息系统一级子图——订单处理子系统

（7）分解的守恒原则。守恒原则是指父母图和其所有子图的总输入和总输出应完全一致，且它们的处理功能也应完全一致，这就是所谓的一致性检查。大多数支持结构化方法的 CASE 工具都具有一致性检查的功能。

（8）分解的平衡原则。平衡原则是指每个过程分解的层次应大致相当。

3.2.4　数据字典

1. 数据字典的概念及其作用

DFD 中的各个成分在系统的开发过程中必须保持一致，这需要对这些要素有一个一致的定义和理解。数据字典（data dictionary）是对数据流程图中的各个成分，包括数据项、数据结构、数据流、数据存储、处理功能、外部实体等的逻辑内容与特征予以详细说明。

数据流程图配以数据字典，就可以从图形和文字两个方面对系统的逻辑模型进行描述。数据字典可以使不同阶段的开发人员对数据流程图中各个成分的理解是一致的；数据字典也是以后系统设计、系统实施与系统维护的重要依据。

2．数据结构的描述

数据元素是最基本的数据单元，是不能再进一步分解的数据项。如顾客账号、学号等。数据结构是由两个或两个以上相互关联的数据元素或其他的数据结构组成的、可进一步分解的数据包。任何一个数据的逻辑结构都可以用下列三种基本结构来描述，它们分别是：顺序结构、选择结构、循环结构。

1）顺序结构

顺序结构的数据元素或数据结构一般用“+”来表示。

【例 3-6】
```
Course=DEPT-NUM+
       course-num+
       course-title+
       credit-hour+
       terms-offered+
       description
```

2）循环（重复）结构

重复 N 次：$\{\cdots\}_N$

重复 1~N 次：$\{\cdots\}_1^N$或$\{\cdots\}_{condition}$

无限次重复：$\{\cdots\}_{ALL\ COMPLETED\ COURSE}$

或有或无：$\{\cdots\}_0^N$或(…)

【例 3-7】订单的描述。

```
Customer Order=ORDER-NUMBER+
               order-date+
             { customer-name+
               product-number+
               quantity-ordered+
               unit-of-measure+
               unit-price+        } all products ordered
               order-total
```

3）选择结构

选择结构通常用中括号[]表示。

【例 3-8】假设在职工工资处理系统中，职工中有人是按月拿薪水（称为 Salaried），另一部分职工是小时工（称为 Hourly）。则职工的类型（employee type）可描述为：

```
Employee Type=[Salaried|Hourly]
```

3．数据字典的建立和维护

数据字典的编写要求是：

(1) 对数据流程图中各种成分的定义必须明确、易理解、唯一。

(2) 命名、编号与数据流程图一致。

(3) 符合一致性与完整性要求，对数据流程图上的成分定义与说明无遗漏，无同名异义。

(4) 格式规范、文字精练、符号正确。

数据字典中包括了系统中所出现的数据存储和数据流，以及一些重要的数据项的描述。

3.2.5 过程说明

对于数据流程图中的基本处理过程，需要详细描述其处理逻辑，这就是过程说明。好的过程说明可以使程序员很容易利用计算机程序来实施。过程描述常用的工具有判定树、判定表等。

1. 判定树

判定树（decision tree）又称决策树，是用来描述在一组不同的条件下，决策的行动是根据不同条件及其取值来选择的处理过程。业务规则的描述通常可以使用判定树这一过程描述工具。

设 C 表示条件的集合，且 $C=\{C_1, C_2, \cdots, C_n\}$；$V_i$ 表示条件 C_i 的值的集合，$V_i=\{V_{i1}, V_{i2}, \cdots, V_{im}\}$；$\Theta$ 表示结果的集合，$\Theta=\{\theta_{ij}\}$。

为简单起见，设 $C=\{C_1, C_2, C_3\}$，$V_1=\{V_{11}, V_{12}, V_{13}\}$，$V_2=\{V_{21}, V_{22}\}$，$V_3=\{V_{31}, V_{32}\}$，则判定树可表示为图 3-10 所示的模板。

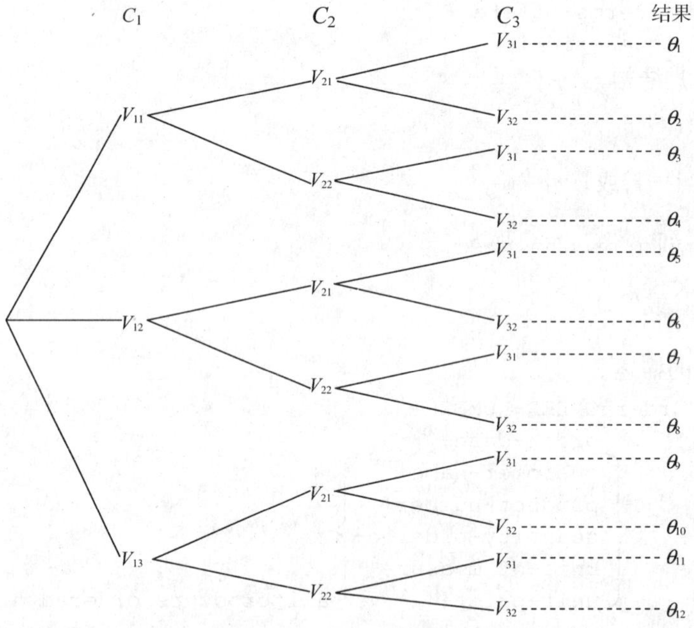

图 3-10 判定树模板

判定树是一种图形，它能顺序地表示出条件和行动，因而能显示出应首先考虑哪些条件，其次考虑哪些条件等。其中，树的结点代表条件，它必须先检查该结点前面的条件是否满足。因而判定树实际上显示了一种条件的顺序关系。一个树枝代表一组条件的组合，相对应的就产生了一个结果。判定树的优点是：易于检查是否包含了所有的条件；易于修改。

【例 3-9】 顾客购货的折扣政策。

销售商在给顾客的折扣时，要考虑付款日期和交易额这两个因素。若付款日期在 10 天以内（含 10 天），则当交易额超过￥10 000 时，给予 3%的折扣；当交易额在￥5 000 到￥10 000

之间（含￥5 000）时，给予 2%的折扣；当交易额低于￥5 000 时，没有折扣。若付款日期超过 10 天，则无论交易额多少，均不给任何折扣。

解：

设条件 V_{11} 表示“付款日期≤10 天”，V_{12} 表示“付款日期＞10 天”；V_{21} 表示“交易额≥10 000”，V_{22} 表示“5 000≤交易额＜10 000”，V_{23} 表示“交易额＜5 000”。结果有三个，分别用 θ_1 表示“折扣 3%”，θ_2 表示“折扣 2%”，θ_3 表示“无折扣”，则上述问题的判定树可以描述为图 3-11 所示。

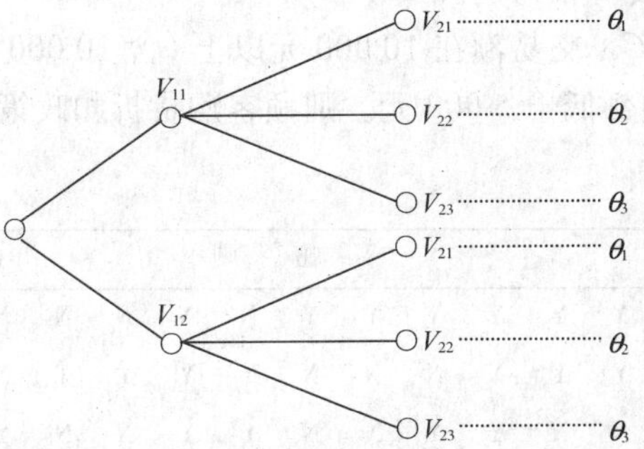

图 3-11 顾客购货的折扣政策的判定树

2．判定表

判定表（decision table）又称决策表，是一个二维表，它说明了每一种条件组合所产生的结果。该表分为四个象限（quadrants）。左上限代表所有的条件，左下限代表可能的结果，右上限代表每一种条件的取值（用 Y 和 N 来表示），而右下限用 X 表示所对应的条件组合所产生的结果。

判定表的模板如图 3-12 所示（以三个条件为例）

		规　则							
条件	C_1	Y	Y	Y	Y	N	N	N	N
	C_2	Y	Y	N	N	Y	Y	N	N
	C_3	Y	N	Y	N	Y	N	Y	N
行动	O_1	X				X			
	O_2		X	X	X				
	O_3					X	X	X	

图 3-12 判定表模板

注意：

(1) 设有 C_1，C_2，…，C_n 个条件，每一个条件的取值分别为 N_1，N_2，…，N_n，则所有条件的组合数 $=N_1N_2\cdots N_n$。因此，当条件的个数超过三时，所有条件的组合数将是很大的，这样势必造成判定表非常复杂。所以，判定表一般适用于描述条件数比较少（通常不超过三）的情况。

(2) 在使用 Y-N 格式时应注意，当各个条件之间不是相互独立时，会产生矛盾和冗余。要注意消除矛盾和冗余。例如：“业务量>￥10 000”与“业务量≤￥10 000”是两个相互关联而又矛盾的条件。也就是说，Y-N 格式一般适用于多个独立的条件变量，且取值均为两个

（Y 和 N）。如果对于不是相互独立的条件取值，在构造其判定表时必须注意消除冗余和不一致性。

（3）如果有的条件值超过 2，在使用 Y–N 格式时，首先要将条件作一变换，使之成为一个布尔条件（即其取值或为 Y 或为 N）。例如，设条件“业务量”的取值有三个，分别是：“业务量超过￥10 000”；“业务量在￥5 000 和￥10 000 之间”；“业务量低于￥5 000”。则用 Y–N 格式时，可将“业务量”这一条件转换成三个布尔条件。

【例 3–10】 仍以顾客购货折扣为例。

设 C_1：付款日期≤10 天，C_2：交易额在 10 000 元以上（含 10 000 元），C_3：交易额介于 5 000 元与 10 000 元之间，C_4：交易额低于 5 000 元。则顾客购货折扣政策的判定表可表示为图 3–13 所示。

		规　则															
条件表	C_1	Y	Y	Y	Y	Y	Y	Y	Y	N	N	N	N	N	N	N	N
	C_2	Y	Y	Y	Y	N	N	N	N	Y	Y	Y	Y	N	N	N	N
	C_3	Y	Y	N	N	Y	Y	N	N	Y	Y	N	N	Y	Y	N	N
	C_4	Y	N	Y	N	Y	N	Y	N	Y	N	Y	N	Y	N	Y	N
结果表	O_1				X												
	O_2						X										
	O_3							X					X		X	X	

图 3–13　顾客购货折扣政策的判定表

图 3–13 所示的表中有许多决策规则是自相矛盾的，因此，应该去掉这些矛盾的组合。变成图 3–14 所示的结果。

		规　则					
条件表	C_1	Y	Y	Y	N	N	N
	C_2	Y	N	N	Y	N	N
	C_3	N	Y	N	N	Y	N
	C_4	N	N	Y	N	N	Y
结果表	O_1	X					
	O_2		X				
	O_3			X	X	X	X

图 3–14　修改后的判定表

3.3　数 据 建 模

数据库系统是信息系统的核心部件，数据工程也是企业信息化最基础、最关键的工程。本节主要以关系数据库为例介绍数据库设计的步骤、方法和建模工具，最后对数据仓库的建模技术做简单的介绍。

著名的数据管理专家威廉·德雷尔说过："没有卓越的数据管理，就没有成功高效的数据处理，更建立不起整个企业的计算机信息系统。"卓越的数据管理的基本前提是数据建模。

3.3.1 数据建模概述

数据库设计是指在特定的 DBMS 环境下开发数据库应用系统，并非设计 DBMS 本身。数据库设计所涉及的内容包括"结构特性的设计"和"行为特性的设计"两个方面。

（1）结构特性设计是指数据库总体概念的设计，它是一个反映不同用户数据需求的、实现数据共享的系统。结构特性是静态的。

（2）行为特性设计是指数据库用户的业务活动。一般而言，用户的业务活动通过应用程序访问和操作数据库，与结构特性有关。

确切地说，数据库设计是指对于一个给定的环境，提供一个确定最优数据模型与处理模式的逻辑设计，以及一个确定数据库存储结构与存取方法的物理设计，建立起既能反映现实世界信息和信息联系，满足用户数据要求和加工要求，又能被某个数据库管理系统所接受，同时能实现系统目标，并有效存取数据的数据库。

类似软件工程生存周期的概念，把数据库应用系统从开始规划、分析、设计、实现、投入运行后的维护到最后为新的系统取代而停止使用的整个期间称为数据库系统的生存期。对数据库系统生存期的划分目前尚无统一的标准。一般分为七个阶段，即规划、需求分析、概念设计、逻辑设计、物理设计、实现、运行和维护阶段。各阶段的工作如下：

1. 规划阶段

规划阶段进行建立数据库的必要性及可行性分析，确定数据库系统在组织中和信息系统中的地位，以及各个数据库之间的关系。

2. 需求分析阶段

需求分析是整个数据库设计过程中比较费时、比较复杂的一步，也是最重要的一步。这个阶段的主要任务是从数据库设计的角度出发，对现实世界要处理的对象（组织、部门、企业等）进行详细调查，在了解原系统的概况、确定新系统功能的过程中，收集支持系统目标的基础数据及其处理。在分析用户要求时，要确保用户目标的一致性。通过调查，获得每个用户对数据库的如下要求：

（1）信息需求：用户将从数据库中获得信息的内容、性质。由信息要求导出数据库要求，即在数据库中存储哪些数据。定义信息需求的主要工具是数据字典。

（2）处理要求：用户要完成什么处理功能，对某种处理要求的响应时间，处理的方式是批处理还是联机处理。

（3）安全性和完整性要求。数据安全性是指保护数据，以防止不合法的使用造成的数据的泄密和破坏。数据完整性包括数据的正确性、有效性和一致性。正确性是指数据的输入值与数据表对应域的类型一样；有效性是指数据库中的理论数值满足现实应用中对该数值段的约束；一致性是指不同用户使用的同一数据应该是一样的。

3. 概念设计阶段

概念设计是把用户的信息要求统一到一个整体逻辑结构中。概念结构表达用户的要求，且独立于支持数据库的 DBMS 和硬件结构。概念数据模型描述了数据的属性和语义，而不强调数据在计算机中是如何表示的。常用的一个数据模型是实体-联系模型(entity relationship model,

E-R 图）。

4. 逻辑设计阶段

逻辑设计的任务是把概念结构设计阶段设计好的基本 E-R 图转换为与选用的具体机器上的 DBMS 所支持的数据模型相符合的逻辑结构，通常用 DDL 描述。

5. 物理设计阶段

物理设计分成两部分：物理数据库结构的选择和逻辑设计中模块说明的精确化。具体内容包括：确定数据库的存储安排；存取路径的选择与调整；确定系统配置。

6. 实现阶段

完成数据库的物理设计之后，设计人员就要用 DBMS 提供的数据定义语言和其他实用程序将数据库逻辑设计和物理设计结果严格描述出来，成为 DBMS 可以接受的源代码，再经过调试产生目标模式，然后就可以组织数据入库了。

7. 运行和维护阶段

这一阶段主要是收集和记录系统实际运行的数据。数据库运行的记录将用来提高用户要求的有效性信息，用来评价数据库系统的性能，更进一步用于对系统的修正。在运行中，必须保持数据库的完整性，必须有效地处理数据故障和进行数据库恢复。

对于数据库应用开发人员来说，使现实世界的信息流计算机化，并对计算机化的信息进行各种操作的过程，就是如何利用数据库管理系统、系统软件和相关的硬件系统，将用户的要求转化成有效的数据结构，并使数据库结构易于适应用户新的要求的过程，这个过程称为数据库设计或数据建模（data modeling）。数据建模是一门按特定的模型要求组织和记录信息系统数据的技术。

3.3.2 概念设计：实体-联系模型

在概念设计阶段中，设计人员从用户的角度看待数据及处理要求和约束，产生一个反映用户观点的概念模型，然后再把概念模型转换成逻辑模型。将概念设计从设计过程中独立开来，至少有以下几个好处：各阶段的任务相对单一化，设计复杂程度大大降低，便于组织管理；概念模型不受特定的 DBMS 的限制，也独立于存储安排和效率方面的考虑，因而比逻辑模型更为稳定；概念模型不含具体的 DBMS 所附加的技术细节，可准确地反映用户的信息需求。

1. 什么是实体-联系模型

实体-联系图（entity relationship diagram，E-R 图）是由 P.P.Chen 于 1967 年提出的一种常用的概念模型设计工具。E-R 图中的基本概念是实体（entity）和联系（relationship）。E-R 图用图形化的方法直观地描述了实体及其之间的关系。

实体-联系数据模型基于对现实世界的这样一种认识：现实世界是由一组称作实体的基本对象以及这些对象间的联系构成的。实体是现实世界中可区别于其他对象的一个“事件”或一个“物体”，例如，每个人是一个实体，每个银行账户也是一个实体。数据库中实体通过属性集合来描述，例如，账户号（account_number）与余额（balance）属性描述了银行的某个特定账户。联系是实体间的相互关联，例如，存款者联系将一个客户和他的账户相关联。同一类型的所有实体的集合称作实体集，同一类型的所有联系的集合称作联系集。

除了实体和联系以外，E-R 模型中还可以表示出数据库内容必须遵循的特定约束。一个重要的约束是映射的基数，它表示一个实体集通过某个联系集与另一实体集进行关联的实体数目。

E-R 图由以下元素构成：

（1）矩形：代表实体集。

（2）椭圆：代表属性。

（3）菱形：代表实体集间的联系。

（4）线段：将属性与实体集相连或将实体集与联系相连。

2．实体联系模型中的基本概念

1）实体与实体集

实体是指系统中存储的人、事、物、地点等现实世界中的事物以及抽象的概念。实体是现实世界中可区别于其他对象的“事件”或“物体”。实体可以是具体的对象，例如，一个学生、一门课程；也可以是抽象的事件，例如一次购物等。

实体集（entity set）是具有相同类型及相同性质（或属性）的实体的集合。例如，所有学生的集合可以定义成实体集 student，所有 PC 的集合可以定义成实体集 computer。

2）属性

实体所具有的性质称为属性（attribute）。在信息世界中不同的实体是由其属性的不同而被区分的，即实体靠属性来描述。每个属性有一个值域，其类型可以是整型、实数型或字符型。例如，学生有学号、姓名、年龄、性别等属性，相应值域为字符、字符、整数和字符型。

3）域

属性的取值范围称为该属性的域（domain）。例如，性别的域是集合{“男”，“女”}。注意在一个实体中，属性域可以相同，也可以不同；每个属性域中的元素必须是同类型的。

4）键

能唯一标识每个实体的一个属性或几个属性的组合，称为键（key）。一个实体集具有很多实体（又称实体集的实例），因此需要有一个标识能够唯一地识别每一个实体实例。这个标识就是键或称关键字。

例如，学生是一个实体，学号是该实体的一个属性，每一个实体实例（即具体的学生）都能够由学号这一属性来识别，因此，学号就是一个键。在某些情况下，实体实例必须由两个或多个属性共同来识别，这组属性称为复合键（compound key）。例如，实体“成绩”有三个属性：学号、课程编号、成绩，显然要确定某个学生某门课的成绩，则必须要有学号和课程编号共同来决定。因此，学号、课程编号是一个复合键。

5）联系

联系（relationship）是指两个或多个实体之间存在的一种自然的业务对应关系（它也可能具有属性）。

6）联系集

联系集（relationship set）同种类型的联系的集合。实体间的联系方式包括如下三种：

（1）一对一联系（1:1），如订单中所订购的每一种商品均与唯一的库存商品对应。

（2）一对多联系（1:n），如一个学生可以选修多门课程。

（3）多对多联系（m:n），如一个学生可以选修多门课程，一门课程也可以由多个学生选修。

7）多重性

多重性（multiplicity）是指一个实体集中的实体对应于另一个实体集中的实体的最小数目和最大数目。

3．基本 E-R 模型的构造

实体-联系图是一种概念数据建模工具，它是对信息系统中实体及其之间的关系的图形化描述。目前有多种表示符号，大多数都是在其发明者之后出现的，但这些数据建模“语言”所表示的概念都是相同的。其中，比较流行的有两种标记符号。一种是 Peter Chen 的实体关系图，一种是信息工程的创立者 James Martin 提出的标记符号。这两种标记符号被广泛使用并被很多 CASE 工具所支持。

【例 3-11】 设某商业集团数据库有三个实体集。一是“商店”实体集，属性有商店编号、商店名、地址等；二是“商品”实体集，属性有商品号、商品名、规格、单价等；三是“职工”实体集，属性有职工编号、姓名、性别、业绩等。

商店与商品间存在“销售”联系，每个商店可销售多种商品，每种商品也可存放在多个商店销售，每个商店销售的每一种商品用月销售量描述；商店与职工之间存在“聘用”联系，每个商店有许多职工，每个职工只能在一个商店工作，商店聘用职工有聘期和月薪。

其 E-R 模型如图 3-15 所示。

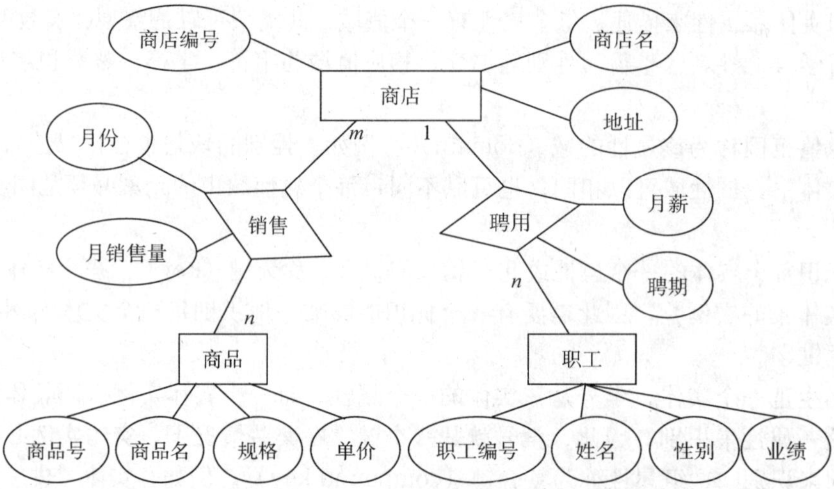

图 3-15　E-R 模型的例子

3.4 对象建模

3.4.1　对象建模中的基本概念

1．对象、实例和封装

对象（object）是能够被看见、触摸到或感觉到的某种事物，而且存储了该事物的数据（属性）和相关行为，如图 3-16 所示。

属性（attribute）是描绘关于对象感兴趣的特征的数据。例如，对象顾客包括属性：customer_number（顾客编号）、customer_name（顾客姓名）等。具有上述属性的顾客有很多，每一个顾客称为一个对象实例（instance）。一个实例（或对象实例）包含了描述某个特定的人、地点、物或事件的属性值。随着技术的发展，对象的属性可以是简单类型的数据，也可以是更复杂的属性类型，如位图、声音、视频数据等。

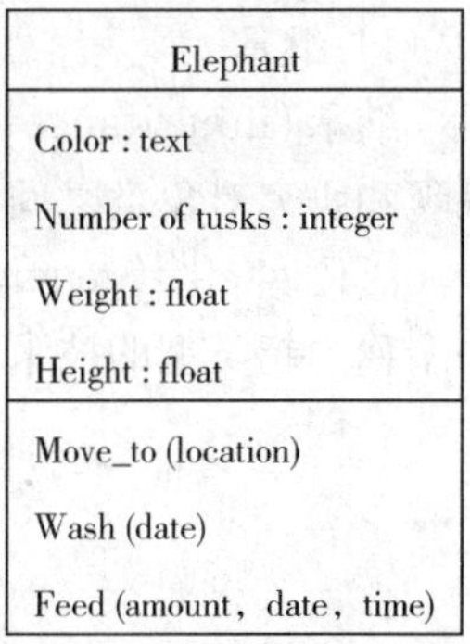

图 3-16　对象的描述

行为是指作用于对象数据（属性）之上的功能。对象的行为也可以称为方法（method）、操作（operation）或服务（service）。

面向对象的另一个重要原理是对象独自地负责执行任何作用于其数据（或属性）之上的功能或行为。这引出了理解对象的一个重要概念，称为封装。

封装（encapsulation）是指将对象的属性和行为包装在一起，将实现细节隐蔽起来，形成一个相对独立的单元。存取对象属性的唯一途径是通过对象的行为。其他任何对象都不能执行该对象的行为。

封装有助于在开发一个系统时减少重复工作。如果设计者把分析结果中最易变的部分封装，那么需求变化就不太可怕了。封装把相关的内容结合在一起，减少了各部分工作之间的交叉；它还把某些特定的需求与规格说明中使用这些需求的其他部分分离出来。

封装的概念与硬件设计中的“构件”化的思想是一致的。如芯片，作为用户来讲，集成电路芯片是由陶瓷封装起来，其内部电路是不可见的，也是用户所不关心的。芯片的用户只关心引脚的个数、引脚的电气参数和引脚所提供的功能。也就是说，对用户来说，芯片具有“黑盒性”，这种黑盒性正是模块化设计的目标之一。

对象系统使用封装机制，封装使方法形成一个受保护的对象边界，使之与发生在其他对象上的事情隔离开来的途径。但是封装与信息隐藏并不是一回事。封装所保护的边界可能是透明的，也可能是半透明的。Berard 指出：“抽象是一种帮助我们识别哪些信息应该是可见的，哪些信息应该是隐藏的技术。因此，封装是一种将该隐藏的信息隐藏起来，将该可见的信息使之可见的包装技术。”

因此，对象可以重新定义为：对象是其数据和行为的一个封装体。

2．类

类（class）是指将具有相同或相似结构、操作和约束规则的对象组成的集合。类是一个共享属性和操作方法的集合。任何一个对象都是某一类的实例（instance），每一个对象类都是由具有某些共同特征的对象组成的。因此，一个类实质上定义了一种对象类型，它描述了属于该类型的所有对象的性质。类是对具有相同性质的对象的抽象。

一个类的上层可以有超类（superclass），下层可以有子类（subclass），形成一种层次结构。这种层次结构的一个重要特点是继承性，一个类直接继承其超类的全部描述。例如，STUDENT 和 TEACHER 对象类都是类 PERSON 的成员。

3．对象/类之间的联系

对象或类之间有多种联系。最基本的联系方式有如下四种：

（1）对象之间的泛化–特化关系。

（2）对象之间的整体–部分关系。

（3）对象之间的关联关系。

（4）对象之间的消息传递。

其中，前三种联系反映了对象之间的静态联系；消息传递反映了对象之间的动态联系。

1）继承

继承(inheritance)是指一个对象类多定义的方法和/或属性可以被另一个对象类重复使用。发现和研究对象类之间的共同点的方法称为泛化/特化。

泛化/特化（generation-specilization）是将拥有共同属性和行为的几种类型的对象类组成一个称为超类型的技术，然后超类型的属性和方法被这些对象类继承，如图 3-17 所示。

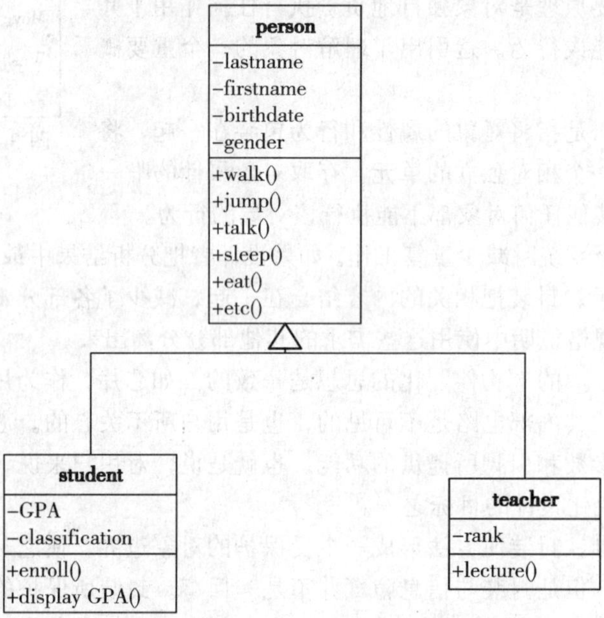

图 3-17　对象类之间的泛化-特化关系

在对象类 PERSON、STUDENT 和 TEACHER 的例子中，PERSON 是超类（或泛化类），而 STUDENT 和 TEACHER 则是子类（或特化类）。

一个类的超类是一个其实例的属性与一个或更多的类的子类相同的实体。一个类的子类是一个对象类，其某些属性从某个类的超类继承而来，而有些属性是其独特的属性。

超类与子类可以具有一种或更多的一对一联系，这些联系有时称为“is_a”联系或者“is_kind_of”联系。

继承是面向对象方法中的一种重要机制，其作用是：

(1) 作为类的构造机制。继承通过扩充、组合现有的类来构造新的类。扩充是指形成现有类的特例——派生类；组合是指抽取若干现有类的共性而形成新的抽象层次——基类。

(2) 作为类型构造机制。如果类 B 继承类 A，则所有要求对象为 A 类型的地方也可以接受 B 类型的对象；但反之不然。

(3) 继承是一种软件复用机制。

图 3-18 描述了图（figure）的继承。

2）整体-部分联系（聚集）

有些对象/类是由其他对象/类组合而成的，这种类型的联系称为整体-部分联系（whole-part 或 part-of 联系）或聚集（aggregation）。它描述了对象之间的组成关系，即一个或一些对象是另一个对象的组成或部分。

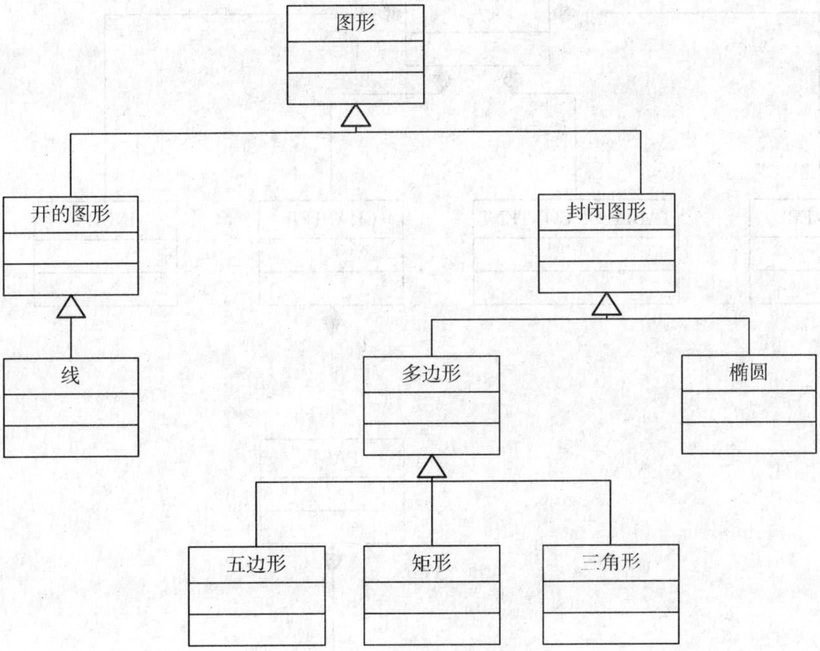

图 3-18　图的继承

例如，对象课本（TEXTBOOK）可能包含几个对象，包括封面（COVER）、目录（TABLE OF CONTENTS）、章（CHAPTER）和索引（INDEX）。对象 CHAPTER 包含对象页（PAGE），页又包含对象段落（PARAGRAPH），段落又包含对象文字（WORD），等等。

通过识别聚集联系，可以将一个非常复杂的对象进行分解，并将其行为和属性分派给其中的个别对象。注意聚集联系中也要说明多重性（见关联联系），如图 3-19 所示。

对象/类之间的聚集特性可以是强的（值聚集）或弱的（引用聚集）。在 UML 中，值聚集称为组合；而引用聚集简称为聚集。例如图 3-19 中，书（BOOK）和封面（COVER）、目录（TABLE OF CONTENTS）、章（CHAPTER）和索引（INDEX）等对象/类之间的关系是一种组合关系，因为这些部分对象不可能脱离于整体对象而独立存在。而企业与其法律顾问之间是一种典型的引用聚集关系，因为法律顾问可以脱离于企业而独立存在。

思考题：试分析以下几组对象之间的关系是什么？

（1）汽车和发动机。

（2）订单和订单明细。

（3）教室和桌椅。

（4）计算机和 CPU。

3）关联

考虑在一个典型的信息系统中对象类顾客 customer 和订单 order 之间的联系：

一个 customer 可以发送 0 张或更多的 order。

一张 order 可以属于一个且只能属于一个 customer。

customer 和 order 之间的联系可以用图 3-20 来描述。

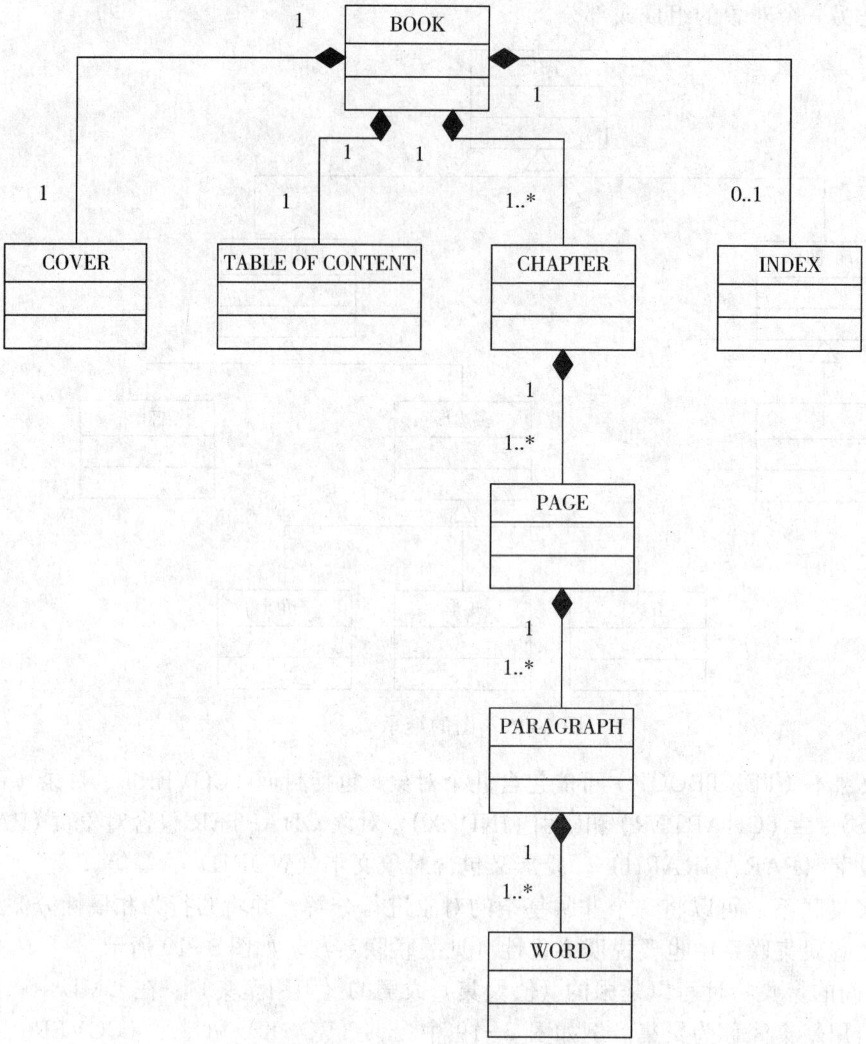

图 3-19　整体-部分联系（聚集联系）

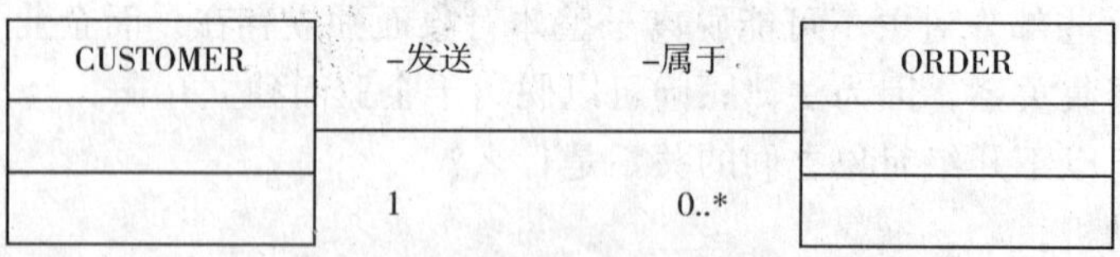

图 3-20　CUSTOMER 和 ORDER 之间的关联关系

用连接线来表示两个类之间的关联关系。用一个动词来描述这种联系，这种联系称为关联（association）。注意所有的联系都是双向的。

关联反映了对象（类）和对象（类）之间的静态关系。例如，教师和学生之间的任课关系，汽车和驾驶员之间的使用关系。静态联系是指最终可以通过对象属性来表示的一个对象对另一个对象的依赖关系。

用对象表示关联关系的复杂性：对象不仅可以表示有形的实物，而且可以表示抽象的概念。当两个对象之间的关联比较复杂时，通常说明它们之间有某种尚未用对象表示的事物。在这种情况下，可以在这两个对象之间增加一个新的对象来表示关联关系，如图 3-21 所示。

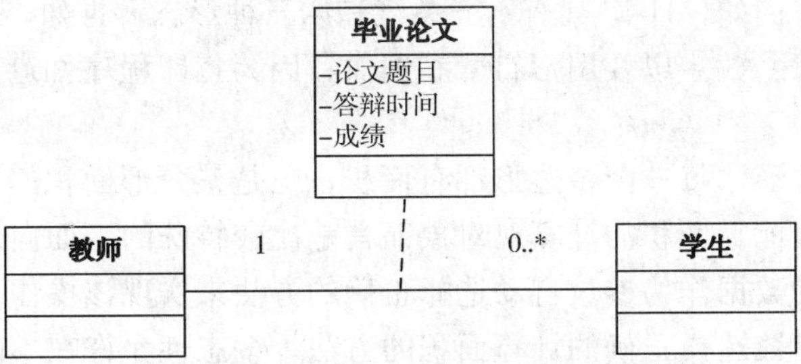

图 3-21　教师与学生之间的关联关系

在定义关联联系时，还应该标明多重性。多重性（multiplicity）定义了与一个对象/类相联系的对象/类出现一次，该对象/类可能出现的最小和最大的数目，如图 3-22 所示。

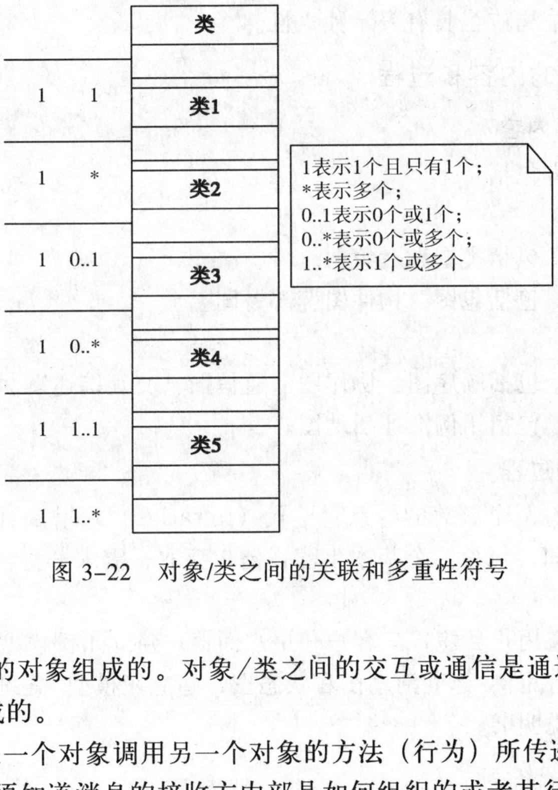

图 3-22　对象/类之间的关联和多重性符号

4）消息和消息传递

系统是由一组交互的对象组成的。对象/类之间的交互或通信是通过一个对象/类向另一个对象/类发送消息来完成的。

消息（message）是一个对象调用另一个对象的方法（行为）所传递的一种请求信息。

发送消息的对象无须知道消息的接收方内部是如何组织的或者其行为是如何完成的，只需以某种已定义好的方式响应请求即可。

消息传递描述了对象之间的动态联系，即：若一个对象在执行自己的服务时，需要通过消息请求另一个对象为它完成某个服务，则称第一个对象与第二个对象之间存在消息连接。消息连接是有方向性的。

4．多态性

行为是一个对象执行的动作。一个对象的行为通过接收消息触发，或进入某种状态。有时，同一种行为在不同的类或子类中可能会表现不同，这种性质称为多态性（polymorphism）。

多态性意味着“多种形式”。在面向对象技术中，多态是指一种行为可以被不同的对象/类以不同的方式执行。例如，H_2O 具有水、蒸汽和冰三种形态。再如，在软件中，一个打印程序可用于打印文本字符、数字以及图形符号和图像，因为打印程序知道如何打印文本和图形，因此具有多态性。

例如，考虑类多边形。每一个多边形都有面积，但是三角形面积的计算方法和矩形面积的计算方法显然不同。因此，面积的计算对对象而言是比较特殊的。面向对象的程序设计语言能够根据将与操作相关的数据作为参数自动选择正确的方法来实现该操作。在上述例子中，对象将根据描述多边形的参数选择正确的计算面积的方法。多态性允许在不改变代码的情况下增加新的类。

引入多态性是为了获得更加灵活的表达方式，使程序的表示尽可能与所表示的内容无关。当一个程序使用一个类提供的服务时，使用的是这个类界面所列出的操作或数据，而类实现对该程序是隐藏的，这是因为实现细节经常会发生变动，但使用方式则相对稳定，因而真正灵活的、可维护性好的程序结构应当具有表示独立性。

3.4.2 面向对象建模的内容和过程

1. 面向对象建模的内容

面向对象建模的内容包括：

1）结构型的图

(1) 对象结构建模，包括类图和对象图。

(2) 应用结构建模，包括包图、构件图、部署图。

2）行为型的图

(1) 对象交互建模，包括顺序图、协作图（通信图、交互综述图、定时图）、状态图。

(2) 对象行为建模，包括用例图、活动图。

2. 面向对象建模的过程

面向对象建模过程有两个显著的特点：迭代（iterative）和增量（incremental），建模过程与需求开发的过程相同，包含四个基本步骤：需求获取、需求分析、编写需求规格说明书、需求验证。

(1) 需求获取：研究用户环境；与客户和用户面谈；建立用例模型和用例场景。

(2) 需求分析：分析用例-建立活动图和状态图；建立域模型-类图；实现用例-顺序图。

(3) 编写需求规格说明书。

(4) 需求验证。

3.4.3 用例和用例图：一种功能需求捕获技术

【问题】如何认识、理解一个新的系统？

有两种观点：黑盒的观点和白盒的观点。从认识规律来说，一般都是先从黑盒的观点出发对系统进行初步的了解，然后再按照白盒的观点详细研究系统的细节。面向对象方法中，首先建立系统用例模型反映活动者对系统的要求完全符合上述规律。

1. 用例的基本概念

用例（use case）的概念来自于 Ivar Jacobson 的面向对象软件工程（OOSE）方法。目前面向对象领域已广泛接纳了用例这一概念，并认为它是第二代面向对象技术的标志。用例对于确切地描述用户需求中的功能需求，帮助发现系统中设立哪些对象，并核实每种功能需求是否有相应的对象予以满足，都可起到很好的作用。

运用用例概念的基本思路是：首先找出系统边界（system border）以外的活动者（actor）[1]；然后从这些活动者如何与系统进行对话的角度，用用例来描述活动者怎样使用系统以及系统向活动者提供什么功能；在面向对象分析中，把活动者和用例作为启发系统分析师发现对象并认识其行为的重要依据；最后以用例为基础建立系统的交互图，以反映各个用例所要求的系统功能是由哪些对象来完成的。

1）用例的定义

先看一个简单的例子。银行客户对 ATM 系统的功能需求可以简单概括为三个方面：取款、存款、查询余额。在该例子中，系统涉及的人且与系统交互的人是“客户”，在 UML 中，这个与系统交互的人称为“活动者”。“取款”的操作过程描述了活动者“客户”需要向系统发送什么信息（客户密码、取款金额），系统对这些信息做怎样的处理（检验密码、检查客户账户余额、从账户余额减去取款金额），处理之后返回的处理结果（密码是否正确、是否有足够的余额、取款后新的账户余额）。这是一个典型的用例，该用例描述了活动者（客户）对系统的在取款方面的功能要求。

用例是对系统功能使用情况的一个文字描述序列。每个用例针对一项系统功能，描述系统外部的活动者（人或物）如何与系统进行对话，即具体地说明活动者透过系统边界向系统发送什么信息，系统进行什么处理以及返回什么信息。用例可以较好地表达用户对系统的要求。

Jacobson 认为：用例是系统执行的一个事务序列，该事务序列可以产生某个特定活动者可观察到的、有价值的结果。用例是对一个活动者使用系统的一项功能时所进行的交互过程的一个文字描述序列。

用例是对一个活动者使用系统的一项功能时所进行的交互过程的一个文字描述序列。用例是系统、子系统或类与外部活动者交互的动作序列的说明，包括可选的动作序列和会出现异常的动作序列。

2）用例的作用

(1) 用例提供了一种捕获功能需求的系统而且直觉的方法。用例采用讲故事的方式描述系统功能，所以特别易于使用，有利于开发人员、用户、领域专家之间进行沟通。

(2) 用例驱动整个开发过程。因为大部分活动如分析、设计和测试都是从用例开始执行的。

(3) 用例把系统当作一个黑盒。一个用例没有指定任何与这些需求相关的系统的内部结构，所以说，它描述了系统的需求，也就是说，应该做什么，而不是如何去做。如果用例中陈述了“提交改变到订单数据库”、“显示结果到 Web 页面”等话，那么内部结构是显而易见的，并造成对设计的潜在约束。过早地说明内部结构给设计者带来了额外的约束，没有这些约束设计者们能更自由地建立一个正确实现客观可见行为的系统，并存在出现突破方案的可能性。另外，用例使在需求中看到实现的决定变得更加容易。

(4) 使需求的定义更加完备。用例是从活动者的观点来描述系统的一系列活动，为活动者提供可察觉的结果。用例是所有用户和系统之间相互作用的一种描述，也就是说，它是从用户的观点，在限制的工作环境下描述外部系统的行为。用例总是由活动者来发起的。从其他方面

---

[1] 有的文献中将活动者译为参与者，将用例译为用况。

考虑，用例是一个完整且不可分割的描述。每个用例针对一项系统功能，描述系统外部的活动者（人或物）如何与系统进行对话，即具体地说明活动者通过系统边界向系统发送什么信息，系统进行什么处理以及返回什么信息。用例可以较好地表达用户对系统的要求。

(5) 用例可以用来文档化系统需求，并且还可以将系统根据功能进行分类。从本质上讲，一个用例是用户与计算机之间的一次典型交互作用。

(6) 用例不仅可以使开发人员考虑到各种正常的事件；也有助于观察到各种异常情况，进而有助于发现隐性需求。

(7) 用例支持增量式、迭代式系统开发生命周期。

3) 用例中的有关概念

(1) 系统边界。系统边界是一个系统所包含的所有成分与系统以外的各种事物的分界线。这里所说的系统是指被开发的计算机软硬件系统，而不是泛指问题域的全部事物所构成的现实系统。问题域中的某些事物（如使用系统的人员）将被看成是位于系统边界之外，与系统进行交互的活动者。系统成分是指那些在 OOA 和 OOD 中定义并且在编程时加以实现的系统元素。

(2) 活动者。活动者是在系统之外与系统进行交互的任何事物。例如用户，一个硬件设备，与系统交互的另一个系统等。活动者的类型包括：

① 系统用户：是最常见的一类活动者，是直接使用系统的人。

② 另一个系统：如补货系统可作为订单处理系统的活动者。

③ 时间：当经过一定时间触发系统中的某个事件时，时间就成了角色。例如定期的某些业务处理工作。

(3) 事件流。事件流表达了用例执行的细节。事实上，所有的系统开发方法都是以事件概念开始建模的。事件是可以描述的、值得记录的在某一特定时间和地点发生的事情。事件流有三种：

① 主事件流：是正常情形，也是用例中最常用的路径。买票时主事件流是顺利买到票。

② 其他事件流：是从主事件流分支出来的，但不是错误条件。

③ 错误流：错误条件。错误流表示系统本身的问题。

(4) 场景。用例描述了一系列场景（scenario）（又称脚本）。场景说明了行为的一系列的动作。场景是系统和位于系统之外的活动者之间的一组有序的交互。场景通常通过 UML 的顺序图来描述。场景是一种非常有用的工具：场景提供了一种纸上描述的原型；可用于测试。

2. 用例的描述

用例的描述一般可采用以下模板格式（参见图 3-23）。

3. 用例图

用例图（use case diagram）对系统的动态行为建模。用例图是指反映活动者、系统边界所封闭的用例，及活动者与用例之间、用例与用例之间关系的一种图。用例图用于描述系统的环境和系统的功能需求。

1) 用例模型中的符号（见图 3-24）

(1)“stickman”符号表示活动者。

(2) 椭圆表示用例。

(3) 箭头表示活动者与用例之间的通信。

作者：________________ **日期：**________________

用例名称	取款	
活动者	客户	
描述		
输入	客户密码 取款金额	
输出	客户账户余额 账单	
主事件流	活动者的动作	系统响应
	如果 ATM 机正常，插入信用卡	系统提示客户输入正确密码
其他事件流		
前件	ATM 机必须处于正常状态	
	ATM 必须能够识别客户的信用卡	
后件	执行这个用例内部系统的状态会有何种变化。更新透支账户的透支报告时间	
假设		

图 3-23 用例的描述

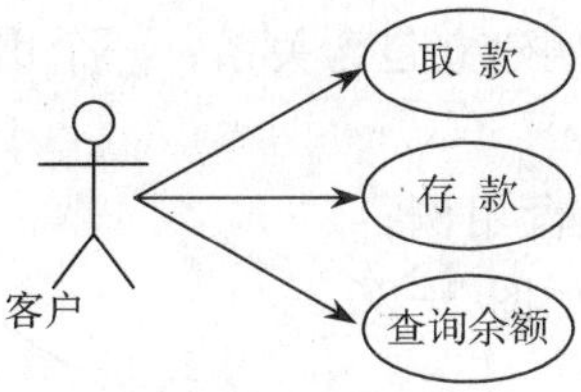

图 3-24 用例图中的元素符号

2）用例之间的关系

用例与用例之间的关系有如下三种：扩展关系、包含关系和泛化关系，如表 3-2 所示。

表 3-2 用例图中的关系

关 系	功 能	表 示 法
关联	参与者与其参与执行的用例之间的通信路径	————————
扩展	在基础用例上插入基础用例不能说明的扩展部分	«extend» - - - - - - - - ->
用例泛化	用例之间的一般和特殊关系，其中特殊用例继承了一般用例的特性并增加了新的特性	————————▷
包括	在基础用例之上插入附加行为，并且具有明确的描述	«include» - - - - - - - - ->

(1) 扩展。扩展（extend）刻画了两个用例之间的关系，其中一个用例称为基用例，另一个称为扩展用例。扩展定义了如何将扩展用例定义的行为插入基用例定义的行为序列。扩展用例以模块化的方法递增地修改基用例。

扩展关系有一系列扩展点，每个扩展点必须在基用例中定义，当用例实例执行到扩展点所指的基用例的位置，且满足所有扩展用例的控制条件时，实例就转入与扩展用例的片断相对应的行为序列中；扩展片断执行完毕后，控制从转换点返回原始用例。扩展的表示法：虚线箭头从扩展用例指向基用例，箭头上带有关键字«extends»，如图 3-25 所示。

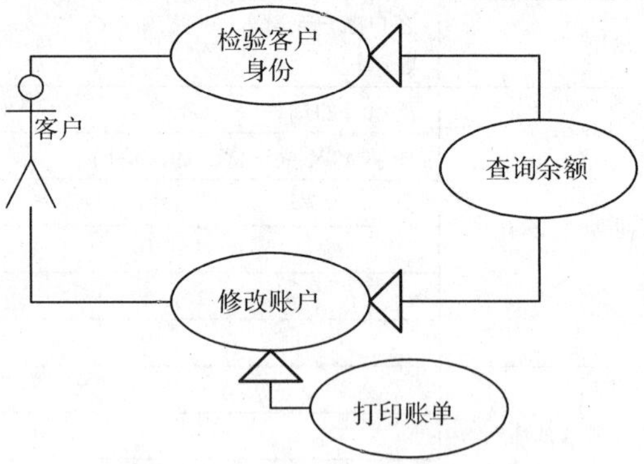

图 3-25　用例扩展的表示方法

一个基用例可以有多个扩展用例；反之，一个扩展用例可以扩展多个基用例。另外，扩展可以嵌套。

(2) 包含。包含（include）是指基用例与包含用例之间的关系，说明如何将包含用例中定义的行为插入基用例定义的行为中。基用例依赖于包含用例的执行结果。可以在基用例的行为序列体中的某个位置插入包含用例，当执行基用例实例达到该位置时，用例实例执行包含用例，随后继续执行基用例。包含是基用例行为序列中的显式语句，这与扩展关系不同。一个基用例可以有多重包含关系。同一个包含用例可以被包含于多个基用例中。包含用例只执行一次，通过引用包含的基用例行为序列中的循环可以达到多次包含的效果。

包含关系有两种用途：如果两个以上的用例有大量一致的功能，则可以将该功能分解到另一个用例中，其他用例可以和该用例建立包含关系；一个用例的功能太多时，可以用包含关系建立多个小用例。

表示法：箭头从基用例指向包含用例，箭头上带有关键字<<include>>，如图 3-26 所示。

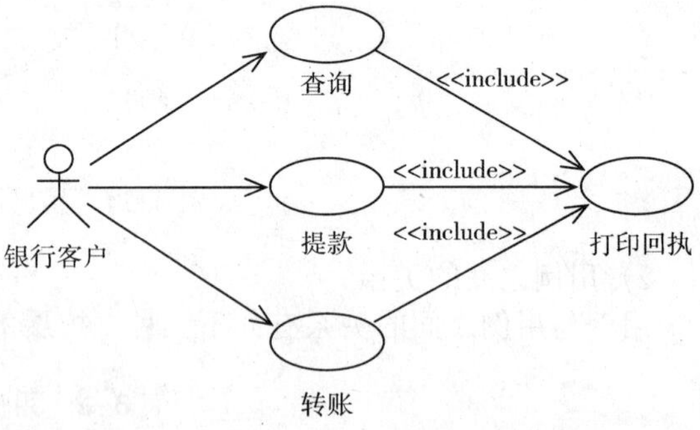

图 3-26　用例包含关系的表示法

可以从定义中容易看出扩展关系和包含关系的区别：在包含关系中基用例总是在使用包含用例的功能；而在扩展关系中，则是根据某些条件有选择地使用扩展用例的功能。

(3) 用例泛化。用例泛化（use case generalization）是指在一个用例（子用例）和另一个用例（父用例）之间的关系，其中的父用例描述了子用例与其他用例共享的特性，而这些用例是有着同一父用例的。

3) 用例图的组织

用例图的组织有两种典型的方法。

(1) 按照子系统组织用例，如图 3-27 所示。

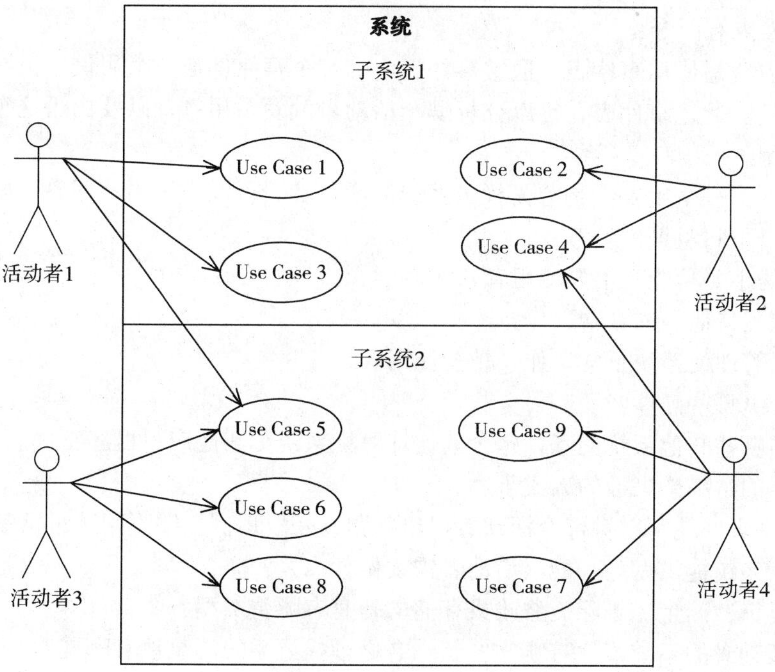

图 3-27　按子系统组织用例

（2）按照活动者组织用例，如图 3-28 所示。

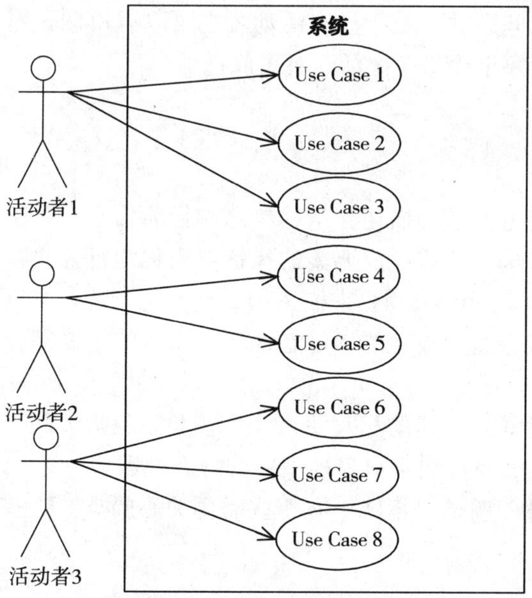

图 3-28　按活动者组织用例

4. 建立用例模型

用例的获取是需求分析阶段的主要任务之一，而且是首先要做的工作。大部分用例将在项目的需求分析阶段产生，并且随着工作的深入会发现更多的用例，这些都应及时增添到已有的用例集中。用例集中的每个用例都是一个潜在的需求。

获取用例的出发点有两个：

（1）最常用的方法是使用事件表。通常事件表中的每个事件都是一个用例，但有时一个事件可能产生多个用例。通过事件表，可以分析哪个活动者触发了用例，以及由于这个事件而可能触发其他哪些用例。

（2）获取用例的另一个出发点是首先找出系统的活动者。可以通过用户回答一些问题的答案来识别活动者。以下问题可供参考：

①谁使用系统的主要功能（主要使用者）？

② 谁需要系统支持他们的日常工作？

③ 谁来维护、管理使系统正常工作（辅助使用者）？

④ 系统需要操纵哪些硬件？

⑤ 系统需要与哪些其他系统交互，包含其他计算机系统和其他应用程序？

⑥ 对系统产生的结果感兴趣的人或事物。

一旦获取了活动者，就可以对每个活动者提出问题以获取用例。以下问题可供参考：

① 活动者要求系统提供哪些功能（活动者需要做什么）？

② 活动者需要读、产生、删除、修改或存储的信息有哪些类型？

③ 必须提醒活动者的系统事件有哪些？活动者必须提醒系统的事件有哪些？

④ 执行者的某些典型功能能否被系统自动实现？

⑤ 系统需要何种输入输出？输入从何处来？输出到何处？

⑥ 当前运行系统（也许是一些手工操作而不是计算机系统）的主要问题是什么？

需要注意，最后两个问题并不是指没有活动者也可以有用例，只是获取用例时尚不知道活动者是什么。一个用例必须至少与一个活动者关联。

3.4.4 类图

1. 类图的概念

任何系统都需要从两方面进行描述：结构信息和行为信息。系统的组成表达了系统各组成要素之间的联系，称为结构；这些组成要素的执行逻辑称为行为。在面向对象方法中，系统的结构信息是通过类图（class diagram）来描述的；而系统行为信息则通过用例图、交互图（包括顺序图和协作图）和状态图来描述的。前者说明了系统的组成部分是什么，而后者则说明了系统做什么。

类图表达了系统中类与类之间的相互关系，这些关系包括关联、泛化和聚集以及各种依赖关系，如使用和实现关系。类图属于对象模型中的静态视图。

构造类图的三个关键问题是：系统中有哪些需要关心的类？这些类是如何描述的？这些类之间的联系是什么？

2. 类的类型

发现类是所有OOA方法中最核心、最关键的问题。目前，关于如何发现类尚没有一种标准的、有效的方法。但无论哪一种方法，问题域和系统责任是发现对象的根本出发点。二者从不同的角度告诉分析员应该从哪些方面着手。

在问题域中存在三种不同类型的类：活动者类、用户界面类和业务类。

（1）活动者类。活动者类代表出现在用例模型中的活动者。活动者是现实世界中与系统交互的人和/或机构。例如，订单处理系统中客户是一个活动者类。

(2) 业务类。业务类描述业务的地点、物品、概念和事件。例如，订单处理系统中的订单、商品等都是业务类。

(3) 用户界面类。用户界面类（UI类）是组成系统用户界面的屏幕显示、菜单和报表。例如，订单处理系统中客户登录系统的界面、显示和编辑订单的屏幕等都属于UI类。

3. 如何发现类

类是一组具有公共属性的抽象对象的集合。一个类被分解为三部分——名称、属性以及服务。例如，订单是一个类，而某个特定时间发出的订单则是一个具体的对象。在创建对象和类时，必须注意对象必须属于某个类。

面向对象求解问题策略的一个显著的特点是类及其定义（包括属性和服务）具有相对稳定性。尽管类的某些属性的值可能会发生变化，信息系统执行属于某个对象的服务也可能发生变化，但类仍然是整个问题域的一个组成部分。类的这种稳定性为信息系统的维护带来极大的便利，这也正是面向对象方法学诱人之处。

那么，如何发现并定义对象类呢？到目前为止，还没有一种非常有效的确定对象的方法，因此，对同一个问题域，不同的项目小组可能会得出不同的候选对象。相信随着面向对象方法的发展、成熟，会出现一些大家都认可的发现对象的算法式策略。目前，比较流行的策略是Wirfs-Brock的CRC（class-responsibility-collaboration，类-责任-协作）策略。

CRC策略是以需求规格说明书为基础寻找对象，但不同的是寻找的不是名词，而是动词（verb）。名词策略主要强调“对象是什么（人、地点、事物）”；而动词策略则强调“对象做什么”（例如，打印、计算、显示等）。这种策略可以用CRC卡片来描述类。CRC卡片的布局如图3-29所示。

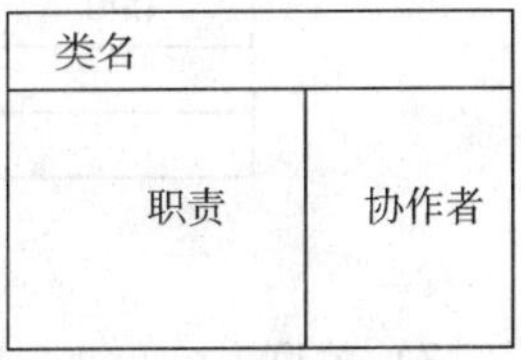

图3-29 CRC卡片的布局

CRC模型是一组标准索引卡片的集合，每个卡片被分为三部分。类代表相似对象的集合；职责是类所知道或所要做的事情；协作者是一个类为完成其职责与之交互的其他类。

CRC卡片是一种有效的用于领域建模的工具，并且在有的软件过程中（例如极限编程XP）使用CRC模型作为一种基本的设计技术。

4. 定义类与类之间的联系

在面向对象方法中，对象（类）之间有以下四种基本联系方式：泛化-特化、整体-部分、关联、消息传递。其中，前三种反映了对象（类）之间的静态联系；消息传递反映了对象（类）之间的动态联系。在类图中，主要反映对象（类）之间的静态联系。

1）泛化-特化联系

泛化-特化联系反映了类之间的一种继承关系。继承允许子类共享其父类所具有的特征（见图3-30）。

2）整体-部分联系

整体-部分联系又称聚集（aggregation），反映了各组成部分和整体之间的关系。注意，在类图中，要将多重性表示出来（见图3-31）。

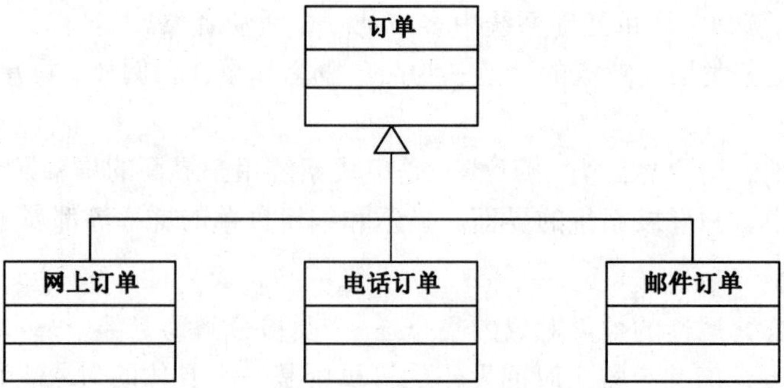

图 3-30　泛化-特化联系

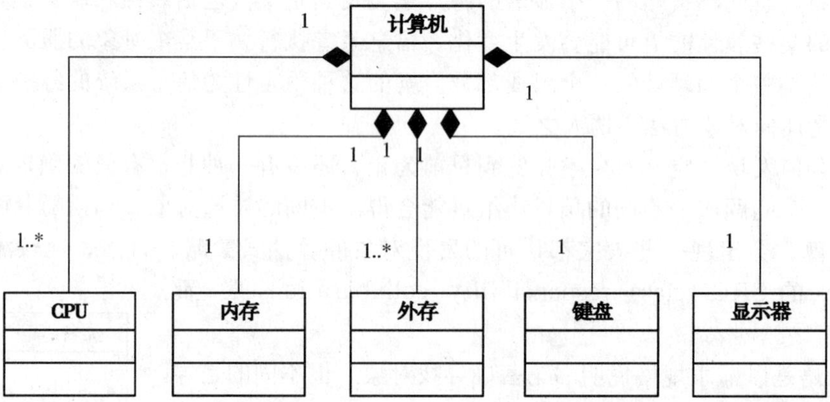

图 3-31　整体-部分联系

3）关联

关联（association）也称实例连接（instance connection），是对象（类）之间的一种二元关系，用于表达对象之间的静态联系。静态联系是指最终可以通过对象属性来表示的一个对象对另一个对象的依赖关系。例如，一名教师指导多名学生做毕业论文（见图 3-32）。

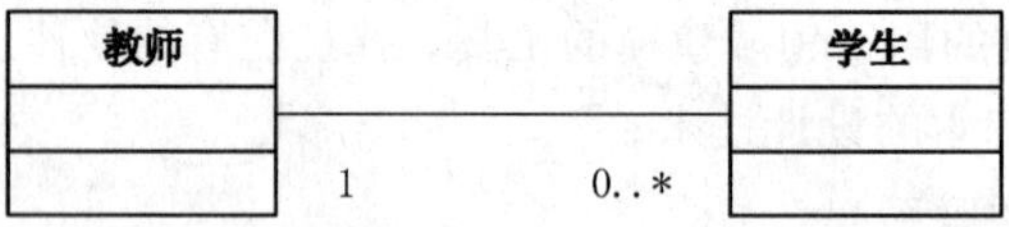

图 3-32　关联关系

5. 类图构造实例

图 3-33 所示是订单处理系统的类图。

注意在类图中没有标出类的操作。类的操作通常会随着分析与设计的深入，逐步被加到类图上。另外，在分析阶段所构造的类图到了系统设计阶段也会逐步地将与实现有关的类添加到类图中。

6. 类图的作用

类图是系统静态视图的一部分，它主要用来描述软件系统的静态结构。该视图主要支持系统的功能需求，即系统提供给最终用户的服务。当系统分析师以支持软件系统的功能需求为目的设计静态视图时，通常以下述三种方法之一使用类图。

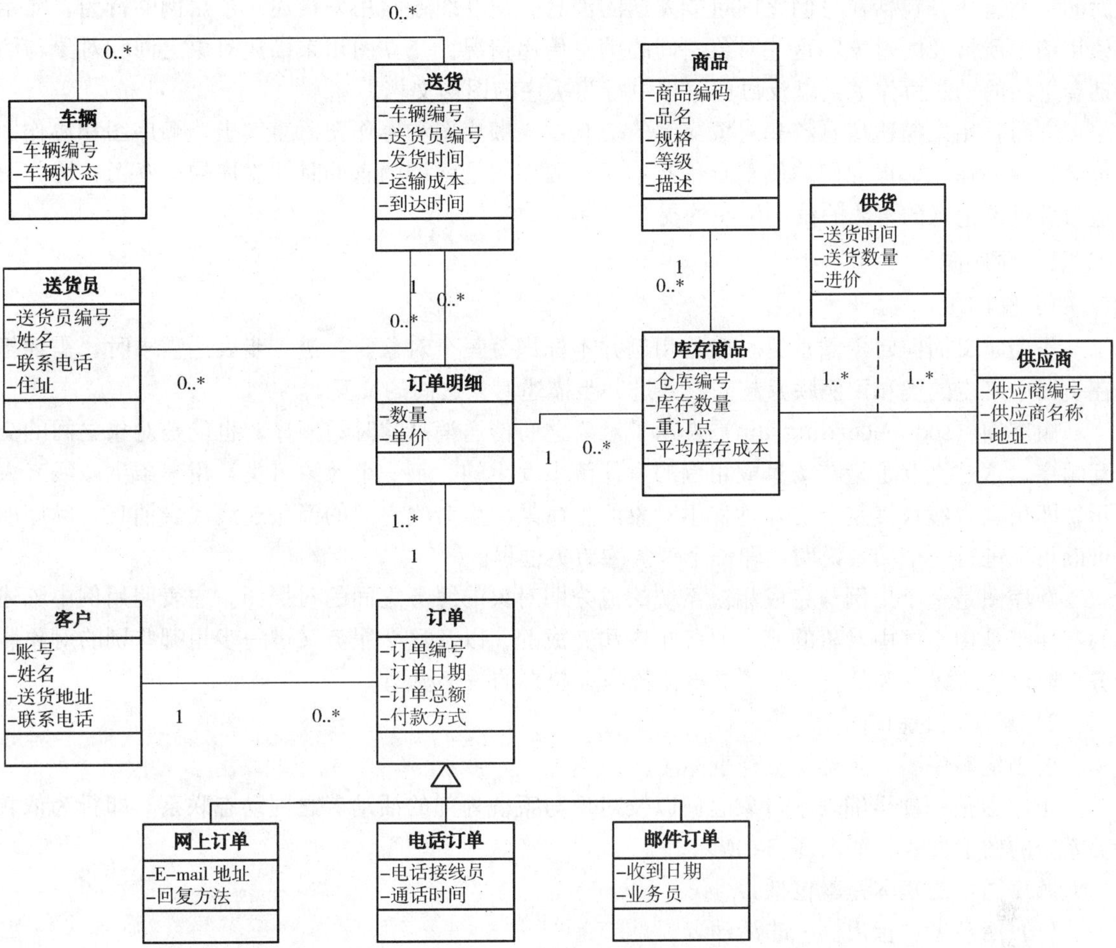

图 3-33 订单处理系统的类图

1）对系统的词汇建模

用 UML 构建系统通常是从构造系统的基本词汇开始，用于描述系统的边界，即用来决定哪些抽象是要建模系统的一部分，哪些抽象处于要建模系统之外。系统分析师可以用类图来描述抽象和它们的职责。

2）对简单协作建模

现实世界中的事物大都相互联系、相互影响的，将这些事物抽象成类后，情况也是如此。通过类之间的协同工作，来实现强于单个类的语义。

3）对逻辑数据库模式建模

在设计一个数据库时，通常使用数据库模式来描述数据库的概念设计。可以使用类图对数据库模式建模。传统的数据库建模工具 E-R 图只针对数据，而 UML 的类图还允许对行为建模。在物理模型中，类图的操作一般转换成数据库的触发器或存储过程。

3.4.5 交互图

在 UML 中，类图只表达了系统的静态结构信息，系统的动态信息需要利用交互图来表示。交互图（interaction diagram）是一种动态视图，它展现了一种交互，它由一组对象和它们之间的关系组成，包括在它们之间可能发送的消息。交互图通常用来描述一个用例的行为，显示该用例中所涉及的对象和这些对象之间的消息传递情况。交立图用来描述对象之间和对象与活动者之间的动态协作关系以及协作过程中行为次序的图形文档。

有两种用来描述信息流和对象交互的交互图：顺序图和协作图。事实上，顺序图和协作图包含相同的信息，但它们的侧重点稍有不同。顺序图是强调消息的时间次序的交互图；协作图是强调收发消息的对象的结构组织的交互图。

1．顺序图

1）顺序图

作为定义面向对象需求第一步的用例并不标识每一个对象。当进一步表达需求时，需要把在类图中确定的类和用例联系起来，并进一步描述对象之间的交互。

顺序图（sequence diagram）表示了对象之间传送消息的时间顺序，也就是对象之间的交互顺序，这些交互是指在场景或用例的事件流中发生的。每一个对象（类）用一条生命线来表示，即用垂直线代表整个交互过程中对象的生命期。生命线之间的箭头连线代表消息。顺序图可以用来进行一个场景说明，即一个事务的历史过程。

顺序图是一个用例与完成相应系统的成分即对象的服务之间的对照图。它表明用例中陈述的每件事是由系统中对象的哪个服务响应和完成的，以及这个服务又进一步用哪些别的对象服务。顺序图可以认为是类图与场景事件流结合起来的一个模型。

2）顺序图的构造

要创建顺序图，首先要检查事件流。

顺序图是一种详细表示对象之间以及对象与系统外部的活动者之间动态联系（即行为依赖关系）的图形文档，如图 3-34 所示。

顺序图中的基本元素包括：

（1）活动者：指用例中的活动者。

（2）对象：指在用例中的内部对象。

（3）生命线：在顺序图中的一个对象下面的竖线，用以显示这个对象的生命期。时间从上到下流过。生命线实际上显示了消息的顺序，在生命线之上的消息比在它之下的消息先发生。在生命线中的棒形方框表示的是活动生命线，用以强调一个对象只有在一个场景的部分中处于活动状态。

（4）消息：指场景内由事件流定义的内部事件成为在对象和活动者或其他对象之间的消息。

顺序图的构造如下：

（1）在顺序图的上部并排地列出与某个用例有关的一组对象。

（2）在每个类对象下方画出一条生命线，并在这条线上用一些棒形线条表示该对象的服务按时间前进方向的执行动作（活动生命线）；一个棒形线条表示一个服务的执行。

（3）如果一个对象服务在某个执行点上应该向另一个对象发消息，则从这一点向后者画出一条带箭头的水平直线，并在旁边注明被引用的服务名。

（4）有些对象行为的引发因素或输入信息可能不是来自于其他对象的消息，而是来自于系统以外的活动者；有些服务执行的结果不是传给其他对象，而是作为系统对活动者的输出。所以，在顺序图用一条带阴影的长条表示系统边界，并用箭头表示系统中的对象于系统外部的交互。

（5）在系统边界以外，写出对这组所执行的功能的描述。

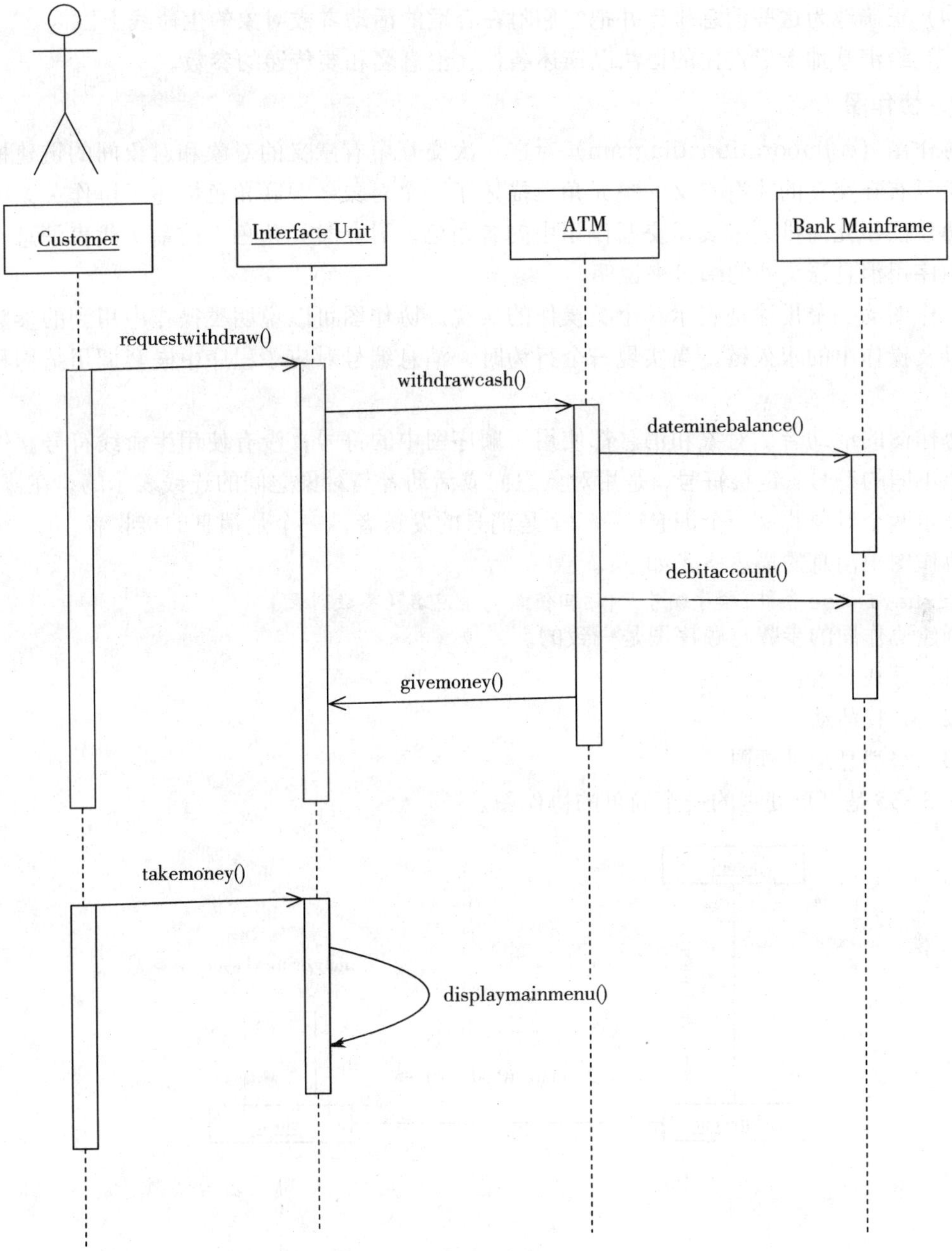

图 3-34　顺序图表示法

建立顺序图的步骤如下：

(1) 确定所有与场景有关的对象和活动者。仅仅使用在用例图中标识过的活动者，只使用在类图中标识过的对象。如果要使用上述两种图中没有定义的对象和活动者，则要更新那些图。

(2) 基于事件流，确定每一个需要用于完成场景的消息。同时标识消息的源对象或活动者以及目的对象或活动者。

(3) 决定是否总是发送还是有条件发送每一个消息。为保持简单。不需要识别每一个消息返回来的响应。

(4) 正确地为这些消息排序并把它们附在合适的活动者或对象的生命线上。

(5) 给消息加上形式化的语法以描述条件、消息名和要传递的参数。

2. 协作图

协作图（collaboration diagram）对在一次交互中有意义的对象和对象间的链建模。对象和关系只有在交互的才有意义。类元角色描述了一个对象，关联角色描述了协作关系中的一个链。协作图用几何排列来表示交互作用中的各角色。附在类元角色上的箭头代表消息。消息的发生顺序用消息箭头处的编号来说明。

协作图的一个用途是表示一个类操作的实现。协作图可以说明类操作中用到的参数和局部变量以及操作中的永久链。当实现一个行为时，消息编号对应了程序中嵌套调用结构和信号传递过程。

协作图的活动者、对象和消息都使用了顺序图中的符号，没有使用生命线符号。但是使用了一个不同的符号：链接符号，是用对象之间或活动者与对象之间的连线表示的，在协作图中，链接表示两个对象共享一个消息——一个是消息的发送者，一个是消息的接收者。

协作图中消息的描述格式如下：

[true/false 条件]顺序编号: [返回值: =]消息名(参数列表)

创建协作图的步骤与顺序图是一致的。

(1) 寻找对象。

(2) 寻找活动者。

(3) 将消息加进框图。

图 3-35 是订单处理的一个简单的协作图。

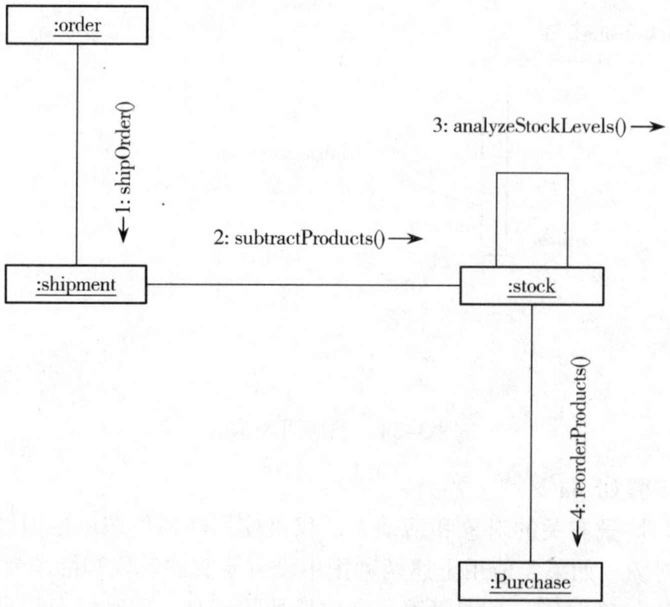

图 3-35　协作图

3.4.6　状态图与活动图

顺序图对对象的行为已经进行了描述，但它仅仅标识了对象发送和接收的消息。当一个对象接收到消息时，它应该做些什么呢？状态图目标是描述对象的内部工作，它是从类图和顺序图中的信息开发出来的。

状态机视图是一个类对象所可能经历的所有历程的模型图。状态机由对象的各个状态和连接这些状态的转换组成。每个状态对一个对象在其生命期中满足某种条件的一个时间段建模。当一个事件发生时，它会触发状态间的转换，导致对象从一种状态转化到另一种新的状态。与转换相关的活动执行时，转换也同时发生。状态机用状态图来表达。

状态图可用于描述用户接口、设备控制器和其他具有反馈的子系统，还可用于描述在生命期中跨越多个不同性质阶段的被动对象的行为，在每一阶段该对象都有自己特殊的行为。

1. 状态图

在由对象的全部属性的属性值集合所构成的笛卡儿乘积中的每一个等价集合（即使对象的服务呈现相同行为规则的属性值的集合）称为对象的一种状态。例如，对象发票（invoice）可以根据其付款的情况分为三个状态：未付款（unpaid）、部分付款（partly paid）以及付清款（fully paid）。

状态图（statechart diagram）使用状态、事件和转换来记录对象在其生命周期中所历经的状态序列。

（1）对象的初始状态是图中任何事件都未对该对象起作用时的状态。

（2）状态代表对象生命周期中的某一瞬间。

（3）转换表明作为对事件的响应结果，对象将从一种状态转换到另一种状态并执行某个动作。

（4）触发状态转换的事件在状态转换字符串中命名。双击一个状态转换，除事件签名以外，还可用字符串为其加注临界条件、动作表达式等标签。

发票的状态图如图 3-36 所示。

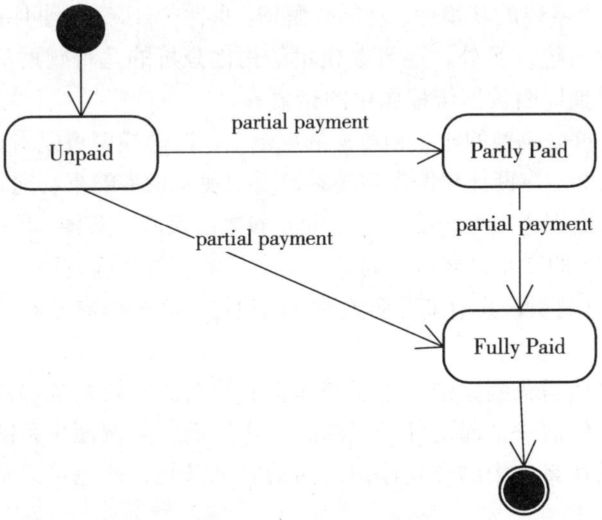

图 3-36　发票的状态图

2. 活动图

活动图是状态图的一个特例，其中所有的状态都是动作状态，且转换都是由源状态中动作的完成触发的。活动图与特定的类或用例相关，它描述某个方法的内部表现。使用活动图可以表示由内部生成的动作驱动的事件流。使用状态图可以表示响应外部事件的事件流。

动作状态是一种状态类型，它包含一个内部动作以及至少一个同完成内部动作的明确事件相关的向外转换。

(1) 对象的初始状态是图中任何事件都未对该对象起作用时的状态。

(2) 动作状态是一种代表已完成活动的状态。

(3) 当动作状态的内部动作完成时即会从该动作状态进行转换。

(4) 要表明必须先完成各个并行活动然后才出现下一个活动，请使用连接转换。

(5) 双击来自动作状态的状态转换可对其加注临界条件和动作表达式标签。

(6) 要表明可同时发生的活动，请使用叉形状态转换。

(7) 最终状态代表该图所表示的场合中的活动已结束。

【本章要点回顾】

系统分析是信息系统开发中的一个重要的阶段，其主要任务是定义需求。需求是系统必须符合的条件或具备的功能，需求包括三个不同的层次：业务需求、用户需求、功能需求和非功能需求。

需求开发包括需求获取、需求分析、需求规格说明、需求验证。需求开发的目的是获取一份准确的、一致的、完备的、可测试和可跟踪的软件需求规格说明书。需求分析是运用图形化的模型工具对需求加以细致的分析。有两种典型的系统分析方法：结构化系统分析（SA）和面向对象系统分析（OOA）方法。

过程是计算机信息系统的基本特征之一。过程建模的主要工具是数据流程图。数据流程图（DFD）描述了系统中数据的主要变化，DFD 中有四种基本符号：外部实体、过程、数据流和数据存储。现代结构化分析中采取了“事件驱动”的过程建模策略，该策略按照自顶向下、层次分解的原则，分别构造系统的环境图、功能分解图、事件-响应表、事件图、系统图（零层图）、各级子图的层次来描述系统。另外，还可以使用结构化分析的几种辅助工具，包括判定树、判定表、结构化英语来详细说明数据流程图中的诸要素。

数据建模包括概念数据模型的建立和数据的规范化。概念模型可以看成是现实世界到机器世界的一个过渡的中间层次。在设计数据库系统时，要把现实世界的事物通过认识和抽象转换为信息世界的概念模型，再把概念模型转换为机器世界的数据模型。实体-联系图用图形化的方法直观地描述了实体及其之间的联系。实体之间的联系有一对一关系（$1:1$）、一对多关系（$1:n$）和多对多关系（$m:n$）三种类型，其中多对多关系可以通过将其分解成一对多关系来处理。

对象建模包括：

(1) 用例图。用例图捕获到系统、子系统或类的行为。它将系统功能划分成对活动者（即系统的理想用户）有用的需求。而交互功能部分称作用例。用例使用系统与一个或多个活动者之间的一系列消息来描述系统中的交互作用。活动者可以是人，也可以是外部计算机系统和外部进程。

(2) 类图。类图描述了系统的对象结构，即组成系统的对象类及其之间的关系。

(3) 交互图。包括协作图和顺序图。协作图和顺序图都表示出了对象间的交互作用，但是它们的侧重点不同。顺序图将交互关系表示为一个二维图。纵向是时间轴，时间沿竖线向下延伸。横向轴代表了在协作中各独立对象的类元角色。顺序图清楚地表示了交互作用中的时间顺序，但没有明确表示对象间的关系。协作图清楚地表示了对象间的关系，但时间顺序必须从顺序号获得。顺序图常常用于表示方案，而协作图用于过程的详细设计。

(4) 状态图。状态图描述了类的行为。

这些模型不是孤立的，实际上是从不同角度刻画了同一个系统。在面向对象分析时一般可采取以下步骤。请注意这些步骤之间的关系不是严格顺序的，而是一种迭代的关系，也就是说在构造某个模型时，一旦发现遗漏了什么或者有什么错误，可立即返回修改前面的模型。

(1) 利用文字描述列举系统的用户需求和主要事件。

(2) 构造用例图。① 根据第 (1) 步的需求描述，确定系统中的活动者。② 寻找用例。③ 构造用例图。④ 为用例编写文档。

(3) 构造活动图。① 通过事件流寻找活动。②构造活动图。

(4) 构造类图。① 根据第 (1) 步的需求描述，寻找系统中的实体类。② 确定每个类的属性。③ 建立类与类之间的关系（关联、聚集、泛化-特化）。④ 构造类图。

(5) 构造交互模型。① 为每个用例建立一个顺序图，显示该用例中对象之间的交互关系。② 根据顺序图中的消息，确定每个类的服务，并完善第 (4) 步中的类图。

(6) 构造状态图。

习　题　三

一、名词解释

需求、数据流程图、数据字典、E-R 图、实体、属性、超键、候选键、主键、多重性、聚集、多态性、用例、活动者、封装、类、实例、对象、可见性、消息、继承、关联、聚合、组合、CRC 卡、包、构件、对象的状态

二、简答题

1. 举例说明需求的三个层次。
2. 简述 PIECES 框架的内容。
3. 什么是需求分析？说明需求分析在系统开发中的重要性。
4. 说明好的需求应该满足的一些基本要求。
5. 简述需求开发的四个活动内容。
6. 评论下面几条需求的描述有什么问题？应该如何改进？

(1) 产品必须在固定的时间间隔内提供状态消息，并且每次时间间隔不得少于 60 秒。

(2) 如果可能的话，应当根据库存商品的编码在线确认客户订单中所包含的商品编码。

(3) 系统应该提供实时查询响应。

(4) 系统应尽可能对记录进行校验。

(5) 系统应是用户友好的。

(6) 职工编号必须在一个正确的范围内。

7. 数据流程图主要刻画了系统哪个方面的特征？
8. 在对系统的数据流程图进行层次分解时，必须遵守的一个重要原则是“一致性原则”（又称数据守恒原则），说明什么是一致性原则？

9．说明逻辑模型的重要性。

10．简述数据字典的作用。

11．简述数据建模的内容和步骤。

12．举例说明实体之间的联系有哪几种类型。

13．面向对象中的用例图与结构化方法中的数据流程图（DFD）有何异同？

14．用例图的作用是什么？

15．需求工程包括需求开发和需求管理两个方面的内容。其中需求开发中的四个基本任务分别是什么？结合面向对象方法说明每个任务的具体内容或应该建立什么模型？

16．扩展和包含是用例之间的两种基本关系，简要说明二者之间的异同。

17．简述关联、聚合、组合的联系与区别。

18．简述封装的优点。

19．简述多态的优点。

三、解答题

1．试分别用判定树和判定表描述下面的过程。

航空运费，重量小于或等于 20 千克的货物每千克 3 元，若重量大于 20 千克，超重部分每千克按 3.5 元计算，航空运费的最低起价是 6 元。如果是国际航线运费加倍。

铁路运费，收货地点在本省以内，快件每千克 1.5 元，慢件每千克 1 元。收货地点在外省，重量小于等于 20 千克，快件每千克 2 元，慢件每千克 1.5 元，若重量大于 20 千克，其超重部分每千克加收 0.2 元。

2．存控制的处理原则如下：

（1）当库存量（Q）等于零时，作缺货处理。

（2）当库存量小于等于库存下限时，作下限报警。

（3）当库存量大于下限但小于等于订货点时，作订货处理。

（4）当库存量大于订货点但小于上限时，不订货。

（5）当库存量大于等于上限时，作上限报警。

请绘制库存控制判定树。

3．某仓库管理系统按以下步骤进行信息处理：

（1）保管员根据当日的出库单和入库单通过出入库处理去修改库存台账。

（2）根据库存台账由统计打印程序输出库存日报表。

（3）必要进行查询时，可利用查询程序，在输入查询条件后，到库存台账去查找，显示出查询结果。

试按上述过程画出数据流程图。

4．根据以下设计思想画出部分合同管理子系统的数据流程图。该子系统共有三个功能模块，首先是“建立订货合同台账”模块从订货合同、材料检验单和客户文件输入数据、输出形成合同台账文件，然后是“分类合并”模块从合同台账文件输入数据，排序合并后形成合同分类文件，最后“打印”模块从合同分类文件打印出合同分类表。

5．绘制供应部门制订材料定购计划的数据流程图。

供应部门收到计划科送来的生产计划，工艺科送来的材料消耗定额以及维修部门送来的维修用料计划，进行如下处理：

（1）计算生产用料。由生产计划和材料消耗定额计算生产用料，生成生产用料表。

（2）计算材料总需用量。由生产用料表及维修用料计划，计算材料总需用量。

（3）制订材料订购计划。由材料需用总量、材料库存数据、订购合同等信息，制订材料订购计划，除保存外，分别送厂部及财务科。

6．某商业数据管理系统，业务规定如下：

（1）顾客有姓名、单位、电话号码。

（2）商品有商品编码、商品名称、单价。

这些实体之间的联系：

（1）每一名顾客可能买多种商品，且每一种商品又可能有多名顾客购买。

（2）顾客每一次购买商品还涉及日期、数量、金额。

根据上述描述，解答下列各题：

（1）画出 E-R 图。

（2）在 E-R 图中标注联系的类型。

（3）指出每一个实体的主码（主关键字）。

（4）将 E-R 图转换成关系模型。

7．设某工厂的物资管理系统包含如下的实体：

（1）仓库：仓库号、仓库面积、电话号码。

（2）零件：零件号、名称、规格、单价、描述。

（3）供应商：供应商号、名称、地址、电话号码、账号。

（4）职工：职工号、姓名、年龄、职称。

实体之间的联系如下：

（1）一个仓库可以存放多种零件，一个零件可以存放多个仓库中。用库存量来描述某种零件在某个仓库中的数量。

（2）一个仓库有多个职工当仓库保管员，一个职工只能在一个仓库中工作。

（3）职工之间具有领导和被领导的关系，即仓库主任领导若干保管员。

（4）一个供应商可以供应多种零件，反之，一种零件也可以由不同的供应商供应。

根据上述描述，解答下列各题：

（1）构造 E-R 模型。

（2）将上述 E-R 图转换为关系模型。

8．设某商业集团数据库有三个实体集。一是“商店”实体集，属性有商店编号、商店名、地址等；二是“商品”实体集，属性有商品号、商品名、规格、单价等；三是“职工”实体集，属性有职工编号、姓名、性别、业绩等。

商店与商品间存在“销售”联系，每个商店可销售多种商品，每种商品也可存放在多个商店销售，每个商店销售的每一种商品用月销售量描述；商店与职工之间存在“聘用”联系，每个商店有许多职工，每个职工只能在一个商店工作，商店聘用职工有聘期和月薪。

根据上述描述，解答下列问题：

（1）画出该系统的 E-R 模型（要求注明属性、联系的类型）

（2）将该模型转化为关系模型，注明主键和外键。

9．假设有“教师”、“学生”、“课程”三个实体。一门课程只能有一个教师任课，一个教师可以上多门课程；一个学生可以选修多门课程，一门课程可以由多个学生来选修。已知教师的属性有：工号、姓名、职称，课程的属性有：课程号、课程名、学时数，学生的属性有：学号、姓名、性别、年龄。

（1）根据上述描述，画出 E-R 图。

（2）将 E-R 图转化为关系模型。

10．读者通过“借书单”与图书发生借阅联系，假定一个读者可以借阅多本书，一本书可被不同读者借阅。“读者”实体包括：借书证号、姓名、性别、年龄、单位；“图书”实体包括：书号、书名、作者、出版社名；“借阅”实体包括：借书证号、书号、借阅日期。

（1）根据描述，画出相应的 E-R 图。

（2）将 E-R 图转化为关系模型。

11．在学生运动会管理系统中，假定一个班级有多名运动员，每个运动员可参加多项比赛，每个项目可有多名运动员参加。要求公布比赛成绩和名次。假定各实体属性为：

班级：班号，班级名，专业，人数。

运动员：运动员号，姓名，性别，年龄。

项目：项目号，项目名称，比赛地点。

（1）设计 E-R 模型。

（2）转化为关系模型。

12．给出银行系统中 ATM 取款、存款的用例描述和用例图。

13．在下面的描述中，辨识活动者和用例，并画一个用例图。

在医生的办公室里有接待员、护士和医生使用病人记录和计划安排系统。当病人第一次来这里看病时，接待员使用该系统输入病人信息。并且安排所有的预约。护士使用系统来跟踪病人每次看病的结果并输入护理病人的信息，如医疗和诊断。护士也可以访问这些信息打印病人诊断结果或病人看病历史。医生主要用这个系统来查看病人的病史，偶尔也输入病人的医疗信息，但通常他让护士输入这些信息。

14．面向对象方法在开发实时、时间驱动的系统时是非常有用的。例如，Windows 软件中的扫雷游戏就是这样的一个系统。用户的任务是玩这个游戏并分析它。开发如下的图：类图、用例图、“选择一个方式”用例的顺序图，以及一个方块的状态图。提示：一个方块对象发送消息给其他方块对象。把在方块上的图标和隐藏在方块下的图标作为方块对象的属性。

15．根据以下关于网上书店的需求描述，构造其用例图。

随着 Internet 技术的发展和电子商务的蓬勃崛起，网上购物作为电子商务的一种，已经逐渐被人们接受。网上购物这一近年来兴起的购物方式，其相对于传统购物方式有如下的特点：顾客不用去逛商场；由于没有经营场地租金，降低了人员的花费，所以出售的商品价格低于传统销售方式下同一种商品的价格；等等。这使得网上购物对于当代的人群，尤其是知识分子、公司职员阶层，产生了较大的吸引力。他们有能力接受新的思想、新的技术。这一特定人群一般有稳定的收入，并且根据自身的需要经常会购买一定量的图书。然而，虽然有稳定的工作，但是他们的业余时间却不充足，所以很少有机会抽出时间去书店慢慢选购图书这一类的商品。这一人群时间不充裕，或者是地理环境、距离等因素造成了不便，网上书店的出现，为这种不便提供了解决方式，想要购书的人在计算机前很轻松地就可以查找自己想要的图书并订购；同时，这也给商人们创造了一种新的商业机会，能使他们根据这一需求去设计一种经营模式，从而获取利润。

选择书籍作为网站主要内容，用户可以对自己感兴趣的书籍进行查看、发表评论、购买。但最主要的还是购买，因为这是网站获取效益的最重要途径，当然还有做广告、友情链接等，但这些都属于网站在以后实施中做的补充开发，所以现在暂不给予考虑。选择网上订单、网下销售、货到付款的业务类型，可以大大节约用户的时间，并且不必担心网上支付的风险，方便安全。

网上书店的功能包括：

(1) 首页的图书展示，显示图书信息，这是最基本的功能。

(2) 图书查询，供客户迅速找到他们感兴趣的相关图书。

(3) 购物车，模拟超级市场里的购物车功能。

(4) 结账，在全部购买完毕后，最后的结账（付款则为货到付款）

(5) 客户信息管理，实现客户注册、登录的功能。

(6) 库存管理，网上书店管理员用它添加、删除库存。

从用户的角度，该系统应该具有如下功能：用户可以通过购物车对自己要买的书籍下订单，然后管理员会根据用户订单进行处理，用户可根据记录查看自己的历史订单以及订单处理情况。此外，还提供还最新书籍的浏览，畅销书的排名，对某一书籍的在线评论，还有用户可对没有的书籍进行缺货登记。对用户在线查书提供两种搜索方式：一种是按类别分类搜索，还有一种是自定义搜索。

从管理员的角度，该系统具有如下功能：管理员可以对注册用户信息进行管理，分查看用户信息、删除此用户两种；对用户订单进行查阅和处理；对书籍进行维护，添加、删除、修改书籍及书籍类型。

四、案例分析题

阅读下面经理与系统分析师的对话，并回答相关问题。

经理："我们要建立一套完整的商业管理软件系统，包括商品的进、销、调、存管理，是总部-门店的连锁经营模式。通过通信手段门店自动订货，供应商自动结算，卖场通过扫描条码实现销售，管理人员能够随时查询门店商品销售和库存情况。另外，我们也得为政府部门提供关于商品营运的报告。"

系统分析师："我已经明白这个项目的大体结构框架，这非常重要，但在制定计划之前，我们必须收集一些需求。"

经理觉得奇怪："我不是刚告诉你我的需求了吗？"

系统分析师："实际上，您只说明了整个项目的概念和目标。这些高层次的业务需求不足以提供开发的内容和时间。我需要与实际将要使用系统的业务人员进行讨论，然后才能真正明白达到业务目标所需功能和用户要求，了解清楚后，才可以发现哪些是现有组件即可实现的，哪些是需要开发的，这样可节省很多时间。"

经理："业务人员都在招商。他们非常忙，没有时间与你们详细讨论各种细节。你能不能说明一下你们现有的系统？"

系统分析师尽量解释从用户处收集需求的合理性："如果我们只是凭空猜想用户的要求，结果不会令人满意。我们只是软件开发人员，而不是采购专家、营运专家或是财务专家，我们并不真正明白您这个企业内部运营需要做些什么。我曾经尝试过，未真正明白这些问题就开始编码，结果没有人对产品满意。"

经理坚持道："行了，行了，我们没有那么多的时间。让我来告诉你我们的需求。实际上我也很忙。请马上开始开发，并随时将你们的进展情况告诉我。”

像这样的对话经常出现在系统开发的过程中。客户的需求对分析人员来讲，像“雾里看花”般模糊并令开发者感到困惑。

问题：

1．通过上述案例，如何理解“需求开发是一个沟通的过程”？

2．你认为经理对待需求方面，哪些态度和做法是错误的？哪些是值得肯定的？

3．你认为系统分析师对待需求方面，哪些态度和做法是值得肯定的？哪些是错误的？

第4章 信息系统设计

本章导读

Frederick P. Brooks Jr. 博士在其名著《人月神话》中说过："对于大型项目，将设计方法、体系结构方面的工作与具体实现相分离是获得概念完整性的强有力方法。""好的自上而下设计从几个方面避免了bug。首先，清晰的结构和表达方式更容易对需求和模块功能进行精确的描述。其次，模块分解和模块独立性避免了系统级的bug。第三，细节的抑制使结构上的缺陷更加容易识别。第四，设计在每个精化步骤上都是可以测试的……"

系统设计是信息系统开发的另一个重要阶段。其基本任务包括总体设计（又称概要设计）和详细设计。本章主要介绍系统设计的任务、内容和思路。主要内容包括：系统设计的任务和内容、系统体系结构设计、结构化设计方法、面向对象设计方法、数据库设计、系统设计规格说明书等。

信息系统详细设计包括：完整性控制设计、输入/输出设计、界面设计、程序设计等。

学习目标

学完本章后，读者应该能够：

- 了解信息系统设计的任务和内容。
- 了解信息系统设计的方法，包括结构化设计方法、面向对象设计方法。
- 掌握系统设计规格说明书的内容。
- 掌握信息系统详细设计的内容。
- 掌握完整性控制设计的内容。
- 掌握输入/输出设计的内容和原则。
- 理解界面设计的重要性并掌握界面设计的基本原则。
- 掌握处理过程设计的方法。

4.1 系统设计的任务和内容

4.1.1 系统设计的任务

设计（design）是进行系统的计划，并利用图形表示详细方案。在设计阶段，人们将构造系统，并获得实现所有需求（包括非功能需求和其他约束）的系统组织，包括系统构架

(architecture)。系统分析的结果（即分析模型）是设计的基本输入。

系统设计是一个描述、组织和构造系统部件的过程。设计阶段对分析模型进行扩展并将模型进一步细化，同时考虑技术细节和限制条件。设计的目的是制定一个可行的解决方案，以便能很容易地转变成为编程代码。

系统设计阶段的任务是赋予系统分析阶段所确定的新系统的功能一种具体的实现方法和技术。因此，系统设计的主要任务是依据系统需求规格说明书，全面地确定系统应具有的功能和性能要求。

系统设计的主要任务有：

(1) 系统总体设计。包括应用软件系统总体结构设计、信息系统体系结构设计、计算机及网络系统配置方案设计。体系结构设计（architecture design）是一个从较高层次进行的设计，用来定义包（子系统），描述包之间的依赖性及通信机制。目的是要设计一个清晰简单的体系结构，有很少的依赖性，而且尽可能避免双向依赖。一个良好的体系结构设计是一个可扩展的和可改变的系统的基础。包可能关注特定的功能领域或关注特定的技术领域。把应用程序逻辑（域类）和技术逻辑分开是至关重要的，这样不管哪一部分的改变都不会影响其他的部分。

(2) 系统详细设计：数据库设计、代码设计、用户界面设计、输入/输出界面设计、处理功能设计。在此阶段，所有的模块和类都要详尽地给出描述，给编写代码的程序员一个清晰的规范说明。

(3) 编写系统设计报告。

4.1.2 系统设计的基本原则

信息系统设计应该遵循以下基本原则：

(1) 严格遵循系统分析报告所提供的文档资料，不能任意更改系统功能和性能要求。

(2) 权衡系统的投资和效益的比例。

(3) 保证系统的效率和质量。系统效率包括系统的处理能力、速度、响应时间等因素；系统质量包括系统提供的信息的完整性、准确性以及与表现形式有关的指标（如粒度、介质等）。

(4) 体现系统的可扩展性和可适应性。

(5) 合理运用先进和成熟的技术。即既要考虑系统的先进性又要避免更大的风险。

(6) 保证系统的安全性。

(7) 产生完备的系统设计报告。

4.1.3 从系统分析到系统设计

系统分析与系统设计的关系一直是各种生命周期模型和开发方法争论的一个焦点问题。总的来说，有两种不同的观点。

第一种观点（见图 4-1）认为系统分析强调的是系统的功能是什么（系统做什么），而系统设计强调的是如何实现这些功能（系统如何做）。也就是说，系统分析与系统设计之间是一种映射关系，即系统分析的结果需要通过某些规则转化（映射）为系统设计的结果。结构化方法是这种观点的典型代表。在结构化方法中，需要将结构化分析阶段产生的数据流程图转化为系统的结构图。一般认为这种分析到设计的过渡是不平滑的，存在很多问题。

第二种观点（见图 4-2）认为系统分析与系统设计仅仅是在工作空间上面有所不同。分析阶段是在问题域空间上描述系统的，而系统设计阶段则是在系统分析的基础上扩大为实现空间。

也就是说，系统分析与系统设计之间是一种增量的关系。很多面向对象方法就是采用的这种观点。这种观点强调分析阶段应该建立一个与实现无关的模型，与实现有关的问题（编程语言、数据库、图形用户界面等）则是系统设计阶段的任务。

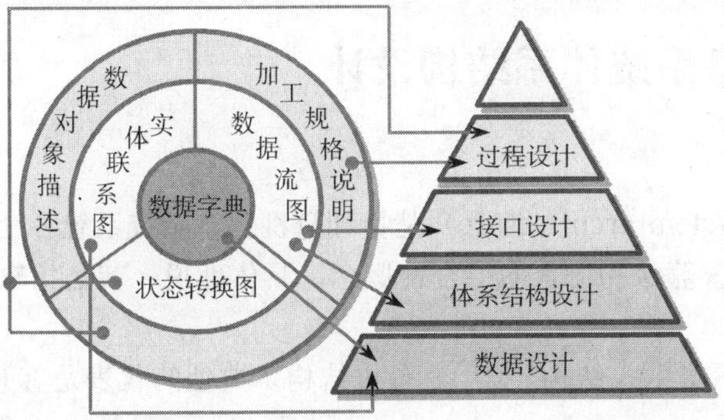

图 4-1　映射的观点

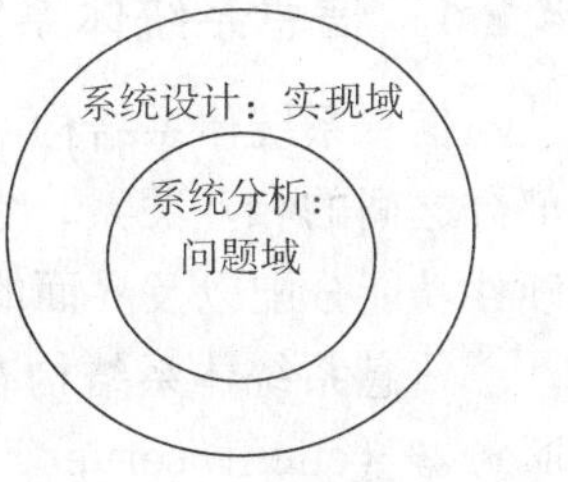

图 4-2　增量的观点

4.1.4　系统设计方法

系统设计比较成熟的方法有结构化设计方法和面向对象设计方法。

1. 结构化设计方法

结构化设计是运用一组标准的准则和工具帮助系统设计员确定软件系统是由哪些模块组成的，以及这些模块用什么方法连接在一起才能构成一个最优的软件系统结构。

结构化设计认为，软件的总体结构是一种层次结构。应用软件的总体结构可以用结构图来描述，结构图是通过系统分析阶段产生的数据流程图加以变换而得到的。

结构化设计的一个最大优点就是通过分解技术，使得软件结构易于理解。这里，自然涉及一个分解程度和方法的问题，也即如何分解才能使软件结构达到"最优"。有两个基本准则：

（1）耦合。耦合（coupling）是对两个模块之间连接程度的一种度量。很显然，为了使软件具有较好的可维护性和可修改性，模块间的耦合程度应越小越好。因为耦合程度越小，表明模块间的独立程度越大，在修改一个模块时，对其他模块的影响程度就越小，从而使模块的修改工作局限于一个最小范围之内，在维护的时候，不必担心其他模块的内部处理逻辑是否会受到影响，这样大大减少了系统的复杂性，使系统更易于理解和维护。耦合有五种不同的类型，按照好坏的顺序依次为：数据耦合（data coupling）、标记（特征）耦合（stamp coupling）、控制耦合（control coupling）、公共耦合（common coupling）、内容耦合（content coupling）。

（2）内聚。内聚（cohesion）是对一个模块内，其元素在功能上连接程度强弱的一种度量。也就是说，内聚是对模块内各处理动作组合强度的一种度量。很显然，一个模块的内聚越大越好。内聚的类型有七种，按好坏的顺序依次为：功能内聚、顺序内聚、通信内聚、过程内聚、古典内聚、逻辑内聚、机械内聚。最理想的模块应该是功能内聚的模块。

简单地说，结构化设计就是通过模块分解技术将软件系统分解为一系列模块，模块要求尽可能功能单一，具有较好的独立性。

2. 面向对象设计方法

面向对象设计是在面向对象分析的基础上，增加实现的细节来完成的。其中，利用包图来标识一个系统的主要子系统；将 OOA 类图扩展成为设计类图；增加了系统实施图，包括构件图

(component diagram) 和配置图 (deployment diagram)。

构件 (component) 是定义了良好接口的物理实现单元，它是系统中可替换的部分。构件图表示了构件之间的依赖关系。配置图描述了系统中硬件和软件的物理体系结构。

4.2 信息系统体系结构设计

4.2.1 信息系统体系结构的概念

信息系统体系结构 (information system architecture) 是指计算机信息系统系统各个组成部分之间的相互关系，它是硬件、软件、算法和语言的综合性概念。具体地说，就是指软件、硬件功能分配以及界面的确定。

信息系统体系结构有如下类型：① 集中式结构。② 分布式结构。典型的代表是客户机/服务器 (client/server, C/S) 和浏览器/服务器 (browser/server, B/S)。现代信息系统的部件通常分布于多个计算机系统和不同的地理位置上。所以，分布式结构是当前分布式信息系统资源的主要结构模式。

4.2.2 客户机/服务器体系结构

1. 什么是客户机/服务器结构 5

任何信息系统的任务大体上都可划分为三部分：系统界面（表示层）、应用逻辑处理（应用层）和数据管理（数据层）。这三部分任务的不同分布决定了不同的企业计算模型。

客户机/服务器结构是指某项任务在两台或多台机器之间分配，其中客户机 (client) 用来提供用户接口和运行前端处理的应用程序；服务器 (server) 提供可供客户机使用的各种资源和服务。

2. 客户机/服务器系统的一般结构和组成

客户机/服务器系统结构是由三部分组成的（见图 4-3）。其中包括：

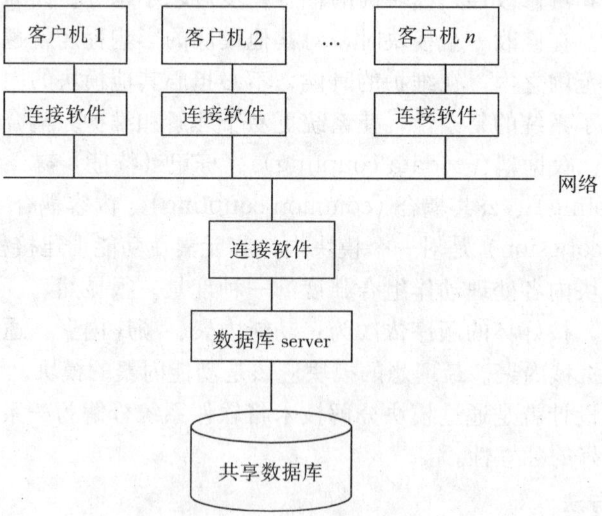

图 4-3 客户机/服务器系统结构的组成

(1) 服务器平台。硬件平台可以是大型机、小型机、工作站、高档微机，软件平台可以是多用户系统，如 UNIX、Windows NT 等，大型 DBMS。

(2) 客户机：硬件一般为微机，软件平台可以为 DOS、Windows 等，前端开发工具。

(3) 连接软件：实现连接支持的通信软件通常又称中间件（middleware），是在网络中实现通信协议和帮助不同的系统进行通信的计算机软件。

在客户机/服务器结构的信息系统中，将数据处理任务在客户机和服务器之间进行划分。通常，客户机负责应用的处理，数据库服务器负责数据的访问和事务管理。

客户机的任务是：管理用户界面（I/O）、接收用户的数据和处理请求（I）、处理应用程序（logic）、产生对数据的请求（I）、向数据库服务器发送请求（I）、接收服务器返回的结果（O）、以用户需要的格式输出结果（O）。

服务器的任务是：接收客户机发出的请求，处理对数据库的请求，将处理结果传给发出请求的客户机，进行数据完整性检查，维护数据字典、索引和其他附加数据，处理数据恢复，查询/更新的优化处理。

3. 客户机/服务器体系结构的工作模式

在上述典型的客户机/服务器结构中，客户机没有查询能力，没有数据分布，功能是分布的，即客户机承担了部分处理任务。

在查询过程中，客户机提出查询请求，服务器完成对数据库的查询任务，把查询结果返回给客户机。网络上传输的是查询要求和查询结果。从而使服务器具有更多能力完成数据访问和事务处理，支持更多的用户，提高系统的性能。缺点是服务器上的有关问题，如磁盘 I/O 并未能很好解决。

4. 客户机/服务器体系结构的特点

客户机/服务器结构的数据库系统具有高性能、高效率、高可靠、开放、易扩充、可伸缩等优越的特性。

(1) 提供数据和服务的无缝集成。企业信息化过程中经常遇到的一个问题是：如何将企业分散在各部门中的大量数据资源和计算机硬件、软件服务集成为一个统一的、协同的系统？这个问题的答案就是：客户机/服务器结构的数据库系统。这是因为：客户机/服务器结构中的连接软件起到多数据源、多种服务之间的桥梁作用；客户机/服务器结构中的分布数据管理功能通过数据复制技术，两阶段提交协议等来确保分布在网络各个结点上的同构或异构数据的一致性、完整性和高可用性；客户机/服务器结构中的连接软件还可以将各种硬件平台，包括大型机集成进来，从而有效地保护用户以前的硬件、软件投资和数据资源。

(2) 为联机事务处理（OLTP）提供高性能。客户机/服务器结构可以合理地划分数据和功能，均衡地分配客户机和服务器上的负载，减少网络传输，从而为 OLTP 提供高的事务吞吐量，短的响应时间，并支持大量的用户。

(3) 开放的系统结构。客户机/服务器结构支持以下业界标准：ANSI/ISO SQL 标准；ODBC 开放数据库互连标准。

(4) 提高应用程序的开发效率。新一代客户端应用开发工具（又称前端开发工具）支持面向对象的开发方法，包括一组可视的、高效的图形用户界面开发工具，提供可扩充的、非过程化的开发语言，支持快速应用开发方法。

尤其是第三方厂商提供的大量的前端开发工具，这些工具不依赖于某个特定的 DBMS，而是提供独立于 DBMS 的统一的用户接口，可透明地访问各种数据库。其特点是：支持积木式的面向对象开发方法和策略；支持可视化图形用户界面；支持客户机/服务器结构；独立于特定的 DBMS，提高了可移植性；可透明地访问多种异构数据源，保护了用户的投资；工具集成一体化。

典型的客户机/服务器前端开发工具包括：PowerBuilder（Powersoft 公司，1991，后与 SyBase 公司联合）、Delphi、Visual Basic（VB）、NewEra（Informix）、Developer/2000（Oracle）等。

4.2.3 浏览器/服务器体系结构

客户机/服务器结构为实现企业级的信息共享起到了举足轻重的作用，但随着企业规模的日益扩大，应用程序的复杂程度不断提高，传统的客户机/服务器结构也暴露出许多问题，尤其是系统软件和应用软件变得越来越复杂。这不仅给应用软件实现带来困难，也给软件维护造成不便；随着用户需求得改变，客户机端应用软件可能需要增加新的功能或修改用户界面。那么，该软件的应用范围越广，软件维护的开销也就越大。另外，客户机/服务器结构所采用的软件产品大都缺乏开放的标准，一般不能跨平台运行。当将客户机/服务器结构的软件应用于广域网时就暴露出更大的不足。

Intranet/Web 技术可以比较圆满地解决上述问题，这就是所谓的三层结构或称为浏览器/服务器结构。三层结构由以下几部分组成：客户机、应用服务器和数据库服务器。实际上是将应用逻辑从客户机和数据库服务器中分离出来，如图 4-4 所示。

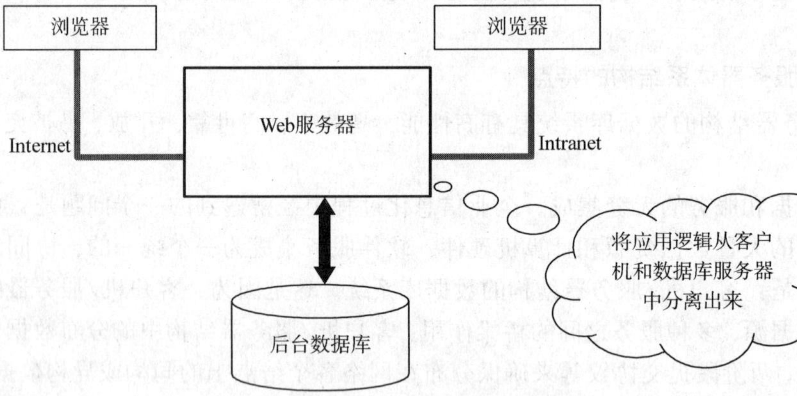

图 4-4　三层体系结构

Web 数据库采用的是一种“瘦客户机（thin client）”方式，客户端不用安装任何专用的软件，只需要有 Web 浏览器就可以了。Web 浏览器接收的其实只是文本形式的 HTML 代码（包括一些动态脚本语言），通过逐条解释 HTML 代码来组织各种文本和多媒体对象，以一定的方式显示在客户端的浏览器界面上，传递信息给客户。

换一个角度说，如果客户端只有浏览器的话，Web 服务器只能相应发出文本形式的 HTML 代码（包括一些动态脚本语言），其他所有类型的代码是无法在客户机端执行的。要实现动态的、交互的浏览形式，Web 服务器就必须具有动态生成 HTML 代码的能力。

服务器端应用程序实际上起到一个桥梁作用，使客户和后台数据库之间建立联系，交互数据和信息。狭义上的 Web 数据库系统就是指这样的服务器端应用程序。

Web 服务器有三个主要功能：HTTP 服务器，处理 HTTP 协议，接受请求并按 HTTP 格式生成响应；脚本处理，开发者可以用 VBScript 和 JavaScript 这样的语言编写在服务器上执行的代码；在数据库应用中，建立、读、修改和删除视图实例。

浏览器的功能包括：浏览器是一个 HTTP 客户，产生对页面或其他活动的请求；提供客户端的脚本运行环境；浏览器实例化视图，转换 HTML 或其他标记语言并显示在客户的浏览器中。

三层结构的优点是：

(1) 客户机端人机界面部分的程序开发工作得以简化。它不必关心业务逻辑是如何访问数据库的，只需把精力集中在人机界面上即可。

(2) 中间业务逻辑层包含了大量的供客户端程序调用的业务逻辑规则，以帮助其完成业务操作。它的优点就在于它所具有的可伸缩性，可使其随具体业务的变化而改变，但在客户层和数据服务层所做的改动较小，适合于快速开发。

(3) 数据服务层主要提供对数据库进行各种操作的方法。它主要由中间业务层来调用并完成业务逻辑，当数据库的结构确定后，对于它的改动也就比较小了。

(4) 系统的安全性得以提高。它可以对每个业务功能组件进行授权，限制了非法访问。

(5) 便于进行事务管理。

4.3 结构化设计方法

4.3.1 结构化设计概述

结构化设计的概念和理论源于结构化程序设计。结构化设计最早是在 20 世纪 70 年代中期，Larry Constantine 在 IBM System Journal 上所发表的一篇奠基性的文章《结构化设计》中提出的。此后，由 Glenford Meyers、Edward Yourdon、Michael Jackson、Meilier Page-Jones 等人在此基础上进一步发展了这一理论。此后逐步成为一种颇为流行的信息系统开发方法。

传统的设计方法采用的是一种自底向上的设计策略，即先设计好每一个具体的功能模块，然后再将这些设计好的模块组装成一个软件系统。显然，这种设计思路忽略了整个软件的总体结构。由于未能从全局的角度考虑软件中各个模块之间的关系，使得用这种方法设计出的系统缺乏灵活性和可维护性，并且可靠性和效率极差，从而影响了软件系统的质量。为了解决这一问题，产生了结构化设计的概念和方法。

结构化设计的根本目标是设计一个灵活的、具有可维护性的信息系统。而影响系统灵活性和可维护性的一个关键因素是软件系统的总体结构，即构成软件的元素（模块）以及这些元素之间的相互关系（接口）。因此，结构化设计首先强调的是软件的总体结构，其次才是程序的内部处理逻辑（程序结构）。这样设计出的系统大大提高了系统的可维护性和灵活性。

结构化设计是指（Edward Yourdon）：对于一个清楚陈述的问题，选择和组织模块和模块接口，从而求得所述问题的“最优”解。即结构化设计是运用一组标准的准则和工具帮助系统设计员确定软件系统是由哪些模块组成的，以及这些模块用什么方法连接在一起才能构成一个最优的软件系统结构。

根据上述定义，在进行结构化设计时，必须解决以下三个方面的问题：如何构造（导出）软件的总体结构？即设计方法和策略问题；什么样的软件结构是“最优”的？即软件评估准则问题；如何表述软件的结构？即软件设计工具问题。

结构化系统设计方法主要有以下五个方面的特点：由问题结构导出系统结构，即问题结构与系统结构相对应；通过层次分解来简化系统；运用了一系列图表工具；提供了一系列系统设计策略；提供了一组评价系统设计质量的准则。

1. 问题结构对应于解结构

结构化设计是对所述问题的计算机解的“蓝图”的开发，该解与原问题具有相同的组成及相同的组成部分之间的关系，即解的结构与问题结构相同。问题结构主要是用数据流程图 DFD 来描述的（系统的逻辑模型），而解的结构是指软件结构，它是用系统结构图（structure chart）来描述的。因此，结构化设计方法的关键在于建立 DFD 与结构图之间的对应关系。

2. 系统的简化

结构化设计通过以下途径来克服大型系统的复杂性：自顶向下分解（partitioning）和层次组织（hierarchical organization）。“分解”的思想渊源已久，其目的在于管理，易于通信，从而达到“分而治之”的目的。

3. 图表工具的使用

为了使系统更易于理解，结构化设计使用了两种主要的图表工具：伪码（pseudo-code）和结构图（structure chart）。结构图用于描述软件的总体结构，采用的是自顶向下、层次组织的方法；伪码描述的是模块的处理逻辑，用来表达程序的设计思路。

4. 设计策略

结构化设计方法提供了两种设计策略，它们分别是面向过程的数据流方法和面向数据结构的 Jackson 方法和 Warnier/Orr 方法。

5. 评估准则

结构化设计方法提供了一系列评估准则，如耦合、内聚、扇入和扇出、信息隐藏以及模块化等，从而使得软件的开发有“章”可循。

4.3.2 结构化设计工具——结构图

结构图是对软件总体结构的一种图形描述，它显示了软件的层次结构、组织和通信。也就是说，在结构图中，显示了软件是由哪些模块组成的，这些模块按照什么样的层次结构组织在一起以及模块之间通过什么接口联系在一起。结构图又称控制结构图、模块结构图或系统结构图。结构图中的符号主要包括：

1. 模块符号

模块符号如图 4-5 所示。

2. 循环结构

循环结构（iterative invocation symbol）又称重复结构，是指主模块循环调用子模块，如图 4-6 所示。

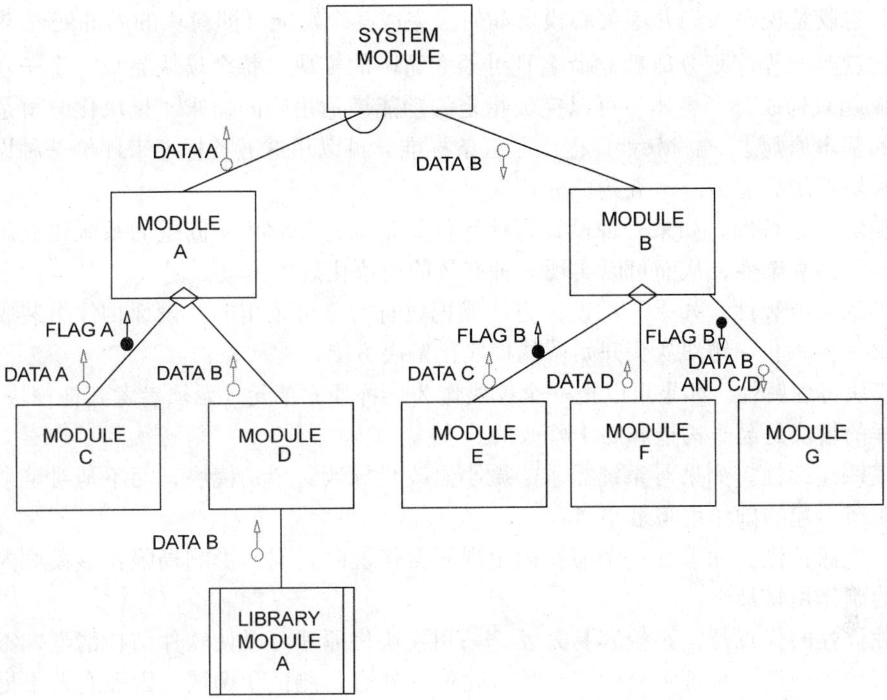

图 4-5　模块符号

3．事务中心

事务中心（transaction-center symbol）即选择结构，如图 4-7 所示。

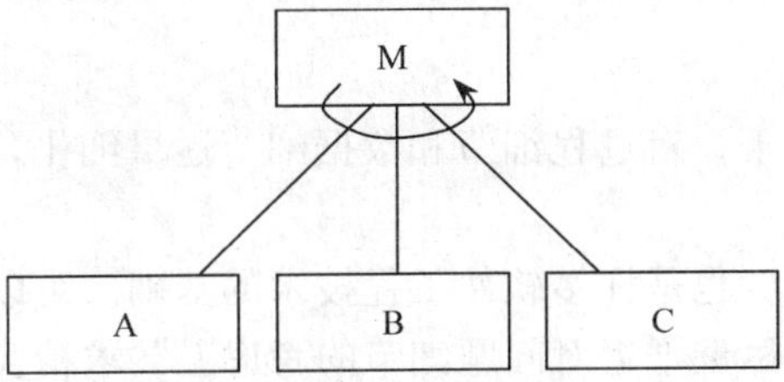

图 4-6　模块 M 循环调用模块 A，B，C

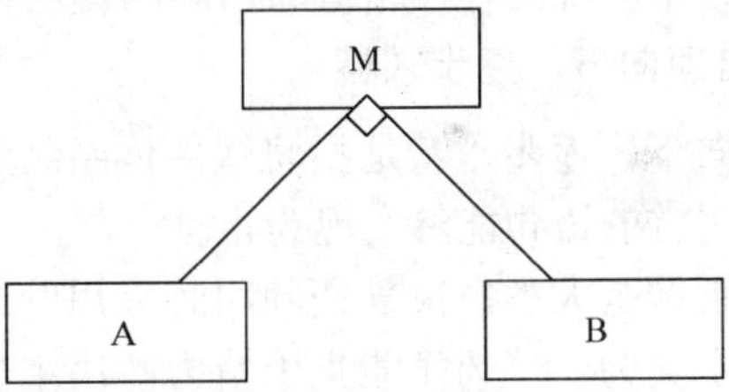

图 4-7　选择结构——判定为真时调用 A，为假时调用 B

4.3.3　结构化设计的基本原理

1．模块化分解

模块（module）是由一组程序设计语句组成的集合。模块的概念类似于某些程序设计语言中的子程序（subroutine）、函数（function）或过程（procedure）。模块是由边界元素限定的相邻的程序元素（例如，数据说明，可执行的语句）的序列，而且有一个总体标识符来代表它。像 Pascal 或 Ada 这样的块结构语言中的 Begin…end 对，或者 C、C++和 Java 语言中的 {…} 对，都是边界元素的例子。因此，过程、函数、子程序和宏等，都可作为模块。面向对象范型中的对象是模块，对象内的方法也是模块。模块是构成程序的基本构件。

模块有以下四个属性：输入和输出（也称之为接口（interface））、功能（function）、内部处理逻辑（logic）、内部数据（internal data）。其中，接口和功能刻画了模块的外部属性，处理逻辑和内部数据则刻画了模块的内部属性。

在软件设计中，主要关心的是模块的外部属性，即模块完成哪些功能以及这些模块之间的关系如何。也就是说，人们并不关心模块如何去完成某个功能（即模块的内部处理逻辑）。

模块化就是把程序划分成独立命名且可独立访问的模块，每个模块完成一个子功能，把这些模块集成起来构成一个整体，可以完成指定的功能满足用户的需求。模块化分解是结构化设计应遵循的基本原则之一。Meyer 提出了五条标准，可以用这五条标准来评价一种设计方法定义有效的模块系统的能力。这五条标准是：

（1）模块可分解性。如果一种设计方法提供了把问题分解为子问题的系统化机制，它就能降低整个问题的复杂性，从而可以实现一种有效的模块化解决方案。

（2）模块可组装性。如果一种设计方法能把现有的（可重用的）设计构件组装成新系统，它就能提供一种并非一切都从头开始做的模块化解决方案。

（3）模块可理解性。如果可以把一个模块作为一种独立单元（无须参考其他模块）来理解，那么，这样的模块是易于构造和易于修改的。

（4）模块连续性。如果对系统需求的微小修改只导致对个别模块，而不是对整个系统的修改，则修改所引起的副作用将最小。

（5）模块保护性。如果在一个模块内出现异常情况时，它的影响局限在该模块内部，则由错误引起的副作用将最小。

模块独立性的优点是：系统容易开发，采用模块化原理可以使软件结构清晰，不仅容易设计也容易阅读和理解；系统可靠性高，模块化使软件容易测试和调试，因而有助于提高软件的可靠性；系统容易维护，因为程序错误通常局限在有关的模块及它们之间的接口中，所以因为变动往往只涉及少数几个模块，所以模块化能够提高软件的可修改性；模块化也有助于软件开发工程的组织管理，一个复杂的大型程序可以由许多程序员分工编写不同的模块，并且可以进一步分配技术熟练的程序员编写困难的模块。

2. 自顶向下，逐步求精

自顶向下，逐步求精是指将软件体系结构自顶向下，对过程细节和数据细节逐层细化，直到用编程语言的语句能够实现为止。

逐步求精是人类解决复杂问题时采用的基本技术，也是许多软件工程技术的基础。可以把逐步求精定义为：“为了能集中精力解决主要问题而尽量推迟对问题细节的考虑。”求精实际上是细化过程，从在高抽象级别定义的功能陈述（或信息描述）开始。也就是说，该陈述仅仅概念性地描述了功能或信息，但是并没有提供功能的内部工作情况或信息的内部结构。求精要求设计者细化原始陈述，随着每个后续求精（细化）步骤的完成而提供越来越多的细节。

3. 信息隐藏

应用模块化原理时，自然会产生的一个问题是：“为了得到最好的一组模块，应该怎样分解软件。”信息隐藏原理指出：应该这样设计和确定模块，使得一个模块内包含的信息（过程和数据）对于不需要这些信息的模块来说，是不能访问的。

4.3.4 软件设计的评估准则

结构化设计的优点之一是通过分解技术，使得软件结构易于理解。这里，自然涉及一个分解程度和方法的问题，也即如何分解才能使软件结构达到“最优”。

简单地说，从用户的角度来看，一个高质量的软件至少应具备以下两个特点：易于实施和测试；易于维护和修改。从软件结构的角度来看，影响软件质量的因素主要有两个，一个是耦合，另一个是内聚。

1. 耦合

耦合（coupling）是对两个模块之间联接程度的一种度量。模块间的依赖程度越大，则其耦合程度也就越大；反之，模块间的依赖程度越小，则其耦合程度也就越小。很显然，为了使软件具有较好的可维护性和可修改性，模块间的关联程度即耦合程度应越小越好。因为耦合程度越小，表明模块间的独立程度越大，这样在修改一个模块时，对其他模块的影响程度就越小，从而使模块的修改工作局限于一个最小范围之内，在维护的时候，不必担心其他模块的内部处理逻辑是否会受到影响。

影响模块耦合程度的因素主要有以下四个：模块间的连接类型；模块间接口的复杂程度；通过界面（接口）的信息流类型；变量的赋值时间。

Myers于1975年提出，耦合有五种不同的类型：

数据耦合（data coupling）　　好
标记（特征）耦合（stamp coupling）　　↓
控制耦合（control coupling）
公共耦合（common coupling）
内容耦合（content coupling）　　坏

（1）数据耦合。一个模块访问另一个模块时，彼此之间是通过简单数据参数（不是控制参数、公共数据结构或外部变量）来交换输入、输出信息的。

（2）标记（特征）耦合。这一概念与模块间接口的复杂性有关。若调用模块将整个数据记录传递给被调用模块，而被调用模块只需要部分数据项，则称这两个模块之间存在标记耦合或特征耦合。

（3）控制耦合。控制耦合是指一个模块将控制信息传递给另一个模块，以控制该模块地内部处理逻辑。从分解的角度来讲，导致控制耦合地主要原因是分解不彻底，被调用模块不是执行单一的功能。如果一个模块通过传送开关、标志、名字等控制参数，明显地控制选择另一模块的功能，就是控制耦合。

（4）公共耦合。如果两个模块共享同一全局数据域（global data area），则称为公共耦合。

（5）内容耦合，又称病态耦合（pathological coupling）。如果两个模块之一和另一个模块的内部属性有关，则称这两个模块为内容耦合。这是最坏的一种耦合。

2. 内聚

内聚（cohesion）是对一个模块内其元素在功能上连接程度强弱的一种度量。也就是说，内聚是对模块内各处理动作组合强度的一种度量。很显然，一个模块的内聚越大越好。

内聚的思想最初是由Larry Constantine于20世纪60年代中期提出的，后来由Stevens、Myers以及Yourdon进一步发展了这一概念，并提出内聚的分类和好坏。

功能内聚（10）　　可维护性最好
顺序内聚（9）　　↓
通信内聚（7）
过程内聚（5）
古典内聚（3）
逻辑内聚（1）
机械内聚（0）　　可维护性最差

(1) 功能内聚。功能内聚（functional cohesion）是指模块中所有活动执行且只执行一个与问题有关的功能。这是具有较好可维护性的系统的一个最基本的要求。

(2) 顺序内聚。顺序内聚（sequential cohesion）是指模块根据同一数据执行多个处理活动，且表示数据的连续变化。因此，顺序内聚模块包含了一个线性的、有序的数据转换链。也就是说，顺序内聚的模块是由这样一些活动组成的，这些活动中前一个活动的输出是后一个活动的输入。顺序内聚模块通常几乎与功能内聚模块一样具有较好的可维护性。其唯一不足在于在同一系统（或其他系统中）不易重复使用。解决的办法是继续进行分解。

(3) 通信内聚。通信内聚（communication cohesion）是指模块执行多个处理功能，且这些功能具有相同的输入或输出数据。

(4) 过程内聚。过程内聚（procedure cohesion）是指模块中的处理活动是根据程序中的控制流组织在一起的，也就是说模块中的各个活动的处理顺序是根据控制流而不是数据流来完成的。

从过程内聚开始进入可维护性的另一个极端。

(5) 暂时内聚。暂时内聚（temporal cohesion）又称古典内聚（classical cohesion），是指模块的各个处理动作和时间有关，而不是与问题有关。初始化模块通常属于暂时内聚。

(6) 逻辑内聚。逻辑内聚（logical cohesion）是指模块包括一系列同种类型的活动，为了使用该模块，则必须从中选择出所需要的活动。这些活动尽管不同，但共享一个且只有一个模块接口，而且有类似的处理逻辑。简言之，逻辑内聚模块就是将功能类似的语句组成的模块。导致逻辑内聚模块的一个重要原因是设计人员企图减少编码的数量，将功能类似的语句放在一起。

(7) 偶然内聚。偶然内聚（coincidental cohesion）又称机械内聚，是指将一组毫不相干的语句组成的模块。偶然内聚与逻辑内聚的模块类似，其活动既不是通过数据流也不是通过控制流相互关联的。偶然内聚的模块不具备通用性，不能只简单地根据名称来说明模块的功能，也就是说，要理解它，必须完全打开模块的内部处理逻辑，从而使之成为一个“白盒”。这是最坏的一种内聚。

4.3.5 结构化设计方法：数据流方法

数据流方法（data flow method）又称变换分析法（transform analysis）或以变换为中心的设计方法（transform-centered design），是一种面向过程的结构化设计方法。该方法是 1974 年由 Yourdon 和 Constantine 等人提出的。数据流方法是建立在模块化、自顶向下逐步求精和结构化程序设计基础之上的，其实质是从系统分析中所构造的业务系统过程模型（即数据流程图 DFD）来导出软件的总体结构。也就是说，该方法是从处理过程的角度建立了问题结构与软件结构之间的对应关系。

数据流方法的核心是数据流。在数据流程图中，数据流一般可以分为以下两种类型：变换流（transform flow）、事务流（transaction flow）。

1) 变换流

基于变换流的数据流程图是一个线性的顺序结构，由输入流、输出流和变换中心三部分组成（见图 4-8）。其中变换中心使系统数据发生本质的变化，输入流将物理输入变换成逻辑输入，而输出流则将逻辑输出变换成物理输出。

2）事务流

事务流的数据流程图中有一个事务处理中心，它将输入分为许多相互平行的加工路径，然后根据输入的属性，选择某一加工路径，如图 4-9 所示。

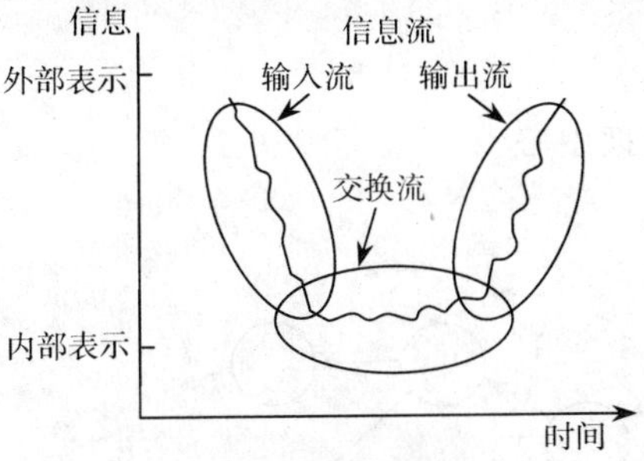

图 4-8　变换流

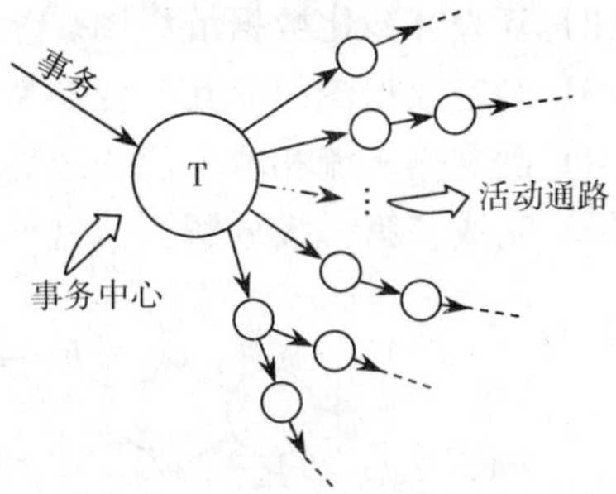

图 4-9　事务流

事务中心完成以下任务：接收事务（即输入数据）；分析每个事务并确定它的类型；根据事务的类型选取一条活动通路。

4.3.6　数据流方法的设计过程

在一个大型系统中，变换流和事务流可能并存，事务流的每一个分支通常是变换流。因此，在运用数据流方法时，变换分析法和事务分析法可以结合起来使用。其过程如图 4-10 所示。

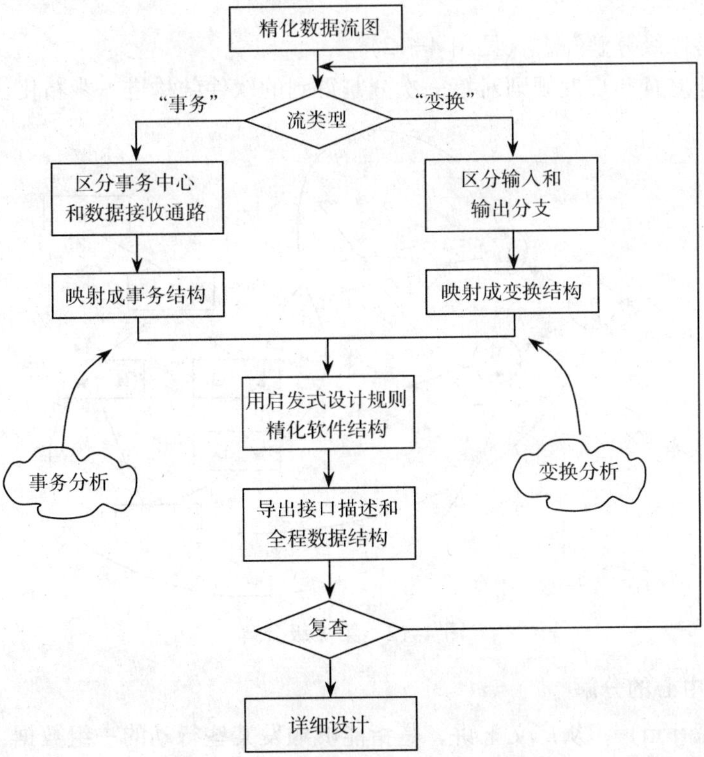

图 4-10　数据流设计方法的步骤

1. 以变换为中心结构的分解

以变换为中心结构的分解过程包括如下几个步骤：

(1) 复查基本系统模型。

(2) 复查并精化数据流程图。

(3) 确定数据流程图具有变换特性还是事务特性。

(4) 确定输入流和输出流的边界，从而孤立出变换中心。

(5) 完成"第一级分解"。(见图 4-11)

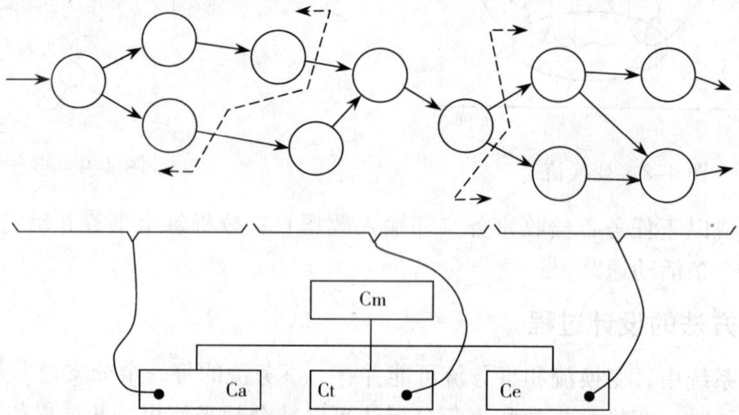

图 4-11 第 1 级分解

(6) 完成"第二级分解"。(见图 4-12)

(7) 使用设计度量和启发规则对第一次分割得到的软件结构进一步精化。

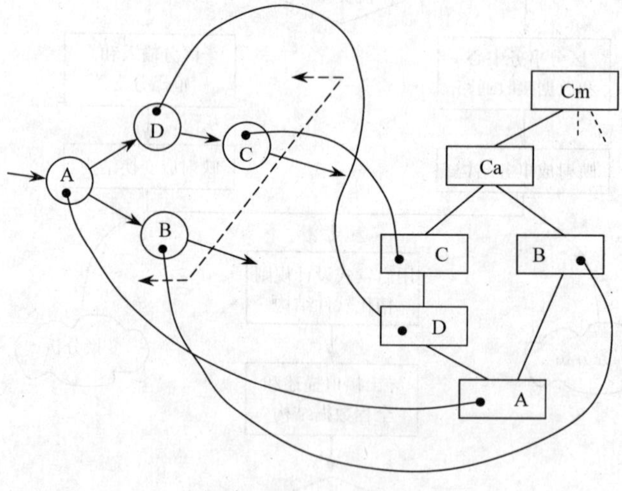

图 4-12 第 2 级分解

2. 以事务为中心的分解

事务（transaction），从广义上讲，是指能够触发某些行动的一组数据、控制、信号或事件。具体地说，事务是系统中的一组可以分解为几种类型的数据，每一种类型的事务完成系统中特定的功能或处理，如图 4-13 所示。

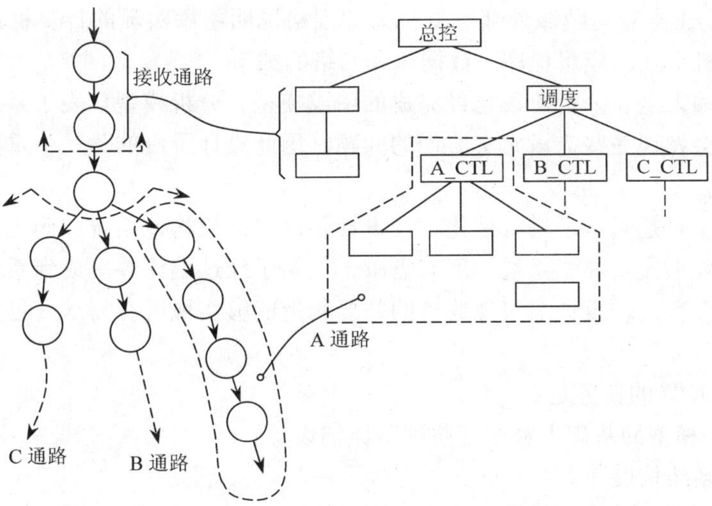

图 4-13 以事务为中心的分解

4.4 面向对象设计

4.4.1 面向对象设计的任务、目标和设计原则

1. 面向对象设计的目标

面向对象设计（object oriented design，OOD）的根本目标是增进软件生产效率，提高质量和加强可维护性。

(1) 提高生产效率。对于一个系统而言，有 75%～80%的系统成本花费在它开发之后，这也意味着大量的错误是在系统开发之后发现的，更重要的是，大量的系统功能是在初步开发之后加进去的。因此，一种强化维护的方法可通过使维护人员更快地作出修改而提高企业的生产率。

OOD 还可以从一个项目向另一个项目提供一些重用类的实际机制而提高生产率。通常这是通过一个包含类和子类层次结构的类库而实现的。因此，类库成了机构的一项首要的投资。作为几十个项目的结果的类库可使生产率得到惊人的改善。

(2) 提高质量。有许多改善软件质量的工具、技术和方法，但大多数技术或方法是依靠对开发过程的最终产品（即软件本身）进行仔细测试来提高软件的质量，而很少注重于开发过程。在开发工作的早期过程中，特别是分析与设计的过程中，产生高质量的产品能极大地减少在开发后期发现的错误并能显著地改善系统的质量。

21 世纪的软件质量将具有新的意义：即由“易于使用，易于修改，具有可移植性”变为“可维护性和系统适应变化的能力”。

(3) 加强可维护性。系统的需求总是处于不断变化之中。在管理工作中，可能需要在一个特定的时间上人为地强行冻结需求。但是真正的需求将不断地变化。

设计者想努力组织一个对变化富有弹性的设计，想寻求一个比较保持稳定的包装。但是如何才能做到这一点呢？答案是把系统中内部易变的部分和比较稳定的部分分离开来。

2. 面向对象设计的基本任务

与结构化设计一样，面向对象设计也包括体系结构设计和详细设计两个层次的内容。

OOD 的基本任务对问题域外部可见行为的规格说明增添实际的计算机系统实现所需的细节，包括关于人机交互、应用程序、数据库和网络的细节。

设计活动的输入是在分析阶段已经完成的图或模型。分析模型代表了系统的所有需求，但是，设计活动总会发现一些需求定义方面的问题，因此设计阶段的另一个重要任务是补充需求细节并检查需求。

设计与实现不只是对需求进行精化。在设计阶段，必须构造系统并确定其表现形式（包括其构架），该表现形式实现了系统的所有需求，包括了经过编译并集成到系统的可执行版本中的代码构件。简而言之，设计与实现的目的是要构造能够实现所有需求（包括非功能需求）的系统。

具体来说，OOD 的任务是：

（1）在 OOA 模型的基础上补充某些细节详细设计。

（2）软件体系结构设计。

（3）界面设计（人机交互部件）、数据接口设计。

OOD 阶段需要建立的模型包括：

（1）设计类图：是对类图的扩展，增加了属性和方法细节。

（2）包图：用于标识一个完整系统的主要部分。

（3）构件图：表示构件及其之间是如何相互关联的。

（4）配置图：表示结点以及结点之间是如何相互关联的。结点是构件所运行的位置。

3．OOD 的设计原则

1）交互耦合

如果对象之间的耦合通过消息连接来实现，则这种耦合就是交互耦合。为使交互耦合尽可能松散，应该尽量降低消息连接的复杂程度，减少消息中包含的参数个数，降低参数的复杂程度，减少对象发送（或接收）的消息数。

2）继承耦合

与交互耦合相反，应该提高继承耦合程度。继承是一般化类与特殊类之间耦合的一种形式。从本质上看，通过继承关系结合起来的基类和派生类，构成了系统中粒度更大的模块。因此，它们彼此之间应该结合得越紧密越好。

为获得紧密的继承耦合，特殊类应该确实是对它的一般化类的一种具体化，也就是说，它们之间在逻辑上应该存在 IS-A 的关系。因此，如果一个派生类摒弃了它基类的许多属性，则它们之间是松耦合的。在设计时应该使特殊类尽量多继承并使用其一般化类的属性和服务，从而更紧密地耦合到其一般化类。

3）强内聚

（1）服务内聚：一个服务应该完成一个且仅完成一个功能。

（2）类内聚：设计类的原则是，一个类应该只有一个用途，它的属性和服务应该是高内聚的。类的属性和服务应该全都是完成该类对象的任务所必需的，其中不包含无用的属性或服务。如果某个类有多个用途，通常应该把它分解成多个专用的类。

（3）一般-特殊内聚：设计出的一般-特殊结构应该符合多数人的概念，更准确地说，这种结构应该是对相应的领域知识的正确抽取。

4.4.2　设计类图

设计类图的一个基本思想是将类模型层次化，形成类的类型体系结构，如图 4-14 所示。

为什么要建立类的类型体系结构？

(1) 好的类类型体系结构会使系统易于扩展和维护。首先，应该能够对某一特定的层进行修改而不影响任何其他层，这将有助于提高系统的扩展性和可维护性；其次，层应该是模块化的，即只要接口不变，可以重写某一层或整个替换某一层，这有助于提高系统的可移植性。

(2) 在各层之间限制消息流动会减少类间的耦合而增加其可移植性。

(3) 同一层中允许类之间的协作。

(4) 协作还可发生在箭头相连的层中的类之间，如界面类可以发送消息到业务/领域类，但不能发送到持久类；业务/领域类可以将消息发送到持久类，但不能发送到界面类。

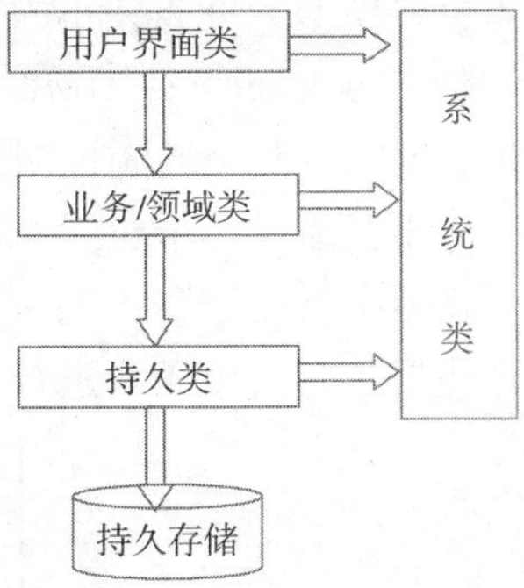

图 4-14　类的类型层次结构

1. 用户界面类（UI）

用户界面类又称接口类（Jacobson）或边界类，实现了系统的主要用户界面元素，包含应用程序中用户界面部分的代码。这些类通常在构造用户界面原型或顺序建模工作中被确定。其描述方法是：

<<UI>>类名称，如：

<<UI>>安全登录

<<UI>>费用显示

分离出界面类的目的是：系统的交互方式改变，不需要改变业务/领域类。

2. 业务/领域类

业务/领域类又称也称为分析类或实体类，实现与业务领域相关的概念。这些类通常在分析阶段确定。

3. 持久类

持久类将永久存储、检索和删除对象的能力封装起来，使低层的存储技术不暴露出来。

持久层封装了对永久存储的访问，这有助于将应用程序与持久存储方式的变化相隔离，如数据库版本的变化、变更数据库模式、从一种产品转到另一种产品或者从一个关系数据库转移到对象数据库等。

4. 系统类

系统类为应用系统提供了操作系统相关的功能，通过将操作系统相关的特性包装起来，使软件与操作系统分离，增加了系统的可移植性。如文件处理、多任务、多线程等。

注意，系统类并不是完全不与非系统类打交道。回调是可以使用的，例如，某个业务类不是等待，而是要求当打印请求成功时，打印系统类通知该业务类；当打印结束时，消息将从系统对象发送到业务对象，通知其已经打印完毕。

4.4.3 设计包图

随着对问题领域的理解的深化，模型将愈加复杂，并可能达到无法控制的程度。此时，可使用包将模型划分为较小的、更易管理的子集。

包（package）是 UML 系统模型的基本组织元素，或者说包是模型元素的组合，如图 4-15 所示。可以将整个系统说明想象为含有所有系统元素的包，包括其他的包、模型、图表和元素。每个元素只属于一个包，一个包又可以嵌入另一个包中。

在整个开发过程中都可以使用包对相关元素进行分组。例如，如果某个概念图变得太大，则可使用包对其中元素进行划分。在本章中，我们使用包来定义系统构架。

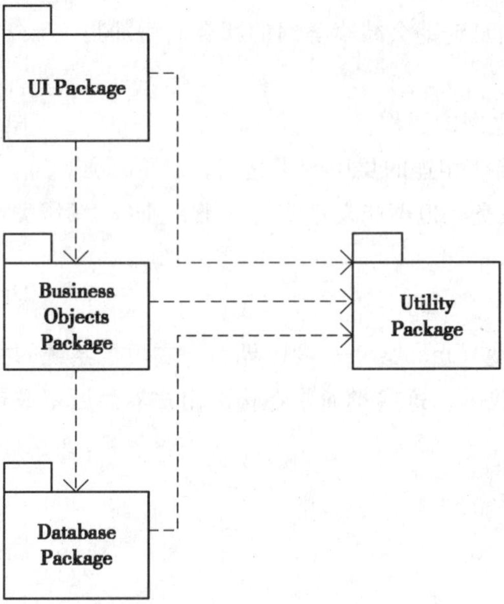

图 4-15　包图

4.4.4 设计构件图

系统模型的大部分内容反映了系统的逻辑和设计方面的信息，并且独立于系统的最终实现单元。然而，为了可重用性和可操作性的目的，系统实现方面的信息也很重要。UML 使用两种模型来表示实现单元：构件图和配置图。

构件（component）[1] 是系统中物理上的可替换的部分，它按照一组接口来设计并实现。它可以方便地被一个具有同样规格说明的构件替换。

构件用一边有两个小矩形的一个矩形表示，它可以用实线与代表构件接口的圆圈相连（见图 4-16）。

图 4-16　构件的表示

在 UML 中定义了五种标准构件构造型：

(1) 可执行的——一个直接可执行模块。

(2) 库——一个静态或动态对象库模块。

(3) 表——一个数据库表。

[1] 有的中文文献中将构件（component）翻译成组件，构件图又称组件图。

（4）文件——一段源代码或数据文档。

（5）文档——人可读的文档。

构件图表达了构件及构件间的接口和依赖关系。构件图是显示代码自身结构的实现级别的图表。构件图由诸如源代码文件、二进制代码文件、可执行文件或动态链接库（DLL）这样的构件构成，并通过依赖关系相连接。

使用构件图可将系统划分为各个内聚构件。通常，构件图中的每个构件都会在用例或类图中有更为详细的说明。

构件图表示了构件之间的依赖关系（见图 4-17）。构件之间唯一的关系是依赖关系，依赖关系要求一个类要在另一个类之前编译。每个构件实现（支持）一些接口，并使用另一些接口。如果构件间的依赖关系与接口有关，那么构件可以被具有同样接口的其他构件替代。

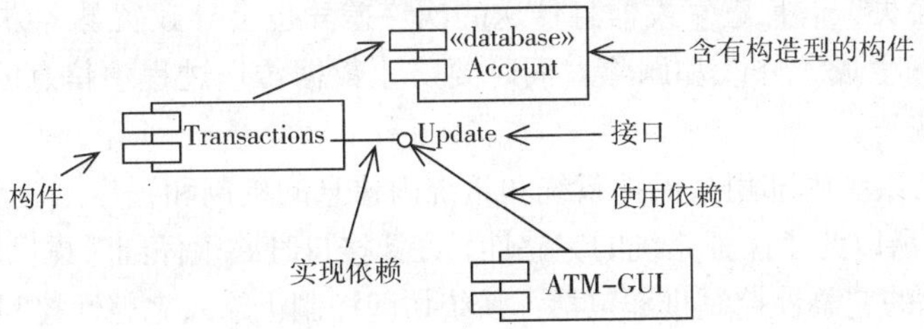

图 4-17　构件图

4.4.5　部署图

部署图（deployment diagram）考虑应用程序的物理部署，例如，网络布局和构件在网络上的位置的问题。

部署图是显示运行时系统结构的实现级别的图表。通过部署图，用户可以了解构成应用程序的硬件和软件元素的配置和部署方式。部署图由结点、构件及它们之间的关系构成。结点是一种计算资源（即运行时的物理对象）。作为最低要求，结点有内存和某种计算能力。结点可以是数据库服务器。

部署图包含处理器、设备、进程、处理器与设备之间的连接。每个系统只有一个部署图。

例如，典型的三层 B/S 结构的系统可用图 4-18 所示的部署图来描述。

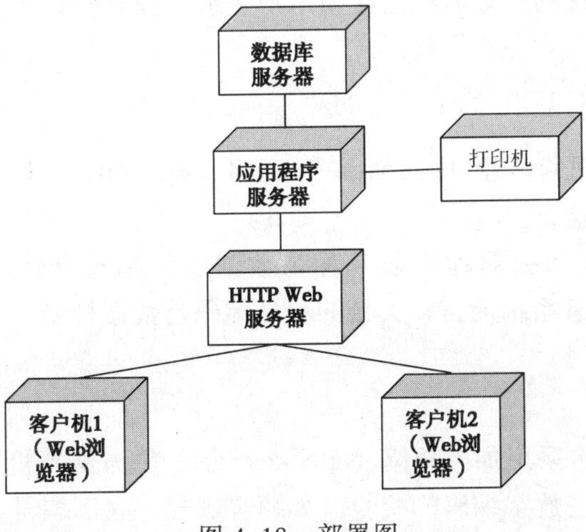

图 4-18　部署图

结点是构件所运行的位置。结点执行构件，构件在结点上部署，结点与其构件一起常常称为分布式单元。

4.5 完整性控制设计

当今的信息系统大都处于某种开放状态，因此，信息系统的安全性是一个日益受到关注的课题。安全性需要从多个层面得到考虑和保障，其中，在信息系统设计时需要考虑的相关内容是完整性控制。

信息系统简化了业务过程，减少了人为的干预，同时也带来维护业务各方面信息的完整、统一的问题。由于数据输入时的意外差错或欺诈行为，可能导致业务信息的差异。此外，数据传输过程中信息的丢失、信息重复或信息传送的次序差异也会导致贸易各方信息的不同。因此，要预防对信息的随意生成、修改和删除，同时要防止数据传送过程中信息的丢失和重复，并保证信息传送次序的统一。

完整性控制是指系统内部用来保护系统和系统内信息的机制和程序。由于大多数的破坏来源于不合规范的访问，所以为了保证系统的完整性，设计接口时必须仔细考虑机制问题。在信息系统设计时主要应该考虑的完整性控制措施包括：系统访问控制、输入完整性控制、输出完整性控制。

4.5.1 系统访问控制

系统访问控制是一种确定谁有权访问系统及其数据的完整性控制。它包括对计算机系统本身的访问控制，信息系统中某一部分或功能访问的控制，以及对信息系统中某些数据访问的控制。

信息系统的访问控制设计可以建立在已有的系统软件（操作系统、数据库管理系统）和网络上访问控制系统的基础上。也就是说，系统设计者可以在系统软件已提供的控制基础上再添加控制。

在设计访问控制时首先需要定义用户的类别。用户可以分为如下三类：

（1）未授权用户。指无权访问系统的用户。

（2）注册用户。指已注册或系统已知的并被授权可以访问系统某一部分的用户。

（3）特权用户。指对系统有特殊安全访问权限的用户。

管理用户访问信息系统的一般方法是使用用户登录 ID 和密码。每个可以访问系统的用户必须具有唯一的登录标识符和唯一的密码。

4.5.2 输入完整性控制

输入设计应避免垃圾进垃圾出（garbage-In，garbage-out，GIGO），所以在输入设计时，要对输入数据进行校验和检查。

输入数据的错误检查和编辑程序通常称为数据校验和检查程序（data validation and verification）。对一个信息系统而言，大量的程序编码是数据校验和检查方面的。数据校验和检查技术有以下几种：

1. 有效性控制

数据的有效性控制通常采用加校验位（check-digit）的方法来检查数据的正确性。

这种方法通常用于某些数字编码的校验（如顾客账号、仓库编号、信用卡号等），它是利用某种算法通过对一个编号中的某些或全部位的计算来得出其他数字位的一种方法。

例如，仓库中某种商品的编码为 425-102。前五位是用户输入的，第六位需要通过一个简单的算法计算出来。如将前五位数字相加得出的和除以 5，所得到的余数作为第六位数字。这种类型的算法很多。

2．组合检查

组合检查（combination check）是利用两个或更多的相关的属性来检查输入数据的一种方法，又称交叉检验（cross-check）。例如，在对日期型数据进行检查时经常采用这种方法，比如一个日期 2012/02/30，单就 30 这个数字而言在每个月的最大天数之内，是没有错误的，但与 02 进行组合检查，就会发现是错误的。

3．范围检查

范围检查（limit and range checks）通常用于数字类型输入数据的检查。通常范围是一个具有上界和下界的区域。

4．完备性检查

完备性检查（completeness checks）是指确保所有必需的字段是完备的。例如，必须要输入的字段。

5．交易日志

可以利用数据库的日志技术记录交易的情况，防止发生欺骗性交易，并且可以为错误的交易提供恢复的措施。

4.5.3　输出完整性控制

信息系统中有句格言是“将正确的信息、以适当的形式、在恰当的时间提供给正确的人(Provide the right information at the right form，at the right time to the right people）”。这句话其实就是指输出控制的几个方面。输出完整性控制主要包括：

1．目的地控制

目的地控制即确保将输出信息送给正确接收者的完整性控制。这种控制只能通过物理控制来实现。

2．完整性、精确性和正确性控制

例如，报表是信息系统的一种主要的输出形式，通过打印报表上的控制域确保输出数据的完整性和精确性。以下各项是应该被打印到报表中的控制：

（1）报表打印的日期和时间。

（2）报表中数据的日期和时间。

（3）报表的覆盖时间段。

（4）具有报表描述的表头。

（5）目的地信息。

（6）页数标记“第____页，共____页”。

（7）总数和交叉计算（小计、总计等）。

（8）表尾。

（9）报表版本号和版本日期。

4.6 数据库设计

无论在结构化方法中还是面向对象方法中，数据库设计都是一个十分重要的环节。数据库设计是信息系统设计的一个重要内容。

4.6.1 E-R 模型向关系模型的转化

建立 E-R 模型后，数据库设计的下一个阶段的工作是进行数据库模式设计。构造 E-R 图的目的是借助于反映现实世界的 E-R 图导出关系模型，再通过关系型 DBMS 的 DDL 定义成关系数据库。

E-R 模型中的主要成分是实体类型和联系类型。可分别对实体类型和联系类型实施如下的转换规则。

（1）对于实体类型，可以这样转换：将每个实体类型转换成一个关系模式，实体的属性即为关系模式的属性，实体标识符即为关系模式的键。简单地说，E-R 图中的每个实体，都应转换为一个关系。

（2）几种不同联系情况 E-R 图的转换。由于键（具体说是外部键）在关系模型中是实现联系的主要手段，所以应该在转换后的各关系中确定各自的主键和外部键。对于联系类型，就要视 1:1、1:*n* 和 *m*:*n* 三种不同的情况做不同的处理。

(1) 若实体间的联系是 1:1 的，可以在两个实体类型转换成的两个关系模式中任意一个关系模式的属性中加入另一个关系模式的键和联系类型的属性。

【例 4-1】校长和学校之间存在图 4-19 所示的 1:1 联系。

图 4-19 1:1 联系的实体的转化

将其转化为关系模型时，校长与学校各为一个模式。如果用户经常要在查询学校信息时查询其校长信息，可在学校模式中加入校长名和任职年月，其关系模式设计如下：

学校模式（<u>校名</u>，地址，电话，校长名，任职年月），主键为校名，外键为校长名；

校长模式（<u>校长名</u>，年龄，性别，职称），主键为校长名。

(2) 若实体间的联系是 1:*n* 的，则两个实体分别应转换为一个关系，把实体中的所有属性都对应设置为关系的字段。在 *n* 端实体类型转换成的关系模式中加入 1 端实体类型转换成的关系模式的键和联系类型的属性。

【例 4-2】车间与职工间存在 1:*n* 联系，其 E-R 图如图 4-20 所示。

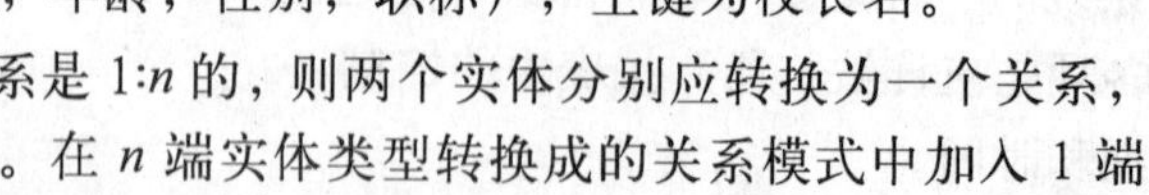

图 4-20 1:*n* 联系的实体的转化

转换成的关系模式如下：

车间模式（<u>车间编号</u>，车间名，电话），主键为车间编号；

职工模式（<u>工号</u>，姓名，性别，年龄，车间编号，聘期），主键为工号，外键为车间编号。

(3) 若实体间联系是 $m:n$ 的，则将联系类型也转换成关系模式，其属性为两端实体类型的键加上联系类型的属性，而键为两端实体键的组合。

【例 4-3】学生与课程之间存在如图 4-21 所示的 $m:n$ 联系。

图 4-21 $m:n$ 联系的实体的转化

按照规则，将其转化为下述三个关系模式：

学生模式 S（SNO，SNAME，ACE，SEX），主键为学号 SNO；

课程模式 C（CNO，CNAME，TEACHER），主键为课程编号 CNO；

学习模式 SC（SNO，CNO，GRADE），由于学生和课程之间存在 $m:n$ 联系，所以联系类型转换为一个关系模式：学习。由学生的主键 SNO 和课程的主键 CNO 共同构成其主键（SNO，CNO）。同时，SNO 和 CNO 都是外键。

4.6.2 关系模式的规范化

如何把现实世界表达成数据库模式，一直是数据库研究人员和信息系统开发人员所关心的且非常重视的问题。关系模式的设计理论是设计关系数据库的指南，也是关系数据库的理论基础。

给出一组数据，如何构造一个适合于它们的数据库模式，这是数据库设计的问题，严格地讲是数据库的逻辑设计问题。由于关系模型有严格的数学理论基础，因此人们就以关系模型为背景来讨论这个问题，形成了数据库逻辑设计的一个有力工具——关系数据库的规范化理论。

关系数据库是以关系模型为基础的数据库，它利用关系来描述现实世界。一个关系既可以用来描述一个实体及其属性，也可以用来描述实体间的联系。

关系实质上是一张二维表。表的每一行称为一个元组，每一列称为一个属性。因此，一个元组就是该关系所涉及的属性集的笛卡儿积的一个元素。关系是元组的集合，也就是笛卡儿积的一个子集，关系模式就是这个元组集合的描述。

关系模式是用来定义关系的。一个关系数据库包含一组关系，定义这些关系的关系模式全体就构成了该数据库的模式。

一个关系模型包括外延（extension）和内涵（intension）两个方面的内容。外延就是通常所说的关系或实例（instance），或当前值（current value）。它是与时间有关的，即随着时间的推移不断变化。这主要是由于元组的插入、删除和修改引起的。内涵是与时间独立的。它包括关系、属性及域的一些定义和说明，还有各种数据完整性约束。数据完整性约束分为两大类：静态约束和动态约束。

静态约束包括各种数据之间的联系（称为数据依赖，data dependences）、主键的设计和关系值的各种限制等。这一类约束是如何定义关系的有效数据问题。动态约束主要定义如插入、删除和修改等各种操作的影响。通常称为内涵关系模式。

关系数据库设计理论主要包括三个方面的内容：数据依赖、范式（normal forms）、模式设计方法。其中数据依赖起着核心作用。

不好的关系模式设计存在下列问题：数据冗余、更新异常、插入异常、删除异常。数据冗余和操作异常现象在其他模型中也时有发生。在网状模型中，可以引进虚拟字段消除冗余和不一致现象；在层次模型中，可引进虚拟记录类型来解决这个问题；在面向对象模型中，可通过指向对象的指针而不是拷贝对象的措施来解决这个问题。

4.6.3 函数依赖

1. 函数依赖的定义

定义：设有关系模式 $R(A_1, A_2, \ldots, A_n)$或简记为 $R(U)$，X和 Y是 U的子集，r是 R的任何一个具体关系，如果对于 r的任意两个元组 t_1，t_2，由 $t_1[X]=t_2[X]$导致 $t_1[Y]=t_2[Y]$，则称 X函数决定 Y，或 Y函数依赖于 X，记为 $X\rightarrow Y$。通俗地说，在当前值 r的两个不同元组中，如果 X值相同，就一定要求 Y值也相同。或者说，对于 X的每一个具体值，都有 Y唯一的具体值与之对应，即 Y值由 X值决定，因而这种数据依赖称为函数依赖（functional dependency，FD）。

需要强调的是，函数依赖不是指关系模式 R 的某个或某些关系满足的约束条件，而是指 R 的一切关系均要满足的约束条件。不能只看到关系模式 R 的一个特定关系，就推断哪些函数依赖对于 R 成立。然而，却可以通过 R 的某个特定关系去发现哪些函数依赖不成立。

函数依赖是语义范畴的概念。只能根据语义来确定一个函数依赖。例如，“姓名→年龄”这个函数依赖只有在没有同名人的条件下成立，如果允许有相同的姓名存在于同一关系中，则年龄就不再函数依赖于姓名了。如果系统设计人员限定不允许同名人存在，则“姓名→年龄”函数依赖成立。

在关系模式 R 中，要判断 FD 是否成立，唯一的办法是仔细地考察属性的含义。从这个意义上说，函数依赖实际上是对于现实世界的断言，它们不可证明。只要数据库设计者在模式定义时把模式遵守的函数依赖通知 DBMS，那么，数据库运行时，DBMS 就会自动检查关系的合法性。

几种类型的函数依赖如下：

（1）完全函数依赖和部分函数依赖：设有函数依赖 $W\rightarrow A$，若存在 $X\rightarrow W$，有 $X\rightarrow A$ 成立，那么称 $W\rightarrow A$ 是部分函数依赖，否则就称 $W\rightarrow A$ 是完全函数依赖。

（2）在关系模式中，如果 $Y\rightarrow X$，$X\rightarrow A$，且 X 不决定 Y 和 A 不属于 X，那么 $Y\rightarrow A$ 是传递依赖。

2. 键

前面已多次提及“键”的概念，键是唯一地标识实体的属性集。在前面只是直观地定义它，在有了函数依赖的概念之后，就可以把键和函数依赖联系起来，对它作出比较精确的形式化的定义。

设有关系模式 $R(A_1, A_2, \cdots, A_n)$，F 是 R 上的函数依赖集，X 是$\{A_1, A_2, \cdots, A_n\}$的子集。如果：

（1）$X\rightarrow A_1, A_2, \cdots, A_n$，且

（2）不存在 X 的真子集 Y，使得 $Y\rightarrow A_1, A_2, \cdots, A_n$ 成立，则称 X 是 R 的一个候选键。

在定义中，$A_1A_2\cdots A_n$ 是 $A_1\cup A_2\cup\cdots\cup A_n$ 的缩写。上述条件（1）表示 x 能唯一决定一个元组，条件（2）表示 X 是能满足（1）而又无多余的属性集。

【例 4-4】 有一个学习关系模式：R(S#，SN，C#，G，CN，TN，TA)。其中各属性的含义为：S#代表学生学号，SN 代表学生姓名，C#代表课程号，G 代表成绩，CN 代表课程名，

TN 代表任课教师姓名，TA 代表教师年龄。

在 R 的关系 r 中，存在着如下的函数依赖：S#→SN（每个学号只能有一个学生姓名）；C#→CN（每个课程号只能对应一门课程名）；TN→TA（每个教师只能有一个年龄）；（S#，C#）→G（每个学生学习一门课只能有一个成绩）。所以，（S#，C#）是关系模式 R 的主键。

【例 4-5】 设关系模式 R（XYZ），已知 FD 是 $X \to Y$ 和 $Y \to Z$，那么可以推出 $X \to XYZ$ 也成立，但 X 的真子集（此处是空集）不可能函数决定 XYZ，因此，X 是模式 R 的主键。

包含在任何一个候选键中的属性称为主属性（primary attribute），不包含在任何键中的属性称为非主属性（nonprimary attribute）或非键属性（non-key attribute）。

3. 函数依赖的推理规则

对于给定的一组函数依赖，要判断另外一些函数依赖是否存在。例如，已知对于关系模式 R 有：$A \to B$，$B \to C$，问 $A \to C$ 是否成立？这是函数依赖的逻辑蕴涵问题。

为了确定函数依赖的逻辑蕴涵，需要从一个已知的函数依赖集出发，推出 F 中的所有的函数依赖，或对于给定的 F 和 X、Y，判断 $X \to Y$ 是否成立。

函数依赖有一个正确的和完备的推理规则集，1974 年，W.W.Armstrong 总结了各种推理规则，把其中最主要、最基本的作为公理，这就是著名的 Armstrong 推理规则系统，又称阿氏公理。下面介绍的推理规则是其他人于 1977 年改进后的形式，它与早期的 Armstrong 推理规则系统略有差异。

设有关系模式 $R(A_1, A_2, \cdots, A_n)$和属性集 $U=A_1A_2\cdots A_n$，X，Y，Z，W 均是 U 的子集，F 是 R 上只涉及 U 中属性的函数依赖集，推理规则如下：

规则 1：自反律（reflexivity）

如果 $Y \subseteq X \subseteq U$，则 $X \to Y$ 在 R 上成立。

规则 2：增广律（augmentation）

如果 $X \to Y$ 成立，$Z \subseteq U$，则 $XZ \to YZ$ 在 R 上成立。

规则 3：传递律（transitivity）

如果 $X \to Y$ 和 $Y \to Z$ 在 R 上成立，则 $X \to Z$ 在 R 上也成立。

规则 4：合并律（union rule）

如果 $X \to Y$ 和 $X \to Z$ 成立，那么 $X \to YZ$ 成立。

规则 5：伪传递律（pseudo transitivity rule）

如果 $X \to Y$ 和 $WY \to Z$ 成立，那么 $WX \to Z$ 成立。

规则 6：分解律（decomposition rule）

如果 $X \to Y$ 和 $Z \subseteq Y$ 成立，那么 $X \to Z$ 成立。

从合并律和分解律立即可得到下面的重要结论：

如果 $A_1A_2\cdots A_n$ 是关系模式 R 的属性集，那么 $X \to A_1A_2 \ldots A_n$ 成立的充分必要条件是 $X \to A_i(i=1, 2, \cdots, n)$ 成立。

对于函数依赖 $X \to Y$，如果 $Y \subseteq X$，那么称 $X \to Y$ 是一个“平凡的 FD”。平凡的 FD 根据自反律就可推出。

函数依赖推理规则的完备性定理：函数依赖推理规则系统（自反律、增广律、传递律）是完备的，即任何一个成立的函数依赖关系均可由该规则系统推导出来。

4.6.4　关系模式的分解特性

本节中所提及的关系模式在插入、删除和更新操作时会出现一些问题。这些问题可通过对关系模式的分解处理解决，即将一个关系模式分解成多个关系模式。在分解处理中会涉及一些新问题，如原模式所满足的特性（如属性之间的约束）在新的模式关系是否被保持。为了保持原来模式所满足的特性，要求分解处理具有无损连接性和保持函数依赖性。下面我们将研究分解所具有的这两个重要特性。

设有关系模式 $R=A_1A_2…A_n$，R_1，R_2，…，R_k 都是 R 的子集，$R=R_1\cup R_2\cup…\cup R_n$。关系模式 R_1，R_2，…，R_k 的集合用 ρ 表示，$\rho=\{R_1, R_2, …, R_k\}$。用 ρ 代替 R 的过程称为关系模式的分解。这里 ρ 称为 R 的一个分解，又称数据库模式。

关系模式的分解有几个不同的衡量标准：分解具有无损连接；分解要保持函数依赖；分解既要保持函数依赖，又要具有无损连接。

关系模式 R 相对于函数依赖集 F 分解成数据库模式 $\rho=\{R_1, R_2, …, R_k\}$，一般应具有下面的四项特性：

（1）ρ 中每个关系模式应有某种范式性质（3NF 或 BCNF）。

（2）无损连接性。

（3）保持函数依赖集。

（4）最小性，指 ρ 中模式个数应最少和模式中属性总数应最少。

数据库设计者在进行关系数据库设计时，应尽可能使数据库模式保持最好的特性，模式分解并不单指把泛关系模式分解成数据库模式，也可以把数据库模式分解成另一个数据库模式，分解的关键问题是要“等价”地分解。一个好的模式设计方法应符合下列三条原则：表达性、分离性、最小冗余性。

（1）表达性涉及两个数据库模式的等价性问题，即数据等价和依赖等价，分别用无损连接和保持函数依赖性来衡量。

（2）分离性是指属性间的“独立联系”应该用不同的关系模式表达。独立联系是人们所考虑的“基本信息单位”。例如，模式 R 中有 $X\rightarrow Y$ 存在，就把（XY）作为一个基本的信息单位。实际上分离就是清除存储异常和数据冗余现象。如果能达到这个目的，就分离。分离的基准就是一系列范式，但分离与依赖等价有时是不可兼容的。

（3）最小冗余性要求在分解后的数据库能表达原来数据库的所有信息这个前提下实现。目的是节省存储空间，提高对关系的操作效率，清除不必要的冗余。但要注意，在实际使用中，并不一定要达到最小冗余，因为有时带点冗余对于查询处理是有好处的。

关系模式设计方法基本上可以分为分解与合成两大类。分解型算法要求输入一个初始模式集和依赖集，而结果满足数据等价要求。对于合成型算法只要求输入初始依赖集，结果满足依赖等价要求。但它们依据的基本思想是共同的，即独立的联系独立表示。

4.6.5　关系模式的范式

满足特定要求的模式称为范式。

1．第一范式

如果关系模式 R 的所有的属性的值域中每一个值都是不可再分解的值（atomic value），则称 R 是属于第一范式（1NF）模式。如果某个数据库模式都是第一范式的，则称该数据库模式是属于第一范式的数据库模式。

第一范式的模式要求属性值不可再分裂成更小部分，即属性项不能是属性组合和组属性组成，这是和文件记录类型的区别之处。在文件记录类型中，其数据项允许是组项或向量组成。不满足上述条件的关系称为非规范化关系。在数据库系统中只讨论规范化的关系，凡是非规范化关系都须化成规范化的关系。在非规范化的关系中去掉组项和重复数据项，就能变成规范化的关系。

2. 第二范式

如果关系模式 R 为第一范式，并且 R 中每一个非主属性完全函数依赖于 R 的某个候选键，则称是第二范式（2NF）模式；如果某个数据库模式中每个关系模式都是第二范式的，则称该数据库模式属于第二范式的数据库模式。

在这里，对于函数依赖 $W \to A$，如果存在 $X \subseteq W$ 有 $X \to A$ 成立，那么称 $W \to A$ 是局部依赖，即 A 局部依赖于 W；否则，称 $W \to A$ 是完全依赖。

如果 A 是关系模式 R 的候选键的一个属性，则称 A 是 R 的主属性，否则称 A 是 R 的非主属性。

【例 4-6】商品供应关系模式 SUPPLY={SNO，PNO，SCITY，STATUS，PRICE，QTY}。其中各属性的含义为：SNO——供应商号；PNO——零件号；SCITY——供应商所在城市；PRICE——零件价格；STATUS——供应商状态；QTY——零件数量。

满足的函数依赖集为：FD={SNO→SCITY，SCITY→STATUS，PNO→PRICE，(SNO，PNO)→QTY}

模式 SUPPLY 是第一范式，但是否为第二范式，可利用 Armstrong 推理规则由 F 推出：

(SNO，PNO)→{SNO,SCITY,STATUS,PRICE,QTY}

所以（SNO，PNO）为主键。根据 2NF 的定义可知，关系模式 SUPPLY 只是 1NF，而不是 2NF。

用分解的方法将模式中不完全函数依赖的属性去掉，将部分依赖的属性单独组成新的模式，这样可将关系模式化成第二范式。

如果将 SUPPLY 模式分解成下列三个关系：

SUPPLY1={SNO，PNO，QTY}

SUPPLYIER={SNO，SCITY，STATUS}

PART={PNO，PRICE}

可以看出三个关系的键分别为（SNO，PNO），SNO，PNO，所有的非主属性对键完全函数依赖。所以分解后的三个关系模式均为第二范式。

3. 第三范式

如果关系模式 R 是第二范式，且每个非主属性都不传递依赖于 R 的候选键，则称 R 是第三范式（3NF）的模式。如果某个数据库模式中的每个关系模式都是第三范式，则称为 3NF 的数据库模式。

【例 4-7】 例 4-6 中的 SUPPLY1 和 PART 的非主属性间不存在任何的函数依赖，满足第三范式定义。而模式 SUPPLYIER 中的属性 SCITY 与属性 STATUS 之间存在着函数依赖 SCITY→STATUS，而且还存在 SNO→SCITY，SCITY 不能决定 SNO，所以 STATUS 传递依赖于 SNO。因此，SUPPLIER 不是第三范式。

由于非主属性对键具有传递依赖，不是第三范式的关系模式在操作时都存在着诸如插入异常、删除异常和数据冗余等问题。要解决这个问题，可通过消除关系模式中非主属性间的函数依赖来解决。

例如，可将关系模式 SUPPLIER 分解成 SUPPLIER1 和 SCITY1，如：

SUPPLIER1={SNO，SCITY}

SCITY1={SCITY，STATUS}

分解后的两个模式均为 3NF。

4.6.6 分解成 3NF 的算法

对关系模式进行分解，要保证具有无损连接性和保持函数依赖性。可以证明，对于任意一个关系模式，可找到一个分解达到 3NF，且具有无损连接性和保持函数依赖性。

算法：保持函数依赖地分解成 3NF 模式集。

输入：关系模式 R，R 上成立的函数依赖集 F。

输出：R 的一个分解 $\rho=\{R_1, R_2, \cdots, R_k\}$，满足每个 R_i 都是 3NF，且保持函数依赖。

方法：

第 1 步：如果 R 的某些属性在 F 的所有依赖的左边和右边都不出现，那么这些属性可以从 R 中分离出去，单独构成一个关系模式。

第 2 步：如果 F 中有一个函数依赖 $X \rightarrow A$，且 $XA=R$，则不分解。转最后一步。

第 3 步：如果 F 中每一个 $X \rightarrow A$，构成一个关系模式 XA。如果 F 中出现有 $X \rightarrow A_1$，$X \rightarrow A_2$，…，$X \rightarrow A_n$，则可用模式 $XA_1A_2 \cdots A_n$ 代替 n 个模式 XA_1，XA_2，…，XA_n。

第 4 步：分解结束，输出。

4.7 输入/输出设计及界面设计

4.7.1 输入设计

1. 输入设计的内容

输入设计的内容包括：输入完整性控制设计、确定数据输入方法、选择数据输入设备、设计和规范输入表单。关于输入完整性控制设计的内容在前面已有介绍。本节介绍其余三个方面的内容。

1）数据输入的方法和设备的选择

数据输入通常有两种方法：成批输入（batch）和联机输入（on-line）。联机输入又称交互式输入。

2）设计和规范输入表单

这项任务是确定输入表单的格式和输入的数据内容。好的表单设计应该尽可能与手工方式下各种单据的数据排列顺序、名称一致。所以，在输入表单设计之前应该尽可能将所有系统所需要的原始单据收集起来，并且与用户商讨并确定最后的内容和格式，然后画出草图。图 4-22 所示为一个利用 Visio 画的一个订单录入的表单格式。

在设计输入表单时，能够从数据库中直接提取或者可以经过其他数据项计算得到的数据项一般无须用户输入，如知道了商品编码，则商品名称就应该自动添入相应的单元格中，这样避免了用户录入时产生的错误。另外，可以将相应的数据项设置为禁用，以防止用户有意或无意的修改。

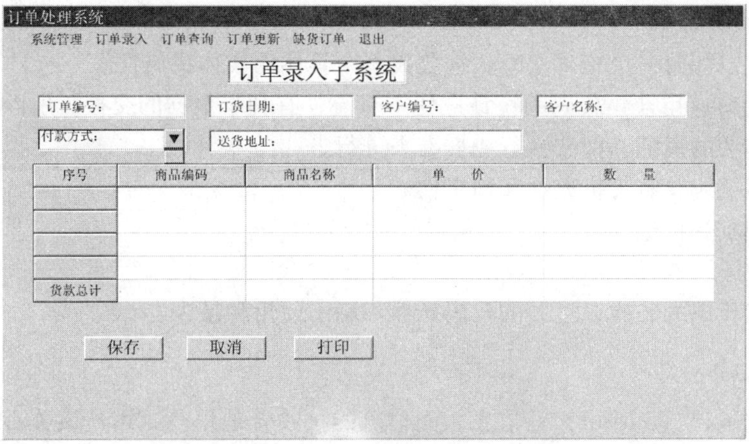

图 4-22 订单的表单格式和内容

2. 输入设计的原则

输入设计的原则是：

（1）尽量减少用户的输入动作。如采用缺省，用鼠标选取预先定义的输入（即采用值列表的方式）等。

（2）屏蔽掉在当前动作的上下文中不适用的或无效的命令，从而防止用户试图使用可能导致错误的动作。

（3）允许用户控制交互的流程。用户可以跳过不必要的操作，改变动作次序或不退出程序就从错误状态中恢复出来。

（4）为所有的输入动作提供帮助。

（5）具有自动数据校验和检查的功能，尽可能防止用户出现不必要的输入错误。

（6）由信息系统可以导出或计算出来的数据不要通过输入界面由用户输入到计算机中。

3. 代码设计

代码设计是输入设计的一个重要内容。所谓代码（code）是指代表客观实体或属性的、由一个或多个字母、数字以及特殊字符构成的一个符号串。

1）代码的类型

代码的分类如图 4-23 所示。

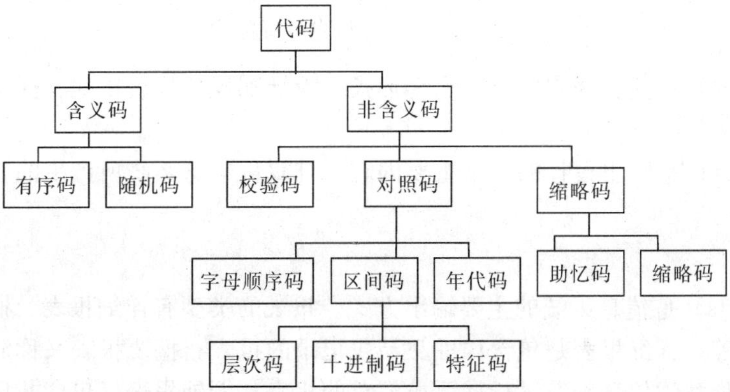

图 4-23 代码的类型

2）代码的设计原则

（1）唯一性：即每一个代码都唯一地代表某个具体的实体或属性。

（2）标准化与通用性：代码的设计应便于交流，有利于数据的交换，所以在进行代码设计时首先要依据有关的国际、国家、行业标准来进行。

（3）代码系统应具有可扩充性和稳定性。

（4）便于识别和记忆。

（5）容易修改。

（6）要注意代码的长度。过长的代码显然不利于使用和录入。

4.7.2 输出设计

信息系统的输出（output）是信息，而信息的接收者是用户。用户最关心的并不是所开发的信息系统采用了何种高新技术，而是信息系统能够提供给他什么样的信息，以多快的速度、以什么方式提供给他。这正是输出设计的内容。

系统所产生的输出应该是高质量的、可用的。一个高质量、可用的输出必须具备以下特征：易存取性、及时性、相关性、准确性、可用性。

要特别注意的是，人作为一个信息处理系统，其处理能力是有一定限度的。当提供的信息量越来越大，尤其是提供了过多的无关信息时，人的信息处理能力会越来越低。这一现象称为信息过载（information overloading），如图 4–24 所示。所以应该仔细设计输出，防止发生信息过载。

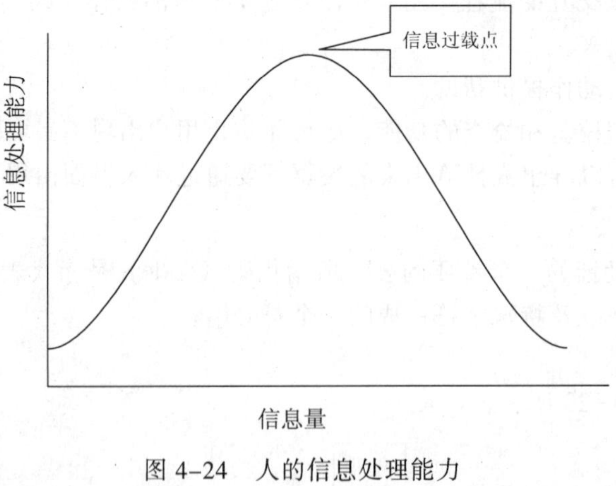

图 4–24 人的信息处理能力

输出设计的内容包括：确定输出内容和形式、设计和规范报表格式、提供必要的输出完整性控制。

输出形式的设计是输出设计的一个重要内容，计算机信息系统所产生的输出一般可分为以下几种表现形式：

1．报表

报表（reports）是信息系统的主要输出方式。报表的类型有详细报表、摘要报表、分析型报表、例外报表等。详细报表是包含详细交易或记录的报表；摘要报表又称汇总报表，是对一段时间内或某些种类的信息细节进行摘要或汇总的报表；例外报表仅包含非标准的或异常信息的报表；分析型报表是从用于战略决策的各种信息源得到的汇总报表。

2. 图表

图表输出的一个最大优势就是直观。图表具有较好的视觉效果，可方便用户查看数据的差异、图案和预测趋势。例如，用户不必分析工作表中的多个数据列就可以立即看到各个季度销售额的升降，或很方便地对实际销售额与销售计划进行比较。

下面是几种常见的图形输出形式：

(1) 柱形图：柱形图用于显示一段时间内的数据变化或说明项目之间的比较结果。通过水平组织分类、垂直组织值可以强调说明一段时间内的变化情况。

(2) 条形图显示了各个项目之间的比较情况。纵轴表示分类，横轴表示值，它主要强调各个值之间的比较而并不太关心时间。

(3) 折线图显示了相同间隔内数据的预测趋势。

(4) 饼图显示了构成数据系列的项目相对于项目总和的比例大小。饼图总只显示一个数据序列；当希望强调某个重要元素时，饼图就很有用。为使小块易于查看，可以在某个饼图中将这些小块组织成一个项目，然后再到主图表附近的较小的饼图或条形图中将该项目细分进行显示。

(5) 散点图（scatter）：XY 散点图既可以显示多个数据系列的数值间的关系，也可以将两组数字绘制成一系列的 XY 坐标。本图表显示了数据的不相等的间隔（或簇），它通常用于科学数据方面。

3. 屏幕显示

屏幕显示实际上与打印出来的报表或图形在许多地方都是一致的。但它有自己的优点。打印报表是静态的，而屏幕显示的电子表格是动态的，用户可以实时地交互，可以从不同角度来观察和分析数据之间的关系。经常使用的动态交互技术有钻入（roll-down）、数据透视和链接(link）。

(1) 钻入。钻入是指将汇总字段与生成该汇总字段的详细数据链接并使用户可以动态查看细节的能力，即按照数据层次管理从上层钻透到下层去取数据，以满足用户的查询需求。

(2) 数据透视功能。数据透视表报表是用于快速汇总大量数据的交互式表格。用户可以旋转其行或列以查看对源数据的不同汇总，还可以通过显示不同的页来筛选数据，或者也可以显示所关心区域的明细数据。

(3) 链接。以电子的方式连接两个或多个报表以便将一个报表中的信息链接到另一个报表中的信息。

4. 其他输出形式

其他输出形式包括声音、动画、图像等。

4.7.3　界面设计

人机界面又称人机接口（human-computer interface，HCI），是用户与计算机信息系统之间传递、交换信息的媒介，是用户使用计算机信息系统的综合操作环境，是用户与计算机信息系统进行交互的途径，所以人机界面的设计在信息系统设计中占有非常重要的地位。就设计和编码量来说，人机界面的设计和编码通常要占设计总量的 60%～70%。

通过人机界面，用户向计算机系统提供命令、数据等输入信息，这些数据经过计算机信息系统处理后，又通过人机界面将处理的结果（即输出数据）返回给用户。另外，在处理过程中，用户也可以通过人机界面干预计算机系统的数据处理。

图形化用户界面（graphic user interface，GUI）使得人机接口发生了革命性的变化。由于图形化用户界面越来越受到用户的欢迎，许多软件商将图形用户界面与程序设计语言捆绑在一起，这意味着被广大用户普遍接受的图形窗口界面在很大程度上已经自动化，从而使运行在不同平台（硬件平台、操作系统）上的软件具有相同的外观。这一点对于信息系统的设计非常重要，设计人员在设计新的信息系统时必须考虑这一趋势。

正如Brooks在《人月神话》一书中指出的：在过去20年，软件开发领域中令人印象最深刻的进步是窗口（windows）、图标（icons）、菜单（menus）、指针选取（pointing）界面的成功——或者简称为 WIMP。对用户友好的界面是一个新系统能否被接受的关键，这也是现代的计算机信息系统大都采用图形化的用户界面的原因所在。

图形化用户界面已经受到广大用户和系统开发人员的普遍欢迎，主要的原因是：

（1）从用户的角度来看，GUI 比基于字符的界面更容易使用，并且应用程序之间具有相当好的一致性。初学者使用起来比较简便，而有经验的用户则可迅速获得一些高级特性。GUI 的用户可以很容易操纵屏幕上的对象来控制计算机的行为。正如面向对象方法学中将数据和方法封装成为独立的对象一样，用户看到和操纵的图符也封装了数据和方法。另外，面向对象的GUI更接近于现实世界的环境，用户所看到的系统更像现实世界的一个模拟系统。

（2）从开发者的角度来看，目前图形化用户界面一般都采用可视化的和面向对象的方式设计。由于运用了面向对象方法，将屏幕上的一些实体（有的语言中称之为控件）设计成具有属性和操作方法的对象（例如命令按钮或对话框），从而使开发者设计界面时不必用或少用传统语言中的语句。开发人员可利用面向对象方法中的全部优越性，包括模块性、可重用性和可扩充性。

目前，大多数信息系统和软件中界面的开发都是采用面向对象的 Windows 界面设计方法，而这方面的语言和工具也非常丰富，例如，Visual Basic、各种界面生成器等。

大多数面向对象的用户界面的设计都是事件驱动的。表示界面的重要成分是对象，对象包括三种元素：它有一定的特性（属性），它可以进行一定的操作（方法，它可以触发其他过程（事件）。例如，命令按钮（command Button）包含 Caption、BackColor、ForeColor、Height 等属性、Move、Drag、Refresh 等方法、Click、DragDrop、GotFocus、KeyDown 等事件。

对象是由类建立的。类可以看作是一个空的样板，在它上面可以建立对象，把类转换为对象通过实例化操作完成。例如，命令按钮是一个类，在一个表单（forms）上可以创建不同的命令按钮，这些命令按钮具有各自的属性值，它们都是命令按钮这个类的实例化。

基于 Windows 的 GUI 界面的设计一般包括以下几个部分：

（1）窗口（window），在有的语言中又称表单（forms）。

（2）菜单（menu），包括下拉式菜单、弹出式菜单（Pop-Up Menu）等。

（3）图标（icon），包括各种控件，如命令按钮（command button）、复选框（check box）、对话框（dialog box）等。

1. 界面设计的内容

人机界面设计涉及用户分析、任务分析、交互方式和开发过程四个内容。下面主要介绍用户分析。

在人机界面设计中，用户作为人机交互系统的一个方面起着非常重要的作用，所以首先必须对用户的类型、用户的行为特性、用户的要求作一个全面的、细致的分析研究。

1）用户类型

尽管对用户的分类方法多种多样，但在进行人机界面设计时，主要考虑用户对计算机系统操作的熟练程度。从这一角度出发，用户一般可以分为初学者、熟练用户（又称有经验用户）和专家用户。各类用户的特点如表 4-1 所示。

表 4-1　用户的类型、特点

用户类型	初　学　者	熟练用户	专家用户
特　点	• 无计算机方面的专业知识。 • 没有或少有计算机操作方面的经验。 • 阅读操作手册困难	• 对计算机系统有比较多的知识和经验。 • 能熟练操作计算机系统。 • 使用计算机系统的积极性、主动性高	• 精通计算机领域方面的知识，具有某一方面的专长。 • 具有丰富的计算机系统操作经验。 • 具有维护、扩展系统功能的能力

2）用户对界面的要求

初学者通常要求通常是：界面直观；能够自行引导用户进行系统的操作；无须用户记忆太多、太复杂的操作命令，操作简单。熟练用户和专家用户要求通常是：能够提供一致的用户界面；能够快速地完成用户的操作（如热键 hot-key）。

2. 界面设计的原则

（1）应用程序反馈（run-time feedback）：随时将正在做什么的信息告诉用户（尤其是当响应时间十分长的情况下）。否则，用户就不知道是计算机出了问题还是应用系统有问题，结果是养成了用户按快捷键 Ctrl+C 来唤回系统响应的坏习惯。

（2）系统信息显示（system message display）：随时将系统给用户的信息用图标或声音反馈给用户。系统要及时给用户提供反馈信息，以便使用户知道下一步该做什么。反馈是指计算机信息系统对用户的动作所采取的响应。通过及时反馈处理信息，可以避免用户产生系统处理错误的错觉。

① 提示用户，系统现在需要用户做什么事情。如在屏幕上显示如下信息："Ready（就绪）"、"Enter Command（请输入命令）"、"Enter Choice（请输入选项）"、"Enter Data（请输入数据）"等。

② 告诉用户数据已被正确地录入到系统中去。如自动将光标移动到表单（Form）的下一个数据域，或者显示"Input OK"等信息。

③ 对于需要时间较长处理过程，需要及时给出用户提示。如在屏幕上显示"系统正在处理，请稍候……"、"Indexing，This may take a few minutes，Please wait"、"Sorting，Please standby"等，这样用户不致于焦急地等待或不知所措。

④ 告诉用户某一任务或处理是否已经完成或失败。如在屏幕上显示："Printing complete（打印已完成）"，或者"Printer not ready，Please check and try again"等信息。

⑤ 信息、指令应在屏幕上停留适当的时间，从而使用户能够读完显示的信息。

（3）状态（status）：提供信息告诉用户他们正处于系统的什么状态。在大型系统中，用户可能忘记他们正在使用什么工具。往往有这种情况，虽然他们给出了语法正确的命令，但却是在错误的环境下做的。

(4) 跳出（escape）：允许用户终止一种（一级）操作，并从该选择中跳出。许多操作是偶然被选中的，而一个不良的界面设计往往会使系统死锁在不想要的选择中，这是最令人头疼的。

(5) 最少工作（minimal work）：进行界面操作时应尽量减少用户的工作量。其办法包括最少的对话步骤以及使用略语和代码来减少用户的阅读量和击键次数。冗长的对话一开始可能是方便的，但用户很快熟悉了对话后，这种缓慢的、多步骤的对话就变得十分令人厌烦。

(6) 默认值（default）：又称缺省值，是指只要能预知答案，就可设默认值，这样节省了用户的工作。

(7) 帮助（help）：只要可能就应提供在线帮助（on-line help）。帮助有两个功能：首先对于那些懒得翻阅操作手册的用户，它是一个学习的辅导；其次，对于有经验的用户，它是一个助手，可以帮助用户肯定一个操作的细节问题。帮助应该分层或嵌套，以使其信息直接针对用户想了解的那些选择或工具。

(8) 复原（undo）：用户可能会出错，想退回去并且重新开始。界面应该提供返回恢复先前状态的能力。另外，系统应该具有较高的容错能力。即使用户某一操作错误，也不应该对系统产生致命的、不可恢复的影响。所以系统应该具有允许用户出错，并且能够恢复系统错误之前的状态的能力。对于一些具有破坏性的操作，如删除等，系统应该给予用户一次确认的机会，防止由于误操作对系统所造成的破坏。

(9) 一致性（consistency）：人机界面的一致性主要体现在输入-输出方面的一致性，具体是指在应用程序的不同部分，甚至不同应用程序之间，具有相似的界面外观、布局，相似的人机交互方式以及相似的信息显示格式等。一致性有助于用户学习，减少用户的学习量和记忆量。比如，在各级中跳出的命令应使用同一代码，且应有同样效果。

(10) 分析用户类型，有针对性地设计适合用户特点的人机界面。

(11) 应用程序和人机界面分离。从系统设计人员的角度来说，人机界面的布局、显示、用户操作等应该由专门的用户界面管理系统来完成，而应用程序的代码设计则由专门的程序设计语言来完成，从而可以大大减少系统设计的复杂性，并增加系统的可维护性。现代的计算机信息系统开发中，经常采用面向对象的人机界面设计方法，而应用程序的设计则采用面向过程的语言或第四代计算机语言来完成。

(12) 增加可视化图形表示。图形具有直观、形象、信息量大等特点。因此，使用图形表示操作，可增加用户使用系统的兴趣。

3. 导航方式

界面设计的一个重要内容是确定系统的导航方式（navigation）。有五种导航方式。

(1) 直线式（linear）：或称顺序方式，允许用户直接向前或向后浏览材料。

(2) 菜单式（menu）：允许用户从一组可用标题（通常称为菜单选项）中作出选择，一旦完成相应的操作后，便可返回菜单。

(3) 层次式（hierarchy）：允许用户从一组菜单选项中作出选择，并且每一个菜单项后面仍包含更为详细的菜单，供用户作出进一步的选择。

(4) 网络式（network）：允许用户任意跳转选择，不管其是否相关。

(5) 混合式（hybrid）：同时提供给用户几种导航方式。例如，它可能是线性方式与菜单方式的组合。

菜单向用户提供了一组可选项，用户可以通过各种方式（如输入菜单项前面的数字、第一个字母、移动光标、用鼠标直接点击等）选择其中的一个选项。

（1）菜单条。菜单条（menu bar）用于在屏幕或窗口的顶部水平方向显示一系列选项。菜单条通常是根据其使用的频率自左向右依次排列。这种类型的菜单一般可作为一个系统的主菜单。

（2）下拉式菜单。下拉式菜单（pull-down menus）按垂直方向向用户提供菜单选项。通常下拉式菜单可以用在当用户从水平菜单条中选择一项时可弹出一下拉式菜单。

（3）级联式菜单。级联式菜单（cascading menu）必须由用户从一个高层菜单激活，通常用户将鼠标指针指向某一高层菜单的选项时，会在该菜单选项右边或左边自动弹出一个级联式菜单。在 Windows 环境中，这种类型的菜单用一个三角表示。

（4）弹出式菜单。弹出式菜单（pop-up menu）也是菜单选项按垂直方向排列的菜单。与下拉式菜单和瀑布式菜单不同的是，弹出式菜单出现的位置依赖于鼠标指针所指向的位置。

（5）图标菜单。图标菜单（icons menu）是菜单选项的一种图形化表示（在 Windows 中称为图标），这些图标通常表示一种具体的操作。这种类型的菜单一个最大的优点就是直观。

尽管图标菜单具有操作简单、直观等优点，但同时也有缺点。一个最大的缺点是用户必须记住一些图标的含义。为了克服这一缺点，最近设计出一种弹出式帮助文本（pop-up textual help），当用户将鼠标指针移动到某一图标上时，可以自动弹出一个简要的说明。另一缺点就是太多的按钮会占据大量的屏幕空间，这样势必用户空间就会缩小。

4.8　处理过程设计

处理过程设计是利用程序框图来表达处理过程的流程控制。典型的工具有 IPO 图、程序流程图、N-S 图、PAD 图（问题分析图）等。下面重点介绍 N-S 图。

N-S 图是 N. Chapin 提出的结构化程序表示框图。它遵循"自顶向下、逐步求精、分而治之"的程序设计原则，是结构化程序设计的一种基本原则和方法。其最大的优点是摆脱了传统的程序设计方法的束缚，按照先全局后局部、先整体后细节、先抽象后具体的过程组织人们的思维活动，使得编写出来的程序结构清晰、容易阅读、容易修改。N-S 图有两种基本符号：矩形和椭圆。

1. 矩形

一个矩形用来表示一条语句或者实现某个算法的一个程序段，如图 4-25（a）所示。相连的矩形表示顺序执行，如图 4-25（b）所示。每一个矩形只能有一个入口和出口。如果一个矩形需要用标号标出，则将它与前面的矩形分开，用一条直线将它们相连，并在矩形的左上方注明标号，如图 4-25（c）所示。

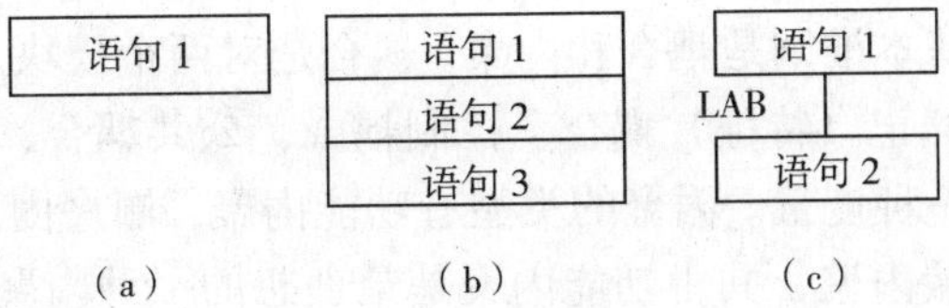

图 4-25　矩形

条件分支结构用图 4-26 所示的符号表示；循环结构用图 4-27 所示的符号表示。

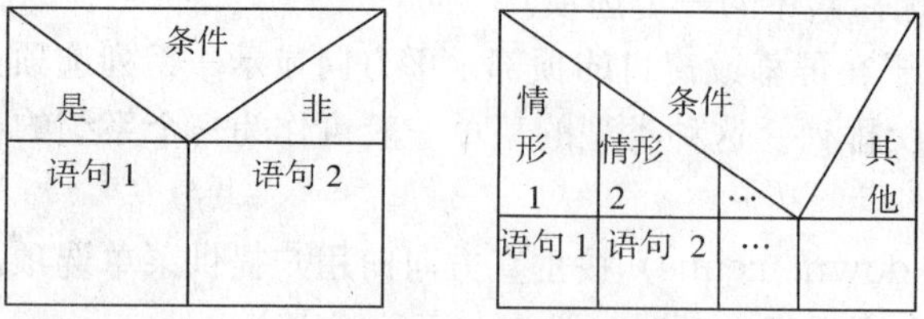

图 4-26　条件分支结构

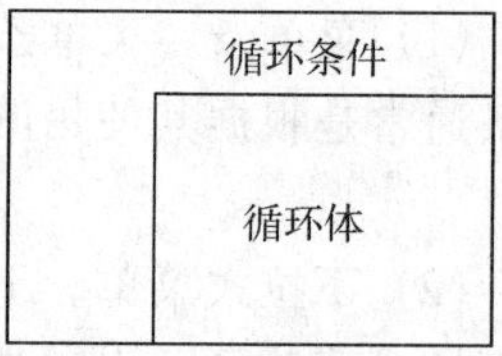

图 4-27　循环结构

2. 椭圆

椭圆表示函数、过程或程序的名称。若将它置于一组矩形之上以直线相连，表示此组矩形为该函数或过程的内容，如图 4-28（a）所示；若将它置于某矩形内，表示此矩形调用该函数或过程，如图 4-28（b）所示。

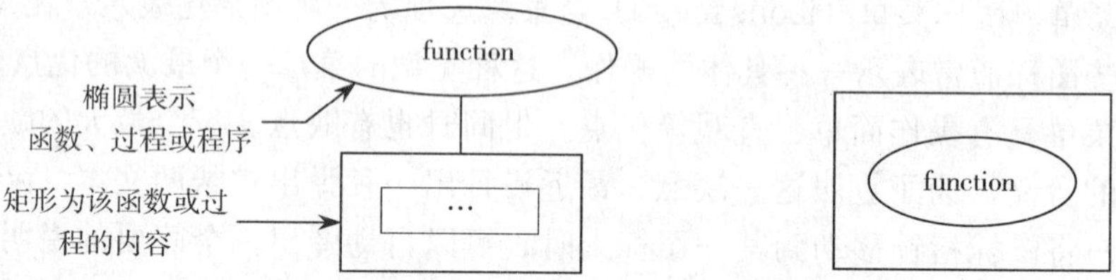

（a）函数、过程或程序的表示　　（b）表示过程的调用

图 4-28　椭圆

【本章要点回顾】

系统设计是一个描述、组织和构造系统部件的过程。这个过程分为两个层次：一个是体系结构设计，一个是详细设计。总体设计的主要任务是描述、组织和构造新系统的体系结构。包括软件体系结构设计、信息系统体系结构设计、网络设计、代码设计等内容；详细设计属于低层设计，包括输入设计、输出设计、界面设计、应用程序设计、数据库设计等。典型的系统设计方法有传统的结构化设计和面向对象设计。

结构化设计是对于一个清楚陈述的问题，选择和组织模块和模块接口，从而求得所述问题的“最优”解。也就是说，结构化设计是运用一组标准的准则和工具帮助系统设计员确定软件系统是由哪些模块组成的，以及这些模块用什么方法连接在一起才能构成一个最优的软件系统结构。结构化设计方法有两种基本类型，一是面向过程的方法，又称数据流方法；二是面向数据结构的方法。数据流方法是建立在模块化、自顶向下逐步求精和结构化程序设计基础之上的，其实质是从系统分析中所构造的业务系统过程模型（即数据流程图 DFD）来导出软件的总体结构。面向数据结构的设计方法就是定义了一组以数据结构为基础的转换方法。典型的面向数据结构设计方法有 Jackson 方法和 Warnier/Orr 方法。

评估软件设计的两个基本准则是耦合和内聚。耦合是对两个模块之间联接程度的一种度量。耦合的类型有数据耦合、标记（特征）耦合、控制耦合、公共耦合、内容耦合。内聚是对模块内各处理动作组合强度的一种度量。内聚的类型有功能内聚、顺序内聚、通信内聚、过程内聚、古典内聚、逻辑内聚和机械内聚，其中功能内聚是最理想的一种内聚类型。为了使软件具有较好的可维护性和可修改性，模块间的耦合越小越好，模块的内聚越大越好。

面向对象设计的基本任务对问题域外部可见行为的规格说明增添实际的计算机系统实现所需的细节，包括关于人机交互、应用程序、数据库和网络的细节。设计活动的输入是在分析阶段已经完成的图或模型。分析模型代表了系统的所有需求，但是，设计活动总会发现一些需求定义方面的问题，因此设计阶段的另一个重要任务是补充需求细节并检查需求。其具体任务包括：在 OOA 模型的基础上补充某些细节详细设计；软件体系结构设计；详细设计部分（人机交互部件、数据接口设计）。在面向对象设计中，系统的体系结构是用构件图和部署图来描述的。构件图由诸如源代码文件、二进制代码文件、可执行文件或动态链接库这样的构件构成，并通过依赖关系相连接。部署图考虑应用程序的物理部署，部署图由结点、构件及它们之间的关系构成。

详细设计包括完整性控制设计、输入/输出设计、界面设计、数据库设计和处理过程设计等内容。输入/输出设计及界面设计在信息系统开发中占有很重要的地位。人机界面又称接口(interface)，是用户与计算机信息系统之间传递、交换信息的媒介，是用户使用计算机信息系统的综合操作环境，是用户与计算机信息系统进行交互的途径，所以人机界面的设计在信息系统设计中占有非常重要的地位。图形化用户界面（GUI）越来越受用户的欢迎，基于 GUI 的用户界面的设计可采用面向对象的设计方法。数据库设计所涉及的问题主要有两个方面：①数据的组织和管理；②利用工具进行数据存取，以支持用户的工作和决策制定。目前，大多数数据库应用系统都是按照关系模型来组织和管理的。自 20 世纪 80 年代以后，数据库应用开发工具也越来越丰富，如各种 Forms、Reports、Graphic 生成器。处理过程设计的基本工具有传统的程序流程图、N-S 图、PAD 图等。

习　题　四

一、名词解释

体系结构、C/S 结构、B/S 结构、结构化设计、模块、信息隐藏、耦合、内聚、包、包图、构件、构件图、配置图、完全函数依赖、部分函数依赖、传递依赖、1NF、2NF、3NF

二、简答题

1．简述系统设计的内容。

2．系统设计分哪两个层次？每个层次都包含哪些具体内容？

3．从系统分析到系统设计过渡有哪些基本方法？

4．为什么要强调体系结构的设计？

5．简述 C/S 结构是由哪几部分组成的。每部分的任务是什么？

6．C/S 结构有什么优点和缺点？

7．B/S 结构有什么优点？

8．结构化设计的基本原理是什么？有哪些特点？

9．模块有哪些基本属性？

10．软件设计的评估准则有哪些？

11．影响耦合的因素有哪些？并说明这些因素是如何影响耦合的。

12．耦合有哪些类型？

13．内聚有哪些基本类型？

14．数据流方法的基本原理是什么？

15．什么是输入臂、输出臂和变换中心？在一个 DFD 中如何识别上述三部分？

16．面向数据结构方法的基本原理是什么？

17．面向对象设计的基本任务是什么？

18．简述详细设计的内容。

19．说明数据校验的类型。

20．代码设计的原则是什么？

21．输入设计的原则是什么？

22．常用的输出形式有哪几种？

23．界面设计的一般原则是什么？

24．不好的关系模式设计可能会存在哪些问题？

25．关系规范化的实质是什么？

26．举例说明什么是 1NF、2NF、3NF。这三个范式之间的关系是什么？

三、设计题

1．设有关系模式 *R*（A，B，C，D，E），其函数依赖集为 *F*={A→B，CE→A，E→D}请回答如下问题：

(1) 指出 *R* 的所有候选码，并说明理由。

(2) *R* 最高属于第几范式（在 1NF～3NF 范围内），为什么？

(3) 将 *R* 分解到 3NF。

2．设有关系模式

R（职工名，项目名，工资，部门名，部门经理）

如果规定，每个职工可参加多个项目，各领一份工资；每个项目只属于一个部门管理；每个部门只有一个经理。

(1) 试写出关系模式 *R* 的基本函数依赖和主键。

(2) 说明 *R* 不属于 2NF 的理由，并把 *R* 分解成 2NF。

(3) 进而将 *R* 分解成 3NF，并说明理由。

3．设公司的订单业务规定：

(1) 每一张订单对应一个订单号。

(2) 一个订单可订购多种产品，一种产品可在多个订单中出现。

(3) 一张订单有一个客户，且一个客户可以有多张订单。

(4) 每一个产品编号对应一种产品的品名和单价。

(5) 每一个客户有一个确定的客户编号。

假设有关系模式：

R（订单号，日期，客户编号，客户名称，产品编码，品名，价格，数量）

试解答以下问题：

(1) 找出 *R* 的候选码。

(2) 判断 *R* 最高达到第几范式，说明理由。

(3) 若 *R* 不属于 3NF，请将 *R* 分解成 3NF 模式集。

4．假设有以下语义：

(1) 学生的学号是唯一的。

（2）一个系有若干个学生，但一个学生只能在一个系学习。

（3）同一个系的学生住在同一个区域。

（4）一个学生可以选修多门课程，每门课程可以被多个学生选修。

（5）每个学生选修一门课程有一个成绩

设计一个用于学生管理的数据库，该数据库涉及的属性包括学号（Sno）、姓名（Sname）、所在系（Sdept）、住处（Loca）、课程号（Cno）、成绩（Grade）。假设用一个单一关系模式 SLC 来表示该数据库，则该关系模式为：

SLC =（Sno，Sname，Sdept，Loca，Cno，Grade）

回答下列问题：

（1）写出 SLC 的所有函数依赖。

（2）SLC 存在哪些异常问题？

（3）SLC 最高为几范式？若不是 3NF 请将 SLC 规范化为 3NF。

5．设有关系模式：

R（配件编号，配件名称，型号，供应商名，供应商地址，单价，库存量）

假设每个供应商可提供多个配件，同一型号的配件可由多个供应商提供。请回答下列问题：

（1）请列出该关系中包含的所有函数依赖。

（2）指出该关系模式的候选键。

（3）关系模式 R 最高属于第几范式。

（4）若 R 不属于 3NF，将 R 分解为 3NF。

6．设有一个记录各个球队队员每场比赛进球数的关系模式：

R（队员号，比赛场次，进球数，球队名，队长名）

其数据语义为：每个队员只属于一个球队，每个球队只有一个队长。进球数记录每个队员在每场比赛中的进球数量。

请回答下列问题：

（1）请列出该关系模式中包含的所有函数依赖。

（2）指出该关系模式的候选键。

（3）关系模式 R 符合第几范式？为什么？

（4）若将 R 分解为：

R_1（队员号码，比赛场次，进球数）

R_2（队员号码，球队名，队长名）

R_1 和 R_2 各最高属于第几范式，为什么？

7．设某汽车运输公司数据库中有一个关系模式为：

R（汽车牌照，司机编号，行驶公里，班组编号，班组长）

若规定：

（1）每个汽车牌照对应一辆汽车。“行驶公里”为某司机驾驶某辆汽车行驶的总公里数。

（2）每个司机属于一个班组；每个班组有一个班组长。

请回答下列问题：

（1）列出该关系模式中包含的所有函数依赖。

（2）指出该关系模式的候选键。

（3）关系模式 R 最高属于第几范式？为什么？

（4）将该关系模式分解成 3NF 的关系模式，并用下画线表明分解后各关系的主码。

8．学生选课（学号，姓名，性别，年龄，课程号，课程名，课程学分，分数）

其函数依赖集为：

{学号→姓名，学号→性别，学号→年龄，课程号→课程名，课程号→课程学分，

（学号，课程号）→分数}

（1）指出这个关系模式的主码。

（2）这个关系模式是第几范式？为什么？

（3）将其分解为满足 3NF 要求的关系模式（分解后的关系模式名自定）。

第5章 信息系统实施与运维

本章导读

Frederick P. Brooks Jr.博士在其名著《人月神话》中说过："这，就是编程，一个许多人痛苦挣扎的焦油坑以及一个乐趣和苦恼共存的创造性活动。"

本章介绍了信息系统开发的最后两个阶段的内容：系统实施与系统维护。系统实施是信息系统开发的一个重要阶段。其基本任务包括物理系统的实施、编码、系统测试、人员培训、数据准备与录入、系统转换。系统维护是计算机信息系统投入运行后，为保证系统能够正常工作、进一步满足用户新的需求所采取的对原系统的修改、完善等措施，它是系统开发生命周期的最后一个阶段。其主要任务包括硬件系统的维护、程序的维护、代码的维护、数据的维护、文档的维护以及信息系统评价。

学习目标

学完本章后，读者应该能够：

- 掌握系统实施阶段的任务。
- 掌握系统维护阶段的任务。
- 掌握软件测试的内容、方法。
- 理解信息系统综合评价的方法和指标体系。

5.1 系统实施的任务和内容

5.1.1 系统实施的任务

系统实施的主要任务包括：

(1) 物理系统的实施。

(2) 编码。

(3) 系统测试。

(4) 用户培训。

(5) 数据准备与录入。

(6) 新旧系统之间的切换。

(7) 系统的评价。

5.1.2 编码

使用计算机语言来表达对计算机的要求称为编程。编程首先要选择合适的计算机语言和工具。

计算机语言从发展历史的角度可以分为四代。包括机器语言、汇编语言、高级语言、第四代语言，如图 5-1 所示。

可以看出，计算机语言在逐步向自然语言的方向发展。

(1) 机器语言：其优点是能被计算机直接理解和执行，无须翻译，效率高，执行速度快。缺点是不直观，容易出错，面向机器，通用性差。

(2) 汇编语言：是符号化的机器语言（符号语言），用助记符的符号来代替机器语言中的操作码，用地址符号来代替机器语言中的地址码，也是一种面向机器的语言。其优点是比机器语言在程序可读性方面、维护性方面加强，同时也保持了机器语言执行速度快、占存储空间小等优点；其缺点是面向机器（缺乏通用性、易出错、需要由汇编程序将其翻译成机器语言等）。

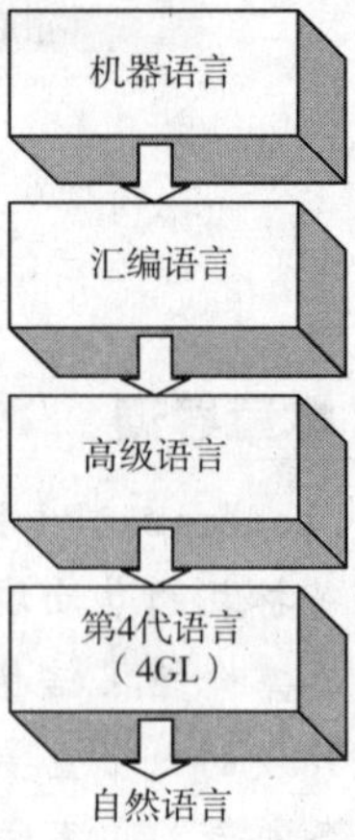

图 5-1 计算机语言的发展

(3) 高级语言：即第三代语言、面向过程的语言。编程时必须告诉计算机“如何做”，即算法。其与人类的自然语言及数学语言比较接近；通用性强，即与机器的硬件无关。典型的语言有 Basic、Fortran、Pascal、C、COBOL 等。

① Basic：初学者通用符号指令码。解释执行语言。其后代 Visual Basic（简称 VB）已成为一种功能强大的应用开发工具。

② FORTRAN：用于科学与工程计算方面的语言。引入了变量、子程序、函数的概念。

③ COBOL：通用商业语言（common business oriented language），结构与 FORTRAN 类似，但更适合于对大量数据进行管理的商业应用。很多大公司的核心应用程序仍保留在 COBOL 上。

④ C：1972 年由美国的 Dennis Ritchie 创建并首先在 UNIX 系统上使用（UNIX 的内核是用该语言写的）。C 语言允许产生机器代码、说明数据类型及定义数据结构，其强大的功能、简洁的形式、较高的运行效率和硬件控制能力，使其成为 20 世纪 80 年代最流行的程序设计语言。

⑤ Pascal：教学语言，支持函数和过程两种子程序。后来在其基础上发展起来的 Delphi 成为目前极为流行的开发工具。

(4) 第四代语言。对于第四代计算机语言（the fourth generation language，4GL），目前尚无一个统一的说法。归纳起来，大致有如下特点：

① 面向问题、非过程化。即用户只需说明“做什么”，而不必说明如何做，更接近于自然语言。

② 可视化。以“所见即所得”的编程思想为原则，实现编程工作的可视化。可视化编程的特点主要表现在两个方面：一是基于面向对象的思想，引入了类的概念和事件驱动；二是基于面向过程的思想，程序开发过程一般遵循以下步骤，即先进行界面的绘制工作，再基于事件编写程序代码，以响应鼠标、键盘的各种动作。

③ 面向对象。典型的面向对象语言有 C++、Java。

对程序的基本要求：

(1) 可维护性：维护是指对系统进行监督、统计、评价，找出问题，并进行修改、完善和扩充，使系统能正常地运行。可维护性是指软件能够被校正、被修改或被完善的难易程度。

(2) 可靠性：系统在规定的外部条件下，按照规定的功能，能够运行指定的一段时间的概率。

(3) 可理解性：理解和使用该系统的容易程度。

(4) 效率：指计算机资源（如时间和空间）能否被有效地使用。

(5) 可移植性：把程序从一种硬件配置和软件环境转换到另一种配置和环境时，需要的工作量的多少。

(6) 可重用性：该系统或系统的一部分可以在开发其他应用系统时可以被重复使用的程度。

(7) 互运行性（互操作性）：将该系统和另一个系统结合起来需要的工作量的多少。

(8) 适应性：修改或改进正在运行的系统需要的工作量有多少。

需要特别注意的是，在编程时，人们往往通过牺牲一定的时间和空间，来换取程序的可维护性和可理解性的提高。

编程语言的选择也是在实施过程中的一个重要问题。需要考虑诸多因素，如所使用的系统分析与设计方法，对性能的要求，以及语言本身的特点等。其中一个重要的因素就是系统分析和设计所使用的方法是结构化方法还是面向对象方法。一般说来，如果使用结构化方法进行分析与设计，则编程语言最好选择结构化语言（即面向过程的语言，如 C、COBOL 等）；若使用面向对象方法进行系统分析与设计，则最好使用面向对象程序设计语言（OOP）来实现，如 C++、Java、SmallTalk 等。

5.1.3 系统切换

新旧系统的切换即系统如何完成交付使用的问题。系统切换有多种方法（见图 5–2），如：

(1) 直接方式（或称立即方式），是指在规定的时刻，旧系统停止工作，新系统开始工作。这种方式最简便，但风险最大。一旦新系统出现问题，可能造成巨大损失。

(2) 平行方式，该方式是让新旧系统并行运行一段时间，当新系统运行基本没有问题时，将旧系统取而代之。该方式显然考虑了系统安全性的问题，风险较低，但是由于两个系统同时工作，成本较高。

(3) 逐步方式，即将系统的交付使用分阶段继续进行，这样既可克服立即方式风险大的缺陷，也可避免平行方式带来的成本高的问题，属于一种折中的办法。

在交付系统时具体采用哪种方式需要根据多个因素和系统的要求合理地进行权衡。

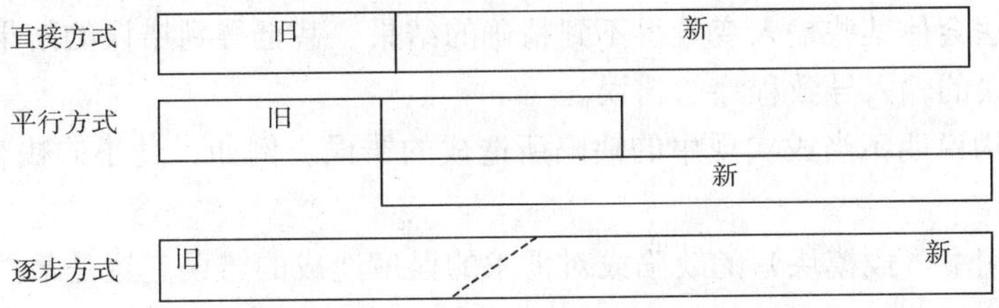

图 5–2　新旧系统切换的方式

5.2 系统测试技术

【小资料】一个项目中花在系统测试上面的时间应该是多少呢？Frederick P. Brooks 在《人月神话》中给出了一条经验法则：1/3 计划、1/6 编码、1/4 构件测试和早期系统测试、1/4 系统测试，所有的构件已完成。

5.2.1 软件测试的基本概念

1. 软件测试的意义及其重要性

软件开发的各个阶段均包含了人们大量的创造性劳动，但这一过程也可能会产生大量的错误，甚至产生软件产品致命的错误。由于软件表现形式的特殊性（是一种逻辑产品），这些错误往往不易被发现。若不能及时发现并排除软件产品中潜在的错误，其后果是十分严重的。

2. 软件测试的目的

基于不同的立场，对软件测试的目的存在着两种完全对立的观点。一种观点是通过测试暴露出软件中所包含的故障和缺陷（从用户的角度）；另一种观点是希望测试成为表明软件产品中不存在错误的过程，验证该软件中已正确地实现了用户的要求，因此，它们倾向于选取导致程序失败概率最小的测试用例和数据。

显然，第二种观点对完善和提高软件质量和可靠性毫无价值，因此测试的目的应该是通过软件测试尽可能多地发现并改正软件种存在的错误。Glenford J. Myers 把这一观点归纳为：测试是程序执行的过程，其目的在于发现错误；一个好的测试实例在于发现至今未发现的错误；一个成功的测试是发现了至今未发现的错误的测试。

因此，软件测试（software testing）是从引起和发现错误的目的出发执行某一程序的过程。

3. 软件测试的任务

软件测试有三个基本任务：预防软件发生错误；发现并改正程序错误；提供错误诊断信息。

4. 软件错误的分类

虽然影响软件可靠性的错误和缺陷与软件开发的所有阶段有关，但它集中反映在软件的设计和实现过程中。Nelson 将这些错误和缺陷概括为七个方面：

（1）编程时的语法错误。如保留字拼写错误、循环体不匹配、参数与变元不匹配等。程序员们发现在用某些解释性程序设计语言（如 Visual Basic、SmallTalk、Visual FoxPro 等）编程时检查这类错误要容易而且及时，例如，程序员输入一条或几条语句，则工作台环境可立即检查出其中的语法错误。

（2）程序员对语言结果误解所造成的错误。例如，对循环结构的误解。

（3）算法或逻辑上的错误。

（4）近似算法会使某些输入变量得不到精确的结果，甚至得到错误的结果。

（5）由于错误的输入导致程序的错误。

（6）数据结构说明不当或实现中的缺陷所造成的错误。例如，过小的栈容量造成栈操作的上溢和下溢。

（7）由于说明书（或模块）的缺陷或对需求的误解造成的错误。这是最严重的一种错误。

5. 软件测试的基本原则

为了保证软件测试的有效性，软件测试应遵循以下几个原则：

（1）避免由软件开发部门（或个人）测试自己的程序。

（2）测试用例的设计和选择、预期结果的定义要有利于错误的检测。

（3）要严格执行测试计划，排除测试的随意性。测试计划包括测试的目的、完成标准、进度、岗位责任、测试用例标准、工具、环境、机时、系统集成方式、跟踪规程、排错规程及回归测试的规定等。

（4）要将软件测试贯穿于软件开发的整个过程，以便尽早地发现错误，从而减少由于错误带来的损失。

（5）测试不仅要检查程序是否做了应该做的事情，还要检查它是否做了不应该做的事情。

（6）经验表明：程序中尚未发现的错误的数量与在该程序段已发现的错误数量往往成正比。

5.2.2　软件测试方法

软件测试的方法有三种：动态测试法、静态测试法、程序正确性证明。

1. 动态测试法

动态测试法分为黑箱法和白箱法。

1）黑箱法

黑箱法（black-box testing）又称功能测试法，它是根据程序功能的分析，推演出由函数定义域中有代表性的元素组成测试集；这些数据应包括对程序是有效的和无效的输入，极端的、正常的和特殊的数据元素。因此，黑箱法是从外界来检查模块或程序的功能，也即根据模块的输入和输出，得出所得结果的差异。这种测试无须知道模块的内部逻辑，而是给定一输入，检查是否会得到所期望的输出。黑箱法又具体分为等价类法、边值分析法、因果图法和错误猜测法等。

（1）等价类法是根据程序的 I/O 特性，将程序的输入划分为有限个等价区段，使得从每个区段内抽取的代表性数据进行的测试等价于该区段内任何数据的测试。对于每个输入条件存在着程序有效输入的有效等价类和对程序错误输入的无效等价类。例如，某实数 X 的取值范围假设为 $a<X<b$，则所有$[a+1，b-1]$之间的实数构成了有效等价类，而任何$[-\infty，a]$或$[b，+\infty]$之间的实数构成了两个无效等价类。

（2）边值分析法是一种根据 I/O 边界等价类上或紧靠边界的条件，选择测试用例的更有效的方法。例如，给定三个点，判定能否构成三角形，可选取两边之和等于第三边的实例作为边值分析法的测试用例。

(3)因果图法是通过从用自然语言书写的功能说明表中找出因——输入条件和果——输出结果，通过因果图将功能说明转换成一张判定表，然后为每种输出条件的组合设计测试用例。

（4）错误推测法是根据测试人员的经验和直觉推测程序种可能存在的各种错误。

2）白箱法

白箱法（white-box testing）又称结构测试或逻辑覆盖法。它是根据对软件内部逻辑结构的分析，选取测试数据集，即测试用例（testing case），而测试数据集对程序逻辑的覆盖程度决定了测试完全性的程度。常用的几个覆盖标准有：语句覆盖标准、判定覆盖标准、条件覆盖标准、判定/条件覆盖标准、条件组合覆盖标准。

（1）语句覆盖标准：选取足够多的测试用例，使程序的每条语句至少执行一次，以增加发现错误的可能性。这是比较弱的一种测试标准。

（2）判定覆盖标准：设计足够多的测试用例，使得程序中的每个判定分支都通过一次，即使每个判定都至少获得一次“真值”和“假值”的机会。

（3）条件覆盖标准：设计足够多的测试用例，对每个判定中所包含的每个条件的每个结果都至少取一次。注意，条件覆盖标准通常比判定覆盖标准要强，但满足条件覆盖标准的测试用例却不一定满足判定覆盖。

(4) 判定/条件覆盖标准：设计足够多的测试用例，使得判定中的每个条件都能取得各种可能的“真”值和“假”值，并使每个判定都能取得“真”、“假”两种结果。也就是说，判定/条件覆盖标准既满足判定覆盖标准，又满足条件覆盖标准。

(5) 条件组合覆盖标准：又称多重条件覆盖。设计足够多的测试用例，既使每个判定的每条分支至少通过一次，又使所有判定条件的可能结果的每一种组合均至少出现一次。不难看出，该标准是上述几个覆盖标准中最强的一个。

例如，假设有如下一条语句：

```
IF((X>0)AND(Y≠0))
    THEN S1;
ELSE  S2.
```

则 S={(1，1)，(1，0)}满足判定覆盖标准，但不满足条件覆盖标准；S={(−1，1)，(1，0)}满足条件覆盖标准，但不满足判定覆盖标准；S={(−1，1)，(1，0)，(1，1)}满足判定/条件覆盖标准；S={(1，1)，(1，0)，(−1，1)，(0，0)}满足组合条件覆盖标准。

2．静态测试法

静态测试不涉及程序的实际执行，而是以人工的、非形式化的方法对程序进行分析和测试。经验表明，大约 30%～70%的逻辑设计错误可通过静态分析检查出来，而且该方法成本较低。故静态分析技术是一种卓有成效的测试技术。测试技术中主要有以下几种方法：

1) 桌前检查

桌前检查（desk checking）通常由程序员反复阅读程序编码和流程图，对照模块功能说明、算法、语法规定检查程序的语法错误和逻辑错误。也可以设计少量测试实例，由人工来模拟计算机单步执行并观察执行的结果，从中发现错误。由于程序员熟悉程序的逻辑结构和自身的设计风格，可节省很多的检查时间。但由于人的盲目的自信心和对设计要求误解的延续性，其效果不甚理想。

2) 代码会审

代码会审是由一组人员通过阅读、讨论和争议，对程序进行静态分析的过程。会审小组在充分阅读待审程序文档、控制流程图及有关要求规范等文件的基础上，召开程序审查会，由程序员讲解程序的逻辑，并展开热烈的讨论，以揭示错误的关键所在。

通常可以为会审小组的每一位成员准备一份常见的清单以便对照检查，提高会审的效果。

3．软件正确性证明

所谓程序是正确的，是指程序能够准确无误地完成编写者所期望赋予它的功能，或者说，对任何一组允许的输入信息，程序执行后能得到一组和这组输入信息相对应的正确的输出信息。程序的输入和输出应满足的条件称为此程序的输入断言和输出断言。程序正确性的严格定义通常分为三种类型，即程序的部分正确性、终止性和完全正确性。

为了证明一个程序的完全正确性，通常采用的方法分别是证明该程序的部分正确性和终止性。

5.2.3 软件测试的类型（内容）

软件测试是按照与系统开发相反的方向来进行的。依次为：单元测试（模块测试）、集成测试、有效性测试（功能测试）、系统测试和验收测试。

1．单元测试

单元测试（unit testing）又称模块测试（module testing），用于测试单个程序模块，确定模块的逻辑和功能是否正确。单元测试的实施要以黑箱法测试其功能，辅之以白箱法测试其结构。

1）错误类型

对模块而言，常有以下几类错误：

（1）接口错误：即两个模块之间的数据传递和控制传递错误。例如，一个模块向其子模块传递和接收的数据元素的个数、数据类型和次序应该匹配，如果不匹配，则属于接口错误。

（2）输入/输出错误：例如，是否正确地打开和关闭了文件；文件、记录、数据域的定义是否正确；键的存取是否正确；文件终止条件是否正确处理等。

（3）数据结构错误：例如，数据库表的大小和属性是否正确定义；搜索下标（subscripts）和索引的定义和使用是否正确；数据名称的使用是否一致；常数、累加器和计数器的初始化是否正确；数据项的格式和属性的定义是否正确等。

（4）算法错误：例如，中间结果数据项的大小、类型和精度等特性是否正确；算法操作的顺序是否正确；对除数为0的除法的处理是否正确等。

（5）比较错误：例如，所比较的数据项的属性是否对应；在AND、OR等关系运算的比较中次序是否正确等。

（6）控制逻辑错误：例如，是否经历了所有选择结果的路径；对所有选择路径的共同出口点的规定；循环下标的正确初始化和步长；对循环出口的规定等。

2）单元测试数据的选择

许多在模块层次上进行的测试是用来检查程序的逻辑和逻辑路径，因此，对于单元测试大多是采用白箱法来测试其逻辑。但是，模块并不是一个独立的软件元素，也就是说，模块之间是相互联系的，模块之间必须有处理接口，而这些接口则可通过黑箱法来进行有效的测试。因为对于接口所强调的是输入和输出，因此在进行单元测试时最好将这两种测试技术结合起来。单元测试的基本原则是：

（1）至少一次测试所有的语句（语句覆盖标准）。

（2）测试所有可能的执行或逻辑路径的组合。

（3）在索引或下标的全域中测试所有的重复。

（4）测试每个模块的所有入口和出口。

2. 集成测试

集成测试（integration testing）用来测试模块之间的接口，也即模块之间的数据和控制传递。集成测试是与单元测试平行进行的。

在单元测试的基础上，要考虑将模块集成为系统的过程中可能出现的新问题。如经过模块接口的数据是否会丢失；一个模块是否可能破坏另一模块的功能；子功能的组合是否达到了预期要求的主功能；全程数据结构是否有问题；单个模块的误差集成放大是否会达到不能接受的程度等。因此，必须在模块集成的同时进行整体测试，发现并清楚模块连接中出现的问题，最终构成所要求的软件结构。

集成的过程有增殖（incremental）和非增殖（non-incremental）两种。所谓增殖方式，是指逐次将一个未曾测试的模块与已测试的模块（或子系统）结合成程序包，然后作为一个模块进行测试，通过增殖逐步集成。增殖测试分为两种，一是自顶向下（top-down）增殖测试方式，一是自底向上（bottom-up）的增殖测试方式。所谓非增殖方式是指先将系统中各个模块逐个独立地进行测试，然后一次集成。这种方式虽然允许多个测试人员平行工作，但必须为每一个模块准备响应的驱动模块和 Stub 模块（Stub 模块的作用是为正在测试的上级模块提供调用的目标，以及为上级模块传递预期的数据和控制标识），故测试成本较高。其次，一旦集成后的系统包含多种错误，且这些错误又是由错综复杂的原因造成的，则难以对错误定位和纠正。所以一般采用增殖测试方式。

3．有效性测试

有效性测试又称功能测试（function testing）。它重点测试一个完整的程序所产生的结果是否满足用户的需求和期望。主要运用黑箱法来寻找一个完整的软件包中出现的错误。

4．系统测试

系统测试（system testing）是对信息系统中的应用程序、硬件、手工操作以及系统的任何其他的组成部分的集成的总体的测试。

5．验收测试

验收测试（acceptance testing）是由用户来完成的测试。

5.2.4 测试报告

测试报告是信息系统开发过程中的一个重要文档，是对测试阶段工作的总结。其主要内容有：

（1）引言。介绍测试的目的、范围、测试的角度和标准、测试结果概要。

（2）测试计划和配置。包括系统配置、运行配置、测试标准和评价等。

（3）接口测试。描述对系统接口的测试和结果。

（4）功能测试。描述对系统各种功能的测试和结果。

（5）开发测试。包括正常数据和过载数据下的测试，以及在错误数据下的测试和结果。

（6）交付使用的准备。包括交付使用的软件目录，留待解决的问题，质量检验结果，对测试结果进行归纳，系统可接受的程度。

（7）附录。包括参考文献、异常状况小结、测试数据等。

5.3 信息系统运维

信息系统运维（systems operational maintenance）是信息系统投入运行后，为保证系统能够正常工作、进一步满足用户新的需求所采取的对原系统的修改、完善等措施，它是系统开发生命周期的最后一个阶段。

信息系统运维在某种意义上比软件开发更为困难，更需要计划性和经验，更需要工具的帮助，更需要加强组织和管理。但这项工作经常被人们忽视。目前信息系统领域中存在的一个不容忽视的问题是：开发出来的系统生命周期短，有的尚未产生效益就出现许多问题，甚至陷于瘫痪，令用户处于十分尴尬的境地，可以说是“留之无用，弃之可惜”。其中一个主要的原因是不重视系统运行中的维护工作。

要特别注意信息系统运维产生的副作用，即由于修改原系统而产生的新的、不希望发生的错误。信息系统运维是一个理解和修改原系统的过程，修改比开发产生错误的可能性更大。信息系统运维的副作用可以分成以下三类：

（1）修改程序的副作用：是指对源程序的修改而引入的新错误。例如，删去或修改一个子程序，改变了逻辑运算符等。

（2）修改数据的副作用：对数据结构的部分或全部修改都有可能引发新的错误。例如，将共有数据（全局数据）改为私有数据（局部数据），或反过来将私有数据改为共有数据，修改数据库文件中字段的类型、长度等。

（3）文档资料的副作用：程序修改了，相应的文档也应该随之修改，使之与系统配置完全一致。由于不重视文档的编制，未能及时对文档做出修改，出现系统与文档不匹配，这种错误应尽可能避免。

5.3.1 IT 运维服务管理框架

IT 运维服务管理框架如图 5-3 所示。

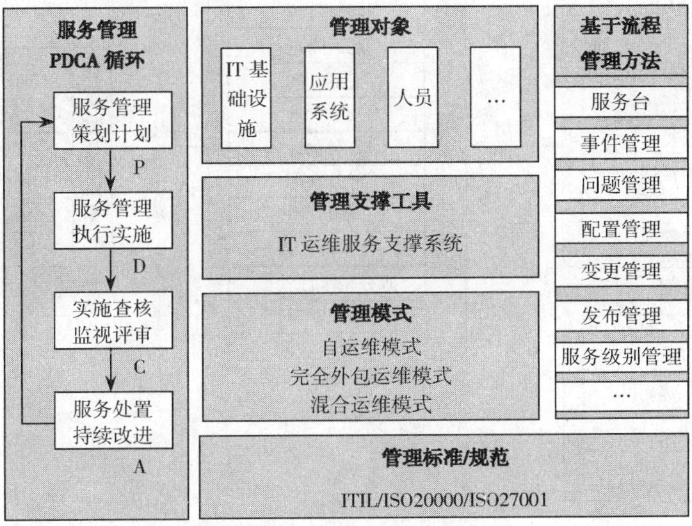

图 5-3　IT 运维服务管理框架

IT 运维服务管理框架包括 IT 运维服务全生命周期管理方法、管理标准/规范、管理模式、管理支撑工具、管理对象以及基于流程的管理方法。

IT 运维服务管理框架以 ITIL/ISO 20000 为基础，以适应各种管理模式为目标，以管理支撑工具为手段，以流程化、规范化、标准化管理为方法，以全生命周期的 PDCA 循环为提升途径，体现了对 IT 运维服务全过程的体系化管理。

PDCA 即 Plan（计划）、Do（实施）、Check（查核）、Action（处置），是从事持续改进（改善）所应遵行的基本步骤。计划是指建立改善的目标及行动方案。实施又称执行，是指依照计划推行。查核是指确认是否依计划的进度在实行，以及是否达成预定的计划。处置是指新作业程序的实施及标准化，以防止原来的问题再次发生。PDCA 不断地旋转循环，一旦达成改善的目标，改善后的现状便随即成为下一个改善的目标。PDCA 的意义就是永远不满足现状。因为员工通常较喜欢停留在现状，而不会主动去改善，所以管理者必须持续不断地设定新的挑战目标，以带动 PDCA 循环。PDCA 犹如轮子一样不断地旋转循环，它由美国戴明博士首创，所以又称戴明轮。

5.3.2 IT 运维服务管理体系

IT 运维服务管理体系规定了 IT 运维活动涉及的各类实体，以及这些实体间的相互关系。相关的实体按照 IT 运维服务管理体系进行有机组织，并协调工作，按照服务协议要求提供不同级别的 IT 运维服务。

组成 IT 运维服务管理体系的实体包括 IT 运维服务管理对象、IT 运维活动角色及 IT 运维管理组织结构、IT 运维服务管理流程、IT 运维服务支撑系统和 IT 运维服务五个要素，如图 5-4 所示。

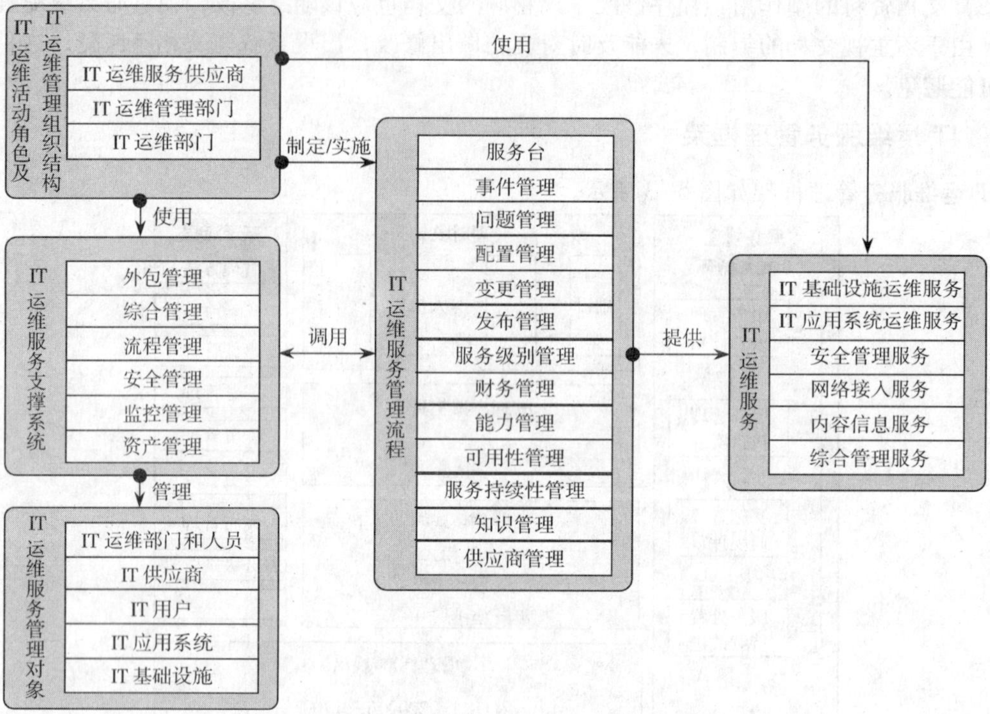

图 5-4　IT 运维服务管理体系

1. IT 运维服务管理对象

IT 运维服务管理对象包括 IT 基础设施、IT 应用系统、IT 用户、IT 供应商，以及 IT 运维部门和人员，具体内容如下：

(1) IT 基础设施包括网络、主机系统、存储/备份系统、终端系统、安全系统以及机房动力环境等。

(2) IT 应用系统包括内部办公系统、网站、面向企业和组织的各类应用系统、面向公众的应用系统等。

(3) IT 用户包括使用如上 IT 应用系统的用户。

(4) IT 供应商包括 IT 基础设施和应用系统的供应商以及 IT 运维服务的供应商。

(5) IT 运维部门和人员包括内部参与 IT 运维活动的相关部门和人员，以及提供 IT 运维服务的企业和相关人员。

2. IT 运维活动角色及 IT 运维管理组织结构

从事 IT 运维活动的所有单位、部门以及具体工作人员构成 IT 运维活动角色，单位、部门和人员的结构良好而有力的组织形式是提供 IT 运维服务的重要保障。

1) IT 运维活动角色

IT（运维服务管理主要涉及三类角色：IT 运维服务提供者、IT 运维服务使用者，以及 IT 运维服务管理者。

在自运维模式下，运维部门作为 IT 运维服务提供者负责为本单位提供 IT 运维服务，IT 运维部门可借助或不借助 IT 运维服务支撑系统对 IT 基础设施、IT 应用系统、IT 用户和 IT 供应商实施管理。该模式下，IT 运维管理部门负责对 IT 运维服务的设计、评估和改进。

在完全外包的运维模式下，IT 运维服务供应商作为 IT 运维服务提供者，遵照其与购买服务的 IT 运维管理部门签订的服务级别协议提供 IT 运维服务。IT 运维服务供应商可借助或不借助 IT 运维服务支撑系统对 IT 基础设施、IT 应用系统、IT 用户和 IT 供应商实施管理。IT 运维服务供应商负责所承担的 IT 运维服务的设计、实施、评估和改进。该模式下，IT 运维管理部门作为 IT 运维管理者负责对 IT 运维服务的选择、使用和评估。

在混合运维模式下，IT 运维服务供应商的职责与完全外包运维模式下相同，IT 部门则综合了 IT 运维部门和 IT 运维管理部门的职责。

在各种运维模式下，IT 运维部门和 IT 用户都是 IT 运维服务的使用者。

2）IT 运维管理组织结构

为实现以流程为导向、客户满意和服务品质为核心的 IT 运维服务管理，并适应不同运维模式下的管理需要，政务部门需采取合理、高效的 IT 运维管理组织结构。一般情况下，IT 运维管理组织由运维领导工作组和运维执行工作组构成。

领导组的负责人应由单位信息化主管领导担任，成员由业务部门和信息化部门具有决策权的领导或者代表构成。在采用外包模式的情况下，领导组还应包括 IT 运维服务供应商代表。执行组成员由单位信息化部门人员构成。在采用外包模式的情况下，执行组还应包含 IT 运维服务供应商参与运维的人员。

组织结构的构成要素与 IT 运维活动角色相对应。其中，运维领导工作组对应于 IT 运维服务管理者，运维执行工作组对应于 IT 运维服务提供者和使用者。

3．IT 运维服务管理流程

IT 运维服务管理流程涉及服务台、事件管理、问题管理、配置管理、变更管理、发布管理、服务级别管理、财务管理、能力管理、可用性管理、服务持续性管理、知识管理及供应商管理等，随着运维活动的不断深入和持续改进，其他流程可能会逐步独立并规范。

（1）服务台。服务台是支持 IT 运维服务的核心功能，与各个流程联系密切。所有管理流程都要通过服务台为用户提供单点联系，解答用户的相关问题和需求，或为用户寻求相应的支持人员。

（2）事件管理。事件管理流程的主要目标是尽快恢复 IT 服务提供并减少其对业务的不利影响，尽可能保证最好的 IT 服务质量和可用性等级。事件管理流程通常涉及事件的侦测和记录、事件的分类和支持、事件的调查和诊断、事件的解决和恢复以及事件的关闭。

（3）问题管理。问题管理流程的主要目标是预防问题和事故的再次发生，并将未能解决的事件的影响降到最低。问题管理流程包括诊断事件根本原因和确定问题解决方案所需要的活动，通过合适的控制过程，尤其是变更管理和发布管理，负责确保解决方案的实施。问题管理还将维护有关问题、应急方案和解决方案的信息。

（4）配置管理。配置管理流程负责核实 IT 基础设施和应用系统中实施的变更以及配置项之间的关系是否已经被正确记录下来；确保配置管理数据库能够准确地反映现存配置项的实际版本状态。

（5）变更管理。变更管理实现所有 IT 基础设施和应用系统的变更，变更管理应记录并对所有要求的变更进行分类，应评估变更请求的风险、影响和业务收益。其主要目标是以对服务最小的干扰实现有益的变更。

(6) 发布管理。发布管理负责对硬件、软件、文档、流程等进行规划、设计、构建、配置和测试，以便为实际运行环境提供一系列的发布组件，并负责将新的或变更的组件迁移到运行环境中。其主要目标是保证运行环境的完整性被保护以及正确的组件被发布。

(7) 服务级别管理。负责协商并记录所提供的服务、相应的服务级别目标以及工作量特性，协商并记录服务级别协议、支撑服务约定、供方合同以及相应的程序。服务级别管理还监视并报告服务级别，支持查看和定期的评审，以确保服务级别协议的更新和持续有效。

(8) 财务管理。财务管理负责管理服务提供的成本，制定预算、账务和收费需求。

(9) 能力管理。能力管理是通过优化服务成本、安排采购时间和部署 IT 资源，从而履行与客户签订的协议。能力管理主要涉及资源管理、性能管理、需求管理、模拟测试、能力规划、负载管理以及应用选型。能力管理主要通过重点关注需求的规划和整合，从而确保约定的服务级别可以实现。

(10) 可用性管理。可用性管理流程负责定义、分析、计划、测量和改进服务的所有可用性方面，从而保证 IT 基础设施、流程、工具、角色等与协议达成的服务级别中的可用性目标相适应。

(11) 服务持续性管理。服务持续性管理流程的目标是确保向客户承诺的协商一致的服务持续性在任何风险下都能得到满足。该流程负责管理可能严重影响服务的风险，制定服务持续性计划并定期评审。

(12) 知识管理。知识管理流程负责搜集、分析、存储和共享知识和信息，其主要目的是通过确保提供可靠和安全的知识和信息提高管理决策的质量。

(13) 供应商管理。供应商管理目标是管理供应商及其所提供的服务。该流程负责供应商信息维护，以及对供应商的归类和评估。

4. IT 运维服务支撑系统

1) IT 运维服务支撑系统分类

根据在不同应用场景下实现的功能或功能组合的不同，IT 运维服务支撑系统可划分为若干类别。例如，有的系统仅实现静态资产管理功能和综合统计分析功能；有的系统实现静态资产信息管理功能，支持信息化的管理流程，并具备综合统计分析和决策支持功能；而有的系统从资产、安全、监控、流程、综合统计分析和决策支持以及外包管理等方面为 IT 运维提供全方位信息化支持。

根据用户组织结构、规模以及管理体制的不同，IT 运维服务支撑系统的具体实现和部署方式也有所不同。相应地，IT 运维服务支撑系统可以划分为单级系统和多级系统两类。

2) IT 运维服务支撑系统基本技术要求

IT 运维服务支撑系统在实现和部署方面，应该满足以下几个方面的基本技术要求：

(1) 能够对包括网络系统、主机系统、存储/备份系统、应用系统、终端系统、安全系统、机房动力及环境等资源进行集中统一管理。

(2) 支持 ISO 20000 系列标准规定的服务思想和基于 ITIL 的流程管理原则。

(3) 系统结构清晰，能够采用层次化、模块化的设计理念，各功能模块功能独立、松耦合，而系统整体功能完备，便于用户根据需求自由组合。

(4) 系统应具有较强的开放性和扩展性，通过插件体系和数据交换接口，可平滑地扩展系统功能并与第三方产品进行集成。

(5) 能支持各类通用的硬件和操作系统平台。

(6) 可对管理信息进行综合展现，可以根据用户需求通过配置定制个性化业务窗口，可支持定制化二次开发。

(7) 满足系统使用过程中容量和效率的要求。

5. IT 运维服务

IT 运维服务的提供者基于服务级别协议（service level agreement，SLA）向 IT 运维服务的使用者提供各类 IT 运维服务。不同服务级别对应的服务质量指标是服务级别协议的重要组成部分。服务质量指标体现服务供应商所提供的 IT 运维服务的质量。

1) IT 运维服务分类

IT 运维服务可分为 IT 基础设施运维服务、IT 应用系统运维服务、安全管理服务、网络接入服务、内容信息服务和综合管理服务等。

(1) IT 基础设施运维服务。IT 基础设施运维服务对 IT 基础设施进行监视、日常维护和维修保障。服务涉及的基础设施包括网络系统、主机系统、存储/备份系统、终端系统、安全系统、机房动力及环境等。

(2) IT 应用系统运维服务。应用系统运维服务对应用系统进行设计、集成、维护及改进。应用系统运维服务涉及的应用系统包括 OA 及内部办公系统、政府网站、面向企业和组织的应用系统、面向公众的应用系统以及城市管理类应用系统等。

(3) 安全管理服务。安全管理服务对 IT 环境涉及的网络、应用系统、终端、内容信息的安全进行管理，包括安全评估、安全保护、安全监控、安全响应及安全预警等服务。

(4) 网络接入服务。网络接入服务提供网络规划和接入，包括互联网接入服务、专网接入服务等。

(5) 内容信息服务。内容信息服务对内容信息进行采集、发布、巡检、统计、编辑、信息挖掘以及汇报，为内容信息的获取和进一步处理提供支持。

(6) 综合管理服务。综合管理服务包括咨询与培训服务、技术支持服务、综合系统服务等。

2) IT 运维服务的质量指标

服务质量指标要根据各政务部门的需求可定制、可扩充。各类 IT 运维服务的质量指标通常包括但不限于：

(1) IT 基础设施和应用系统运维服务。

① 监控类服务：异常报告及时率、异常漏报率。

② 日常维护类服务：维护作业计划的及时完成率、故障隐患发现率、异常主动发现率、故障服务请求及时满足率、业务服务请求及时满足率、问题解决率等。

③ 维修保障类服务：服务响应及时率、到达现场及时率、故障修复及时率。

(2) 安全管理服务：漏洞扫描覆盖率、安全报告呈报及时率、安全漏洞遗漏数量、安全漏洞遗漏率、加固设备覆盖率、安全补丁安装及时率、安全事件次数等。

(3) 网络接入服务：平均响应时间、问题解决比率等。

(4) 内容信息服务：检索成功率、响应及时率等。

(5) 综合管理服务：平均响应时间、问题解决比率等。

【本章要点回顾】

信息系统的实施主要包括两个内容：编码和测试。随着编程工具的迅速发展，编码已不再仅仅是专业程序设计人员才能够从事的工作；测试是系统开发中非常重要的一个内容，测试是程序执行的过程，其目的在于发现错误，而不是证明程序无错。软件测试的方法有三种，它们是动态测试法、静态测试法和程序正确性证明。

信息系统运维是信息系统投入运行后，为保证系统能够正常工作，进一步满足用户新的需求所采取的对原系统的修改、完善等措施，它是系统开发生命周期的最后一个阶段。IT 运维服务管理框架包括 IT 运维服务全生命周期管理方法、管理标准/规范、管理模式、管理支撑工具、管理对象以及基于流程的管理方法。IT 运维服务管理框架以 ITIL/ISO 20000 为基础，以适应各种管理模式为目标，以管理支撑工具为手段，以流程化、规范化、标准化管理为方法，以全生命周期的 PDCA 循环为提升途径，体现了对 IT 运维服务全过程的体系化管理。

习 题 五

一、名词解释

4GL、软件测试、黑箱法、白箱法、桌前检查、代码会审、单元测试、集成测试、有效性测试、系统测试、验收测试、IT 运维

二、简答题

1. 系统实施阶段的任务是什么？
2. 软件测试的目的是什么？
3. 软件测试有哪些基本策略（方法）？
4. 什么是白箱法？什么是黑箱法？
5. 白箱测试中有哪些覆盖标准？并举例说明如何选取满足这些覆盖标准的测试用例。
6. 软件测试的内容是什么？
7. 解释单元测试、集成测试、功能测试、系统测试、验收测试与系统开发过程的关系。
8. 什么是单元测试（模块测试）？在单元测试中，经常发现的错误有哪些类型？
9. 简述 IT 运维服务管理的对象。
10. 简述 IT 运维服务管理的流程。
11. 简述 IT 运维服务的类型。

第6章 信息系统文档编制

本章导读

本章主要介绍文档的概念、作用以及高质量的信息系统文档应具备的特征。详细介绍了信息系统开发中需要编制的一些主要文档的内容。

学习目标

通过学习，读者应该能够：

- 了解文档在信息系统开发中的重要作用。
- 了解信息系统开发的主要文档的内容。
- 了解编制信息系统文档的基本要求。

6.1 文档概述

文档标准化是进行良好沟通的基础，是提高软件可重用性的一种有效的手段。

文档（document）是一种数据媒体和媒体上所记录的信息。在信息系统开发中，文档被用来描述或表示对开发活动、需求、过程或结果进行描述、定义、规定、报告或认证的任何书面或图示的信息。

文档是现代软件产品的一个重要组成部分。文档是交流的手段，任何一个信息系统的开发都是由具有不同背景的人员组成的，同时，由于开发人员的流动、工作安排上的变化，如果没有统一的文档，将会给后继人员造成开发和维护上的困难。为了提高用户与系统开发人员之间以及系统开发人员之间的交流效率，必须对文档标准化。文档对信息系统的开发过程有重要的控制作用。一个大型系统的开发通常是由很多人员共同完成的，而且所做的工作有先后次序之分。文档通常是对某一阶段的工作成果的记录，也是下一阶段工作的基础和依据。从这个角度上来讲，所采用的技术必须具有一致性、连贯性；每一个阶段、每一个活动都要建立标准化的文档。文档是进行系统维护的依据。如果没有文档，则系统的维护工作将寸步难行。

实际上，文档的编写工作本身就是对系统重新认识的一个过程。如果发现文档不能按照要求顺利地编写，或者某些细节有些含糊，那么说明对系统的理解还比较欠缺。

高质量的文档应当体现在以下一些方面：

(1) 针对性：文档编制以前应分清读者对象，按不同的类型、不同层次的读者，决定怎样适应他们的需要。例如，管理文档主要是面向管理人员的，用户文档主要是面向用户的，这两类文档不应像开发文档（面向软件开发人员）那样过多地使用软件领域的专业术语。

（2）精确性：文档的行文应当十分确切，不能出现多义性的描述。同一项目若干文档内容应该协调一致，应是没矛盾的。

（3）清晰性：文档编写应力求简明，如有可能，配以适当的图表，以增强其清晰性。

（4）完整性：任何一个文档都应当是完整的、独立的，它应自成体系。例如，前言部分应作一般性介绍，正文给出中心内容，必要时还有附录，列出参考资料等。同一项目的几个文档之间可能有些部分相同，这些重复是必要的。例如，同一项目的用户手册和操作手册中关于本项目功能、性能、实现环境等方面的描述是没有差别的。特别要避免在文档中出现转引其他文档内容的情况。比如，一些段落并未具体描述，而用“见××文档××节”的方式，这将给读者带来许多不便。

（5）灵活性：各个不同的软件项目，其规模和复杂程度有许多实际差别，不可一视同仁。对于较小的或比较简单的项目，可做适当调整或合并。比如，可将用户手册和操作手册合并成用户操作手册；软件需求说明书可包括对数据的要求，从而去掉数据要求说明书；概要设计说明书与详细设计说明书可合并成软件设计说明书等。

（6）可追溯性：由于各开发阶段编制的文档与各阶段完成的工作有着紧密的关系，随着开发工作的逐步扩展，前后两个阶段生成的文档具有一定的继承关系。在一个项目各开发阶段之间提供的文档必定存在着可追溯的关系。例如，某一项软件需求，必定在设计说明书、测试计划以至用户手册中有所体现。必要时应能做到跟踪追查。

文档的编制是一项异常繁重的工作，这是造成许多开发人员忽视文档的一个重要原因。计算机辅助软件工程（CASE）工具一般都具有文档自动生成的功能，这样大大减轻了开发人员编写文档的负担。文档的编制工作十分重要，不可掉以轻心。

另外，文档的编制工作应根据开发工作的进度随时进行，避免在系统开发完之后才进行文档的编制（这种文档称为事后文档，post-document），文档应该是整个系统开发工作的一个副产品（by-product）。

系统开发过程中应该完成的文档如表 6-1 所示。文档的内容和格式应参照有关标准。

表 6-1　系统开发生命周期各阶段产生的图表和应编制的文档

阶段名称	所用图表	文档名称
信息系统规划	U/C 矩阵	系统规划报告
信息系统分析	组织结构图 业务流程图 输入信息调查表 输出信息调查表 保存信息调查表 代码信息调查表 数据流程图 数据字典 判定树/判定表	可行性分析报告 系统需求规格说明书
信息系统设计	系统功能图 系统总体结构图 IPO 图描述表	系统概要设计说明书 数据库设计说明书 系统详细设计说明书

续表

阶段名称	所用图表	文档名称
	模块逻辑图描述表 数据文件结构图 数据结构图 程序流程图 模块关联图	
信息系统实施		系统测试计划 系统测试报告
信息系统运维	系统故障台账 故障联络票 软件资料管理表 功能变更管理表 变更书	用户手册 管理员手册 系统维护手册

6.2　系统需求规格说明书

软件需求规格说明书阐述一个软件系统必须提供的功能和性能及其所要考虑的限制条件，它不仅是系统测试和用户文档的基础，也是所有子系列项目规划、设计和编码的基础。

6.2.1　系统需求规格说明书的内容

图 6-1 所示为 Karl E. Wiegers 在其著作 *Software Reqirements* 中根据 IEEE 的标准所给出的一个软件需求说明书的文档结构模板。

下面对该文档模板中的各项作一简要说明。

第 1 章　引言

引言的目的是为了帮助读者阅读并理解文档。

1.1　产品的目的

对产品进行定义，在该文档中详尽说明该软件产品的需求，包括修订或发行版本号。

1.2　文档约定

描述编写文档时所采用的标准或排版约定，包括正文风格、提示区或重要符号以及文档结构。

1.3　风险承担者

列举与该软件系统有关的所有风险承担者（stackholder），包括投资者、开发人员、项目经理、用户、测试人员等。

1.4　产品的范围

对软件及其目的的简短描述，包括利益和目标。指出软件的开发目标与企业战略目标或业务目标是否一致，以及该软件系统对企业战略目标的实现有哪些方面的支持等。

1.5　参考文献

列举编写软件需求规格说明书时所参考的资料或其他资源。包括用户界面风格指导、合同、标准、用例文档或相关产品的软件需求规格说明书等。应该给出详细的信息，包括标题名称、作者、版本号、日期、出版单位或资料来源等。

软件需求规格说明书（SRS）

第 1 章　引言

1.1 产品的目的

1.2 文档约定

1.3 风险承担者

1.4 产品的范围

1.5 参考文献

第 2 章　系统服务概述

2.1 产品的前景

2.2 产品的功能

2.3 用户类和特征

2.4 运行环境

2.5 设计和实现上的限制

2.6 假设和依赖

第 3 章　外部接口需求

3.1 用户界面

3.2 硬件接口

3.3 软件接口

3.4 通信接口

第 4 章　系统特性

4.1 说明和优先级

4.2 激励/响应序列

4.3 功能需求

第 5 章　其他非功能需求

5.1 性能需求

5.2 安全设施需求

5.3 安全性需求

5.4 软件质量属性

5.5 业务规则

5.6 用户文档

第 6 章　其他需求

附录 A　词汇表

附录 B　分析模型

附录 C　待确定问题的列表

附录 D　业务文档和表格

图 6-1　软件需求规格说明书模板

第 2 章　系统服务概述

这一部分概述正在定义的产品及其运行环境、使用产品的用户和已知的约束、假设和依赖。

2.1　产品的背景

描述软件需求规格说明书中所定义的产品的背景和来源，说明该产品是否是产品系列中的成员，是否是成熟产品经过改进的下一代产品，是否是现有应用程序的替代品，或者是否是一个新型的、自含型产品。如果软件需求规格说明书定义了某个系统的一个组成部分，那么就要说明这部分软件是怎样与整个系统相关联的，并且要定义出二者之间的接口。

2.2　产品的功能

概述该产品具有的主要功能。很好地组织产品的功能，使每个读者都易于理解。用图形表示主要的需求以及它们之间的联系，例如数据流程图的环境图或类图，都是有用的。

2.3　用户类和特征

确定觉得可能使用该产品的不同用户类并描述它们相关的特征。有一些需求可能只与特定的用户类相关，将该产品的重要用户类与那些不太重要的用户类区分开。

2.4　运行环境

描述软件的运行环境，包括硬件平台、操作系统和版本，还有其他的软件组件或与其共存的应用程序。

2.5　设计和实现上的限制

确定影响开发人员自由选择的问题，并说明这些问题为什么成为一种限制。可能的限制包括如下内容：

(1) 必须使用或者避免的特定技术、工具、编程语言和数据库。

(2) 所要求的开发规范或标准（例如，所使用的设计符号表示和编码标准）。

(3) 企业策略、政府法规或工业标准。

(4) 硬件限制，例如定时需求或存储器限制。

(5) 数据转换格式标准。

2.6　假设和依赖

列举出在对软件需求规格说明中影响需求陈述的假设因素（与已知因素相对立）。这可能包括打算要用的商业组件或有关开发或运行环境的问题。你可能认为产品将符合一个特殊的用户界面设计约定，但是另一个 SRS 读者却可能不这样认为。如果这些假设不正确、不一致或被更改，就会使项目受到影响。

此外，确定项目对外部因素存在的依赖。例如，如果打算把其他项目开发的组件集成到系统中，那么就要依赖那个项目按时提供正确的操作组件。如果这些依赖已经记录到其他文档（例如项目计划）中，那么在此就可以参考其他文档。

第 3 章　外部接口需求

利用本部分来确定可以保证新产品与外部组件正确连接的需求。关联图表示了高层抽象的外部接口。需要把对接口数据和控制组件的详细描述写入数据字典中。如果产品的不同部分有不同的外部接口，那么应把这些外部接口的详细需求并入到这一部分的实例中。

3.1　用户界面

陈述所需要的用户界面的软件组件。描述每个用户界面的逻辑特征。以下是可能要包括的一些特征：

(1) 将要采用的图形用户界面（GUI）标准或产品系列的风格。

(2) 屏幕布局或解决方案的限制。

(3) 将出现在每个屏幕的标准按钮。

(4) 快捷键。

(5) 错误信息显示标准。

(6) 功能或导航链接（例如一个帮助按钮）。

对于用户界面的细节，例如特定对话框的布局，应该写入一个独立的用户界面规格说明中，而不能写入软件需求规格说明中。

3.2　硬件接口

描述系统中软件和硬件每一接口的特征。这种描述可能包括支持的硬件类型、软硬件之间交流的数据和控制信息的性质以及所使用的通信协议。

3.3　软件接口

描述该产品与其他外部组件（由名字和版本识别）的连接，包括数据库、操作系统、工具、库和集成的商业组件。明确并描述在软件组件之间交换数据或消息的目的。描述所需要的服务以及内部组件通信的性质。确定将在组件之间共享的数据。如果必须用一种特殊的方法来实现数据共享机制，例如在多任务操作系统中的一个全局数据区，那么就必须把它定义为一种实现上的限制。

3.4　通信接口

描述与产品所使用的通信功能相关的需求，包括电子邮件、Web 浏览器或协议及电子表格等。定义相关的消息格式。规定通信安全或加密问题和同步通信机制。

第 4 章　系统特性

在图 6-1 所示的模板中，功能需求是根据系统特性即产品所提供的主要服务来组织的。你可能更喜欢通过使用实例、运行模式、用户类、对象类成功能等级来组织这部分内容（IEEE 1998）。你还可以使用这些元素的组合。总而言之，你必须选择一种使读者易于理解预期产品的组织方案。仅用简短的语句说明特性的名称。无论想说明何种特性，阐述每种特性时都将重述 4.1~4.3 这三步系统特性。

4.1　说明和优先级

提出对该系统特性的简短说明并指出该特性的优先级是高、中还是低。或者可以包括对特定优先级部分的评价，例如利益、损失、费用和风险，其相对优先等级可以从 1（低）到 9（高）。

4.2　激励/响应序列

列出输入激励（用户动作、来自外部设备的信号或其他触发器）和定义这一特性行为的系统响应序列。这些序列将与用例相关的对话元素相对应。

4.3　功能需求

列出与该特性相关的详细功能需求。这些是必须提交给用户的软件功能，使用户可以使用所提供的特性执行服务或者使用所指定的使用实例执行任务。描述产品如何响应可预知的出错条件或者非法输入或动作。必须唯一地标识每个需求。

第 5 章　其他非功能需求

这部分列举出了所有非功能需求，而不是外部接口需求和约束。

5.1　性能需求

阐述不同的应用领域对产品性能的需求，并解释它们的原理以帮助开发人员作出合理的设计选择。确定相互合作的用户数或者所支持的操作、响应时间以及与实时系统的时间关系。还可以在这里定义容量需求，例如存储器和磁盘空间的需求或者存储在数据库中表的最大行数。尽可能详细地确定性能需求。可能需要针对每个功能需求或特性分别陈述其性能需求，而不是把它们都集中在一起陈述。例如，“在运行微软 Windows 7 的 Core i3 的计算机上，当系统至少有 50%的空闲资源时，95%的目录数据库查询必须在两秒内完成”。

5.2　安全设施需求

详尽陈述与产品使用过程中可能发生的损失、破坏或危害相关的需求。定义必须采取的安全保护或动作，还有那些预防的潜在的危险动作。明确产品必须遵从的安全标准、策略或规则。一个安全设施需求的范例如：“如果油箱的压力超过了规定的最大压力的 95%，那么必须在 1 秒内终止操作。”

5.3　安全性需求

详尽陈述与系统安全性、完整性或与私人问题相关的需求，这些问题将会影响到产品的使用和产品所创建或使用的数据的保护。定义用户身份确认或授权需求。明确产品必须满足的安全性或保密性策略。你可能更喜欢通过称为完整性的质量属性来阐述这些需求。一个软件系统的安全需求的范例如下：“每个用户在第一次登录后，必须更改他的最初登录密码。最初的登录密码不能重用。”

5.4　软件质量属性

详尽陈述与客户或开发人员至关重要的其他产品质量特性。这些特性必须是确定、定量的，并在可能时是可验证的。至少应指明不同属性的相对侧重点，例如易用程度优于易学程度，或者可移植性优于有效性。

5.5　业务规则

列举出有关产品的所有操作规则，例如什么人在特定环境下可以进行何种操作。这些本身不是功能需求，但它们可以暗示某些功能需求执行这些规则。一个业务规则的范例如下：“只有持有管理员密码的用户才能执行$100.00 或更大额的退款操作。”

5.6　用户文档

列举出将与软件一同发行的用户文档部分，例如，用户手册、在线帮助和教程。明确所有已知的用户文档的交付格式或标准。

第 6 章　其他需求

定义在软件需求规格说明的其他部分未出现的需求，例如国际化需求或法律上的需求。还可以增加有关操作、管理和维护部分来完善产品安装、配置、启动和关闭、修复和容错，以及登录和监控操作等方面的需求。在模板中加入与项目相关的新部分。如果不需要增加其他需求，就省略这一部分。

附录 A　词汇表

定义所有必要的术语，以便读者可以正确地解释软件需求规格说明，包括词头和缩写。你可能希望为整个公司创建一张跨越多个项目的词汇表，并且只包括特定于单一项目的软件需求规格说明中的术语。

附录 B　分析模型

这个可选部分包括或涉及相关的分析模型的位置，例如数据流程图、类图、状态转换图或实体-联系图。

附录 C　待确定问题的列表

编辑一张在软件需求规格说明中待确定问题的列表，其中每一表项都编上号，以便于跟踪调查。

附录 D　业务文档和表格

尽可能列举系统涉及的所有业务文档以及单证、单据的样式，如发票、订单等。

6.2.2　系统需求规格说明书的编制原则

如何编写优秀的系统需求规格说明书文档虽然没有明确的方法，但采纳下面的建议肯定能提高所编写的文档的质量。

（1）尽可能使用有效的技术编写风格和用户业务领域的语言而不是计算机专业术语。

（2）保持语句和段落的简短。

（3）采用主动语态的表达方式。

（4）编写具有正确的语法、拼写和标点的完整句子。

（5）使用的术语与词汇表中所定义的应该一致。

（6）需求陈述应该具有一致的样式，例如“系统必须……”或者“用户必须……”，并紧跟一个行为动作和可观察的结果。例如，“仓库管理子系统必须显示一张所请求的仓库中有存货的商品清单。”

（7）为了减少不确定性，必须避免模糊的、主观的术语，例如，用户友好、容易、简单、迅速、有效、支持、许多、最新技术、优越的、可接受的和健壮的。当用户说“用户友好”或者“快”或者“健壮”时，应该明确它们的真正含义并且在需求中阐明用户的意图。

（8）避免使用比较性的词汇，例如：提高、最大化、最小化和最佳化。定量地说明所需要提高的程度或者说清一些参数可接受的最大值和最小值。当客户说明系统应该“处理”、“支持”或“管理”某些事情时，应该能理解客户的意图。含糊的语句表达将引起需求的不可验证。

（9）采用层次化的结构编写需求。可以把顶层不明确的需求向低层详细分解，直到消除不明确性为止。编写详细的需求文档所带来的益处是，如果需求得到满足，那么客户的目的也就达到了，但是不要让过于详细的需求影响了设计。如果能用不同的方法来满足需求且这种方法都是可接受的，那么需求的详细程度也就足够了。然而，如果评审软件需求规格说明书的设计人员对客户的意图还不甚了解，那么就需要增加额外的说明，以减少由于误解而产生返工的风险。

（10）文档的编写人员必须以相同的详细程度编写每个需求文档。如，“组合键 Control-S 代表保存文件”和“组合键 Control-P 代表打印文件”被当成两个独立的需求。然而，“产品必须响应以语音方式输入的编辑指令”则被作为一个子系统，而并不作为一个简单的功能需求。

（11）文档的编写人员不应该把多个需求集中在一个冗长的叙述段落中。在需求中诸如“和”、“或’之类的连词就表明了该部分集中了多个需求。务必记住，不要在需求说明中使用“和／或”、“等等”之类的连词。

（12）文档的编写人员在编写软件需求规格说明时不应该出现需求冗余。虽然在不同的地方出现相同的需求可能会使文档更易读，但这也造成了维护上的困难。需求的多个实例都需要同时更新，以免造成需求各实例之间的不一致。

6.2.3　系统需求规格说明书的编制要求

（1）完整性。不能遗漏任何必要的需求信息。遗漏需求将很难查出。

（2）一致性。一致性是指与其他需求或高层（系统、业务）需求不相矛盾。在开发前必须解决所有需求间的不一致部分。只有进行一番调查研究，才能知道某一项需求是否确实正确。

（3）可修改性。在必要时或为维护每一需求变更历史记录时，应该修订 SRS。这就要求每项需求要独立标出，并与别的需求区别开来，从而无二义性。每项需求只应在 SRS 中出现一次。这样更改时易于保持一致性。另外，使用目录表、索引和相互参照列表方法将使系统需求规格说明更容易修改。

（4）可跟踪性。应能在每项系统需求与它的根源和设计元素、源代码、测试用例之间建立起链接链，这种可跟踪性要求每项需求以一种结构化的、粒度好的方式编写并单独标明，而不是大段大段的叙述。

系统需求规格说明书的编制模板和要求可参见附录 A。

6.3 系统概要设计说明书

系统设计阶段的文档主要是《系统概要设计说明书》、《系统详细设计说明书》、《数据库设计说明书》等。其主要内容包括：

1．系统总体设计方案

系统总体设计方案的内容包括：

（1）应用软件和数据库设计报告。

（2）系统运行环境和软件、硬件配置报告。

（3）系统的网络与通信的设计和实施方案。

2．详细设计方案

详细设计方案的内容包括：

（1）代码设计方案。

（2）输入/输出设计方案。

（3）数据库设计方案。

（4）程序设计说明书。

各个文档的具体内容和编制要求参见附录 B、附录 C 和附录 D。

附录 A 系统需求规格说明书模板

<table>
<tr><td rowspan="3">[开发商名称]</td><td>文 档 编 号</td><td>产品版本</td><td>密级</td></tr>
<tr><td></td><td></td><td></td></tr>
<tr><td colspan="2">产品名称：</td><td>共　　页</td></tr>
</table>

[项目名称]

系统需求规格说明书

拟制：		**日期：**	yyyy-mm-dd
审核：		**日期：**	yyyy-mm-dd
核准：		**日期：**	yyyy-mm-dd
签发：		**日期：**	yyyy-mm-dd

文档版本：

文件修改记录

修改日期	版本	修改页码、章节、条款	修改描述	作者
yyyy-mm-dd				

目　录

系统需求规格说明书

关键词：

摘　要：

缩略语说明：

缩略语	英文全名	中文解释

参考资料：

列出本文档的所有参考文献（包括：正式/非正式出版物、公司/部门文档等），格式如下：
作者+书名（或杂志、文献、文档）+出版社（或期号、卷号、公司文档编号）+出版日期

模板使用说明：

[1]注明可选的部分，可以根据实际情况选择是否填写，如果不必说明，请务必保留相关的章节标题，同时在该可选章节的内容中填入“无”，未注名可选的，则必须描述，如果有些设计此模板中没有合适的地方填写，则补充在最后的其他栏目中。

[2]模板中斜体字相当于撰写指南，最后文稿请将本模板中所有的斜体字部分全部删除。

[3]模板里并不说明设计技术和方法，而只是说明应包含哪些内容，以及如何描述、组织这些内容。

[4]附录 B、附录 C、附录 D 的模板使用说明同此。

1 引言

1.1 目的

说明编写这份软件需求说明书的目的，指出预期的读者范围。说明本需求文档描述了哪个产品的软件需求。

1.2 范围

说明文档所包括和不包括的内容，具体是：

(1) 待开发的软件系统的名称。

(2) 说明软件将干什么，如果需要的话，还要说明软件产品不干什么。

(3) 描述所说明的软件的应用。如果有一个较高层次的说明存在，则应该使其和高层次说明中的类似的陈述相一致（例如，系统的需求规格说明）。

2 总体概述

2.1 产品描述

叙述该项软件开发的意图、应用目标、作用范围以及其他应向读者说明的有关该软件开发的背景材料。解释被开发软件与其他有关软件之间的关系。如果本软件产品是一项独立的软件，而且全部内容自含，则说明这一点。如果所定义的产品是一个更大的系统的一个组成部分，则应说明本产品与该系统中其他各组成部分之间的关系，为此可使用一张方框图来说明该系统的组成和本产品同其他各部分的联系和接口。

2.2 软件功能

概述软件必须实现的和通过用户操作实现的主要功能。这里只需要进行简要描述（例如目录列表），详细描述在详细需求部分描述。

有时，如果存在较高层次的规格说明，则功能摘要可从中取得，这个较高层次的规格说明为软件产品分配了特殊的功能，为了清晰起见，请注意：

(1) 编制功能的一种方法是制作功能表，以便客户或者第一次读这个文件的人都可以理解。

(2) 用方框图来表达不同的功能和它们的关系也是有帮助的。但应牢记，这样的图不是产品设计时所需求的，而只是一种有效的解释性的工具。

例如：高层的数据流图，面向对象的分析等。

2.3　用户特点

列出本软件的最终用户的特点，充分说明操作人员、维护人员的教育水平和技术专长，以及本软件的预期使用频度。这些是软件设计工作的重要约束。

2.4　一般约束

对设计系统时限制开发者选择的其他一些项作一般性描述（具体需求或具体设计约束在具体需求和设计约束章节叙述）。这些包括：

（1）管理方针。

（2）硬件的限制。

（3）与其他应用间的接口。

（4）并行操作。

（5）审查功能。

（6）控制功能。

（7）所需的高级语言。

（8）通信协议。

（9）应用的临界点。

（10）安全和保密方面的考虑。

2.5　假设和依赖

列出可能影响需求的所有的假设因素（与已知事实相对而言），包括准备使用的第三方或商业组件，操作和开发环境的问题约束等。如果上述假设不正确、没有被告知或者改变了都将对项目产生影响。列出项目对外部条件的依赖，例如重用其他项目的模块等。如果在其他文档（例如项目计划或范围文档等）里已经描述了，在这里可以不用描述。

3　具体需求

3.1　功能需求

对于每一类功能或者有时对于每一个功能，需要具体描述其输入、处理和输出的需求。由四个部分组成。

3.1.1　功能需求 1

1. 引言

描述的是功能要达到的目标、所采用的方法和技术，还应清楚说明功能意图的由来和背景。

2．输入

（1）详细描述该功能的所有输入数据。例如：输入源、数量、度量单位、时间设定、有效输入范围（包括精度和公差）。

（2）操作员控制细节的需求。其中有名字、操作员活动的描述、控制台或操作员的位置。例如：当打印检查时，要求操作员进行格式调整。

（3）指明引用接口说明或接口控制文件的参考资料。

3．处理

定义输入数据、中间参数，以获得预期输出结果的全部操作。它包括如下的说明：

（1）输入数据的有效性检查。

（2）操作的顺序，包括事件的时间设定。

（3）响应，例如，溢出、通信故障、错误处理等。

（4）受操作影响的参数。

（5）降级运行的要求。

（6）用于把系统输入变换成相应输出的任何方法（方程式、数学算法、逻辑操作等）。

（7）输出数据的有效性检查。

4．输出

（1）详细描述该功能所有输出数据，例如：输出目的地、数量、度量单位、时间关系、有效输出的范围（包括精度和公差）、非法值的处理、出错信息。

（2）有关接口说明或接口控制文件的参考资料。

此外，对着重于输入/输出行为的系统来说，需求说明应指定所有有意义的输入/输出对及其序列。当一个系统要求记忆它的状态时，需要这个序列，使得它可以根据本次输入和以前的状态作出响应。也就是说，这种情况犹如有限状态机。

3.1.2 功能需求 2

……

3.1.n 功能需求 n

3.2 外部接口需求

3.2.1 用户接口

提供用户使用软件产品时的接口需求。例如，如果系统的用户通过显示终端进行操作，就必须指定如下要求。

（1）对屏幕格式的要求。

（2）报表或菜单的页面打印格式和内容。

（3）输入/输出的相对时序。

（4）程序功能键的可用性。

3.2.2 硬件接口

详细描述与硬件的接口。

在此描述软件产品和系统硬件组件之间接口的逻辑特征，也包括支持哪些设备、怎样支持这些设备和协议等。

按软/硬件协议内容和格式定义接口。如果接口已在其他文档中很清楚地描述，就没有必要在这里进行详细描述，但需说明应参考的文档。

3.2.3 软件接口

在此要指定需使用的其他软件产品（例如，数据管理系统、操作系统或数学软件包），以及同其他应用系统之间的接口。对每一个所需的软件产品，要提供如下内容：

（1）名字。

（2）助记符。

（3）规格说明号。

（4）版本号。

（5）来源。

对于每一个接口，这部分应说明与软件产品相关的接口软件的目的，并根据信息的内容和格式定义接口，但不必详细描述任何已有完整文件的接口，只要引用定义该接口的文件即可。

3.2.4 通信接口

详细描述通信接口，如本地网络协议等。

按消息/函数内容和格式定义接口。如果接口已在其他文档中很清楚地描述，就没有必要在这里进行详细描述，但需说明应参考的文档。

3.3 性能需求

如果有性能方面的需求，在这里列出并解释它们的原理。以帮助开发者理解意图以做出正确的设计选择。在实时系统中的时序关系。保证需求尽可能的详细而精确。

从整体上具体说明软件或人与软件交互的静态或动态数值需求。

（1）静态数值需求可能包括：

① 支持的终端数。

② 支持并行操作的用户数。

③ 处理的文件和记录数。

④ 表和文件的大小。

（2）动态数值需求可能包括：欲处理的事务和任务的数量，以及在正常情况下和峰值工作条件下一定时间周期中处理的数据总量。

所有这些需求都必须用可以度量的术语来叙述。例如，95%的事务必须在小于 1 秒内处理完，不然，操作员将不等待处理的完成。

4 设计约束

描述可能限制开发人员选择的事项。

4.1 标准的约束

详细说明需求所采用的标准或规范的来源。如果项目采用了国际标准，应该说明国际标准及项目与标准的偏离情况。

4.2 硬件的限制

本项包括在各种硬件约束下运行的软件要求，例如，应该包括：

（1）硬件配置的特点（接口数、指令系统等）。

（2）内存储器和辅助存储器的容量。

4.3 技术的限制

本节包括对使用特定技术的限制，包括接口、数据库、操作系统、通信协议、设计约定、编程规范等。

5 软件质量属性

详细说明项目任何其他的质量特性。该特性对客户和开发者都非常重要。考虑的方面包括：适应性、可用性、正确性、灵活性、交互工作能力、可维护性、可移植性、可靠性、可重用性、健壮性、可测试性和可用性等。定量地详细描述这些特性，尽可能地可验证。对不同属性之间的重要性加以阐述，如：易用性比易学性更重要。

每一个属性单独使用一个小节描述，可根据需要进行增减。

5.1 安全性

安全性指的是保护软件的要素，以防止各种非法的访问、使用、修改、破坏或者泄密。这个领域的具体需求必须包括：

（1）利用可靠的密码技术。

（2）掌握特定的记录或历史数据集。

（3）给不同的模块分配不同的功能。

（4）限定一个程序中某些区域的通信。

（5）计算临界值的检查和。

5.2　可维护性

规定若干需求以确保软件是可维护的。

5.3　可移植性

规定把软件从一种环境移植到另一种环境所要求的用户程序，用户接口兼容方面的约束等。

6　其他需求

使用适当的章节，详细说明任何其他客户需求，包括数据库、编码需求、错误处理、测试需求等。下面仅列出了少量样例，你可以删除和增加项目。

6.1　数据库

本项对作为产品的一部分进行开发的数据库规定一些需求，它们可能包括：

(1) 在功能需求中标识的信息类别。

(2) 使用的频率。

(3) 存取能力。

(4) 数据元素和文卷描述符。

(5) 数据元素、记录和文卷的关系。

(6) 静态和动态的组织。

(7) 数据保存要求。

注：如果使用一个现有的数据库包，这个包应在“软件接口”中命名，并在那里详细说明其用法。

6.2　操作

这里说明用户要求的常规的和特殊的操作。

(1) 在用户组织之中各种方式的操作。例如，用户初始化操作。

(2) 交互作用操作的周期和无人操作的周期。

(3) 数据处理运行功能。

(4) 后援和恢复操作。

注：这里的内容有时是用户接口的一部分。

6.3 本地化

描述支持多语种的需求。

7 需求分级

需求 ID	需求名称	重要性

重要性分类如下：

(1) 必需的——绝对基本的特性，如果不包含，产品就会被取消。

(2) 重要的——不是基本的特性，但这些特性会影响产品的生存能力。

(3) 最好有的——期望的特性，但省略一个或多个这样的特性不会影响产品的生存能力。

8 待确定问题

需求 ID	问题描述	影响	风险	责任人	解决日期	状态（Open/Close）

9 附录

对一个实际的需求规格说明来说，若有必要应该编写附录。附录中可能包括：

(1) 输入/输出格式样本，可行性分析研究或用户调查结果。

(2) 有助于理解需求说明的背景信息。

(3) 软件所解决问题的描述。

(4) 用户历史、背景、经历和操作特点。

(5) 交叉访问表。按先后次序进行编排，使一些不完全的软件需求得以完善。

(6) 特殊的装配指令用于编码和媒体，以满足安全、输出、初始装入或其他要求。

注：当包括附录时，需求说明必须明确地说明附录是不是需求要考虑的部分。

附录 B　系统概要设计说明书模板

<table>
<tr><td rowspan="3">[开发商名称]</td><td>文 档 编 号</td><td>产品版本</td><td>密级</td></tr>
<tr><td></td><td></td><td></td></tr>
<tr><td colspan="2">产品名称：</td><td>共　　页</td></tr>
</table>

[项目名称]
系统概要设计说明书

拟制：__________　　日期：yyyy-mm-dd

审核：__________　　日期：yyyy-mm-dd

核准：__________　　日期：yyyy-mm-dd

签发：__________　　日期：yyyy-mm-dd

文档版本：

文件修改记录

修改日期	版本	修改页码、章节、条款	修改描述	作者
yyyy-mm-dd				

目　录

1 引言

引言是对这份软件系统概要设计报告的概览，是为了帮助阅读者了解这份文档是如何编写的，并且应该如何阅读、理解和解释这份文档。

1.1 编写目的

说明这份软件系统概要设计报告是基于哪份软件产品需求规格说明书编写的，开发这个软件产品意义、作用以及最终要达到的意图。通过这份软件系统概要设计报告详尽说明该软件产品的软件结构，包括数据库结构和出错处理，从而对该软件产品的结构的描述。

如果这份软件系统概要设计报告只与整个系统的某一部分有关系，那么只定义软件系统概要设计报告中说明的那个部分或子系统。

1.2 项目风险

具体说明本软件开发项目的全部风险承担者，以及各自在本阶段所需要承担的主要风险，首要风险承担者包括：

（1）任务提出者。

（2）软件开发者。

（3）产品使用者。

1.3 预期读者和阅读建议

列举本软件系统概要设计报告所针对的各种不同的预期读者，例如，可能的读者包括：

（1）用户。

（2）开发人员。

（3）项目经理。

（4）营销人员。

（5）测试人员。

（6）文档编写人员；等等。

描述文档中，其余部分的内容及其组织结构，并且针对每一类读者提出最适合的文档阅读建议。

1.4 参考资料

列举编写软件产品概要设计报告时所用到的参考文献及资料，可能包括：

（1）本项目的合同书。
（2）上级机关有关本项目的批文。
（3）本项目已经批准的计划任务书。
（4）用户界面风格指导。
（5）开发本项目时所要用到的标准。
（6）系统规格需求说明。
（7）使用实例文档。
（8）属于本项目的其他已发表文件。
（9）本软件系统概要设计报告中所引用的文件、资料。
（10）相关软件系统概要设计报告；等等。
为了方便读者查阅，所有参考资料应该按一定顺序排列。如果可能，每份资料都应该给出：
（1）标题名称。
（2）作者或者合同签约者。
（3）文件编号或者版本号。
（4）发表日期或者签约日期。
（5）出版单位或者资料来源。

2　设计概述

本节描述现有开发条件和需要实现的目标，说明进行概要设计时应该遵循的设计原则和必须采用的设计方法。

2.1　限制和约束

简要描述起到限制和约束作用的各种可能存在的条件，例如：
（1）技术条件。
（2）资金状况。
（3）开发环境（包括：工具和平台）。
（4）时间限制；等等。
并且说明在上述条件下应该实现的系统目标。

2.2　设计原则和设计要求

描述对本软件系统进行概要设计的原则，通常可以考虑以下几方面的内容：
（1）命名规则。
（2）模块独立性原则。
（3）边界设计原则。

（4）数据库设计规则。
（5）必需的安全措施。
（6）安全性和保密原则。
（7）系统灵活性要求。
（8）系统易操作性要求。
（9）系统可维护性要求；等等。

3　系统逻辑设计

本节内容主要根据软件产品需求规格说明书和软件产品数据字典建立系统的逻辑模型。此种模型暂时与系统的物理因素（例如计算机、数据库管理系统）无关。它是系统需求与物理实现的中间结构，它的主要结果是建立系统结构图、系统界面结构图、系统出错处理以及系统开发技术说明。

说明：如果进行系统设计时尚未编写软件数据字典，应首先编写软件数据字典。在完成软件数据字典后，再进行系统设计。

3.1　系统组织设计

系统组织设计通过系统组织表描述本系统由哪些子系统（模块）组成，这些子系统与业务职能之间的关系，以及各个子系统的安装地点。系统组织表的格式如下：

子系统编号	英文名称	中文名称	业务职能	安装地点	备注

其中：

- *子系统编号。给出本系统中指定子系统的顺序编号。如果本系统未划分为多个子系统，仅由一个运行模块组成，则本项内容仍需要描述，但是本表内容只有一行。说明：在一个系统中有可能安装若干个相同的子系统，在这种情况下，应该视为一个子系统，并且对多个安装地点分别进行描述。如果相同的子系统通过系统设置，实现的业务职能具有明显差异时，应该采用多行进行分别描述，并且在备注中说明其差异所在。*
- *子系统英文名称。给出本子系统的英文名称，该名称是在应用软件中实际使用的可执行文件名称，必须能够说明该子系统的特点。若本系统中只有一个子系统，则本项内容仍需要描述，但是本表内容只有一行。*
- *子系统中文名称。给出本子系统的中文名称，该名称必须能够说明该子系统的特点。若本系统中只有一个子系统，则本项内容仍需要描述，但是本表内容只有一行。*
- *业务职能。描述该子系统完成的核心业务。*
- *安装地点。描述该子系统实际安装的部门或者某个具体地点。*
- *备注。针对该子系统，需要说明的其他有关问题。*

3.2　系统结构设计

本节将对系统特性作较为详细的描述，并给出系统特性结构图。

3.2.1　系统特性表

系统特性是系统中完成某项具体操作的基本单元，它由入口参数、出口参数以及处理过程三部分组成。

系统特性可以具有操作界面，也可以没有操作界面；可以被其他操作界面或者系统特性调用，也可以调用其他操作界面、非操作界面或者系统特性；但是不允许递归调用（调用自己），包括间接递归调用。

当系统由多个子系统（模块）组成时，每个子系统分别使用一张系统特性表进行描述。系统特性表的格式如下：

<table>
<tr><td colspan="7">子系统编号：
子系统英文名称：
子系统中文名称：</td></tr>
<tr><td>特性编号</td><td>系统特征
英文名称</td><td>系统特征
中文名称</td><td>操作功能</td><td>调用对象</td><td>被调用
对象</td><td>备注</td></tr>
<tr><td></td><td></td><td></td><td></td><td></td><td></td><td></td></tr>
<tr><td colspan="7">说明：</td></tr>
</table>

其中

- *子系统编号。含义同上。*
- *子系统英文名称。含义同上。*
- *子系统中文名称。含义同上。*
- *特性编号。整个系统所有特性的统一编号。*
- *系统特性英文名称。系统特性的英文正式名称，将来用于软件开发中，必须符合命名规范。*
- *系统特性中文名称。系统特性的中文正式名称，来源于需求规格说明书中“系统特性”的有关描述。*
- *操作功能。是指该特性实际完成的操作说明。*
- *调用对象。是指调用该系统特性的系统对象，这里的系统对象可以是系统特性，也可以是操作界面。*
- *被调用对象。是指被该系统特性调用的系统对象，这里的系统对象可以是系统特性，也可以是操作界面。说明：某些较低层的系统特性，可能不存在被调用对象。*
- *备注。描述与该系统特性有关的其他注意事项。*
- *说明。描述与该系统特性表有关的其他注意事项。*

3.2.2　系统特性结构图

系统特性结构图给出系统特性在逻辑层面上相互之间的关系，其主要依据来源于需求规格说明书中“系统特性”的有关描述。

如果系统划分为多个子系统，应分别给出系统与子系统，以及各个子系统与系统特性的结构图。

绘制系统与子系统结构图时，一般不需要描绘出系统特性，如果确有必要，尽可能只画出第一层系统特性。绘制子系统与系统特性结构图时，通常也不需要描绘出第二层系统特性，如果确有必要可以画出；但是尽可能不要画出第三层系统特性。

3.3 系统接口设计

系统接口是一种非可视的系统界面，在多数情况下，它对用户是透明的。

本节将对系统接口作较为详细的描述，并给出接口说明清单。

3.3.1 系统接口表

接口作为系统的一种输入／输出形式，分为网络接口、数据库接口、RS-232 串行通信接口、IEEE-485 串行总线接口、并行 I/O 接口等多种类型。

对于一些为可视界面服务的接口，例如：打印机接口、显示器接口等，因为这类接口对应用软件是透明的，所以不在本节描述范围内。

当系统由多个子系统（模块）组成时，每个子系统分别使用一张系统接口表进行描述。系统接口表的格式如下：

<table>
<tr><td colspan="7">子系统编号
子系统英文名称
子系统中文名称</td></tr>
<tr><td>接口
编号</td><td>接口
名称</td><td>接口
类型</td><td>接口
性质</td><td>接口
速率</td><td>接口
协议</td><td>备注</td></tr>
<tr><td></td><td></td><td></td><td></td><td></td><td></td><td></td></tr>
<tr><td colspan="7">说明：</td></tr>
</table>

其中：

- 子系统编号。含义同上。
- 子系统英文名称。含义同上。
- 子系统中文名称。含义同上。
- 接口编号。整个系统所有接口的统一编号。
- 接口名称。系统接口的正式名称，必须符合通常习惯。
- 接口类型。指出该接口所传输的数据在该模块中起到的作用。
- 接口性质。指出该接口在通信中起到的作用，这里的作用可以是输入、输出、双向。
- 接口速率。指出该接口的传输速率。如果该接口依赖于其他通信方式，那么传输速率将不高于它所依赖的其他通信方式的速率。
- 接口协议。给出该接口实际使用的通信协议。
- 相关对象。给出直接使用本接口的系统对象，这里的系统对象，可以是操作界面，也可以是系统特性。

- *备注。描述与该系统接口有关的其他注意事项。*
- *说明。描述与该系统接口表有关的其他注意事项。*

3.3.2 系统接口传输协议说明

逐项详细描述系统接口表中所列出各个系统接口使用的传输协议，以及其他相关内容，例如：驱动程序、动态连接库等。

3.4 系统完整性设计

描述系统对象（数据元、数据类）所受到的逻辑约束关系。

当系统由多个子系统（模块）组成时，每个子系统应分别使用一张系统完整性约束表进行描述。系统完整性约束表的格式如下：

子系统编号： 子系统英文名称： 子系统中文名称：				
约束编号	完整性名称	相对对象名	约束表达式	备注
说明：				

其中：

- *子系统编号。含义同上。*
- *子系统英文名称。含义同上。*
- *子系统中文名称。含义同上。*
- *约束编号。整个系统所有约束的统一编号。*
- *完整性名称。系统完整性约束的正式名称，必须符合通常习惯。*
- *相对对象名。完整性约束中的相关对象（数据元和数据类）。*
- *约束表达式。用一阶逻辑表达式表达的约束方程式。*
- *备注。描述与该系统完整性约束有关的其他注意事项。*
- *说明。描述与该系统完整性约束表有关的其他注意事项。*

4 系统出错处理设计

本节描述系统发生外界及内在错误时所提供的错误信息及处理方法，它包括系统出错处理表及维护处理过程表。

4.1 系统出错处理表

本表给出有关出错处理的产生原因、提示信息以及建议处理方法。

当系统由多个子系统（模块）组成时，每个子系统分别使用一张系统出错处理表进行描述。系统出错处理表的格式如下：

<table>
<tr><td colspan="6">子系统编号：
子系统英文名称：
子系统中文名称：</td></tr>
<tr><td>错误编号</td><td>错误名称</td><td>错误原因</td><td>错误信息</td><td>处理方式</td><td>备注</td></tr>
<tr><td></td><td></td><td></td><td></td><td></td><td></td></tr>
<tr><td colspan="6">说明：</td></tr>
</table>

其中：

- *子系统编号。含义同上。*
- *子系统英文名称。含义同上。*
- *子系统中文名称。含义同上。*
- *错误编号。整个系统所有错误的统一编号。*
- *错误名称。错误的正式名称，该名称应该是常用的，并且为人们所普遍接受的。*
- *错误原因。对该错误产生原因的解释与说明。*
- *错误信息。产生该错误时，向用户发出的提示信息。*
- *处理方式。对该错误处理的一种建议，此项允许缺省。*
- *备注。描述与该系统错误有关的其他注意事项。*
- *说明。描述与该系统错误表有关的其他注意事项。*

4.2 维护处理过程表

系统出错时，将调用维护处理过程对错误进行处理，有关维护处理过程的各项内容由维护处理过程表进行描述。

当系统有多个子系统（模块）组成时，每个子系统分别使用一张维护处理过程表进行描述。维护处理过程表的格式如下：

<table>
<tr><td colspan="7">子系统编号：
子系统英文名称：
子系统中文名称：</td></tr>
<tr><td>错误编号</td><td>处理过程
英文名称</td><td>处理过程
中文名称</td><td>处理功能</td><td>入口参数</td><td>出口参数</td><td>备注</td></tr>
<tr><td></td><td></td><td></td><td></td><td></td><td></td><td></td></tr>
<tr><td colspan="7">说明：</td></tr>
</table>

其中：

- *子系统编号。含义同上。*
- *子系统英文名称。含义同上。*
- *子系统中文名称。含义同上。*
- *错误编号。含义同上。*

- *处理过程英文名称。系统维护处理过程的英文正式名称，将来用于软件开发中，必须符合命名规范。*
- *处理过程中文名称。系统维护处理过程的中文正式名称，是系统维护处理过程英文名称的中文说明。*
- *处理功能。描述本维护处理过程对错误的处理方式。由于一个维护处理过程有可能具有对多个错误进行处理的能力，因此该处理功能必须是针对本项错误编号的。*
- *入口参数。进行本项错误处理时，赋给维护处理过程的入口参数。*
- *出口参数。进行本项错误处理时，维护处理过程返回的出口参数。*
- *备注。描述与该系统错误有关的其他注意事项。*
- *说明。描述与该系统错误表有关的其他注意事项。*

5　技术设计

系统技术设计描述系统各个特性实际使用的开发技术，以及具体开发技术使用时应该注意的事项。

5.1　系统开发技术说明表

本表描述系统各个特性开发时实际使用的具体技术，只有一些不太常用的技术需要在这里描述。一些常用技术，例如：通过数据库接口调用存储过程，则不必赘述。

当系统由多个子系统（模块）组成时，每个子系统分别使用一张系统开发技术说明表进行描述。系统开发技术说明表的格式如下：

<table>
<tr><td colspan="7">子系统编号：
子系统英文名称：
子系统中文名称：</td></tr>
<tr><td>技术编号</td><td>开发技术
英文名称</td><td>开发技术
中文名称</td><td>处理功能</td><td colspan="2">系统特性编号</td><td>备注</td></tr>
<tr><td></td><td></td><td></td><td></td><td></td><td></td><td></td></tr>
<tr><td colspan="7">说明：</td></tr>
</table>

其中：

- *子系统编号。含义同上。*
- *子系统英文名称。含义同上。*
- *子系统中文名称。含义同上。*
- *技术编号。这个系统所使用各种技术的统一编号。*
- *开发技术英文名称。该开发技术的英文正式名称，可以用缩写。该名称应该是常用的，并且为人们所普遍接受的。*

- *开发技术中文名称。该开发技术的中文正式名称，是该开发技术英文名称的中文说明。该名称应该是常用的，并且为人们所普遍接受的。*
- *处理功能。描述本开发技术的处理目的。*
- *系统特性编号。含义同上。由于一项开发技术可能在多处使用，因此针对一项开发技术，有可能存在多个系统特性编号，在此必须一一列出。*
- *备注。描述与该系统开发技术相关的其他注意事项。*
- *说明。描述与该系统开发技术说明表有关的其他注意事项。*

5.2 开发技术应用说明

逐项详细描述系统开发技术说明表中所列出各项系统开发技术使用的技术要点，以及其他相关内容，例如：所需的服务、使用的动态连接库、调用的组件等。

6 数据库设计

如果该软件产品需要使用数据库，不论是使用数据库平台支撑的，还是采用由软件产品开发者自行定义的，都应该在完成软件产品需求分析报告后，开始进行软件产品详细设计之前，按照软件产品数据库设计说明文档模板完成数据库设计工作。

7 词汇表

列出本文件中用到的专业术语的定义，以及有关缩写的定义（如有可能，列出相关的外文原文）。为了便于非软件专业或者非计算机专业人士阅读软件系统概要设计报告，要求使用非软件专业或者非计算机专业的术语进行描述。所以这里所指的专业术语，是指业务层面上的专业术语，而不是软件专业或者计算机专业的术语。但是，对于无法回避的软件专业或者计算机专业术语，也应该列入词汇表，并且加以准确定义。

8 进度计划

列出进度计划，包括各子系统、各子模块完成进度计划，人员配备计划等。

附录 C　数据库设计说明书模板

<table>
<tr><td rowspan="3">[开发商名称]</td><td>文 档 编 号</td><td>产品版本</td><td>密级</td></tr>
<tr><td></td><td></td><td></td></tr>
<tr><td colspan="2">产品名称：</td><td>共　页</td></tr>
</table>

[项目名称]

数据库设计说明书

拟制：＿＿＿＿＿＿＿＿　**日期：** yyyy-mm-dd

审核：＿＿＿＿＿＿＿＿　**日期：** yyyy-mm-dd

核准：＿＿＿＿＿＿＿＿　**日期：** yyyy-mm-dd

签发：＿＿＿＿＿＿＿＿　**日期：** yyyy-mm-dd

文档版本：

文件修改记录

修改日期	版本	修改页码、章节、条款	修改描述	作者
yyyy-mm-dd				

目 录

1 引言

1.1 编写目的

例如：本文档是××系统概要设计文档的组成部分，编写数据库设计文档的目的是：明确数据库的表名、字段名等数据信息，用来指导后期的数据库脚本的开发，本文档遵循《××数据库设计和开发规范》。本文档的读者对象是需求人员、系统设计人员、开发人员、测试人员。

1.2 术语表

定义系统或产品中涉及的重要术语，为读者在阅读文档时提供必要的参考信息。

序号	术语或缩略语	说明性定义
1	PM	Project Manager，项目经理
2		

1.3 参考资料

列出有关资料的名称、作者、文件编号或版本等。参考资料包括：

（1）需求说明书、架构设计说明书等。

（2）本项目的其他已发表的文件。

（3）引用文件、资料、软件开发标准等。

资料名称	作者	文件编号、版本	资料存放地点

2 数据库环境说明

提示：

（1）说明所采用的数据库系统，设计工具，编程工具等。

（2）详细配置。

例如：

数据库实例	数据库系统	数据库部署环境	数据库设计工具	数据库存放位置	说明
实例名，文件名	*名称：如MySql，版本：4.0*	*软硬件、网络环境*	*例如：pb,visio,rose*	*存放位置，绝对路径/相对路径*	*实例用途说明*

3　数据库的命名规则

提示：

（1）说明本数据库的命名规则，例如：本数据库设计完全按照《××数据库设计规范》命名。

（2）如果本数据库的命名规则与公司的标准不完全一致的话，请作出解释。

4　逻辑设计

提示：数据库设计人员根据需求文档，创建与数据库相关的那部分实体关系图（ERD）。如果采用面向对象方法（OOAD），这里实体相当于类（class）。

例如：

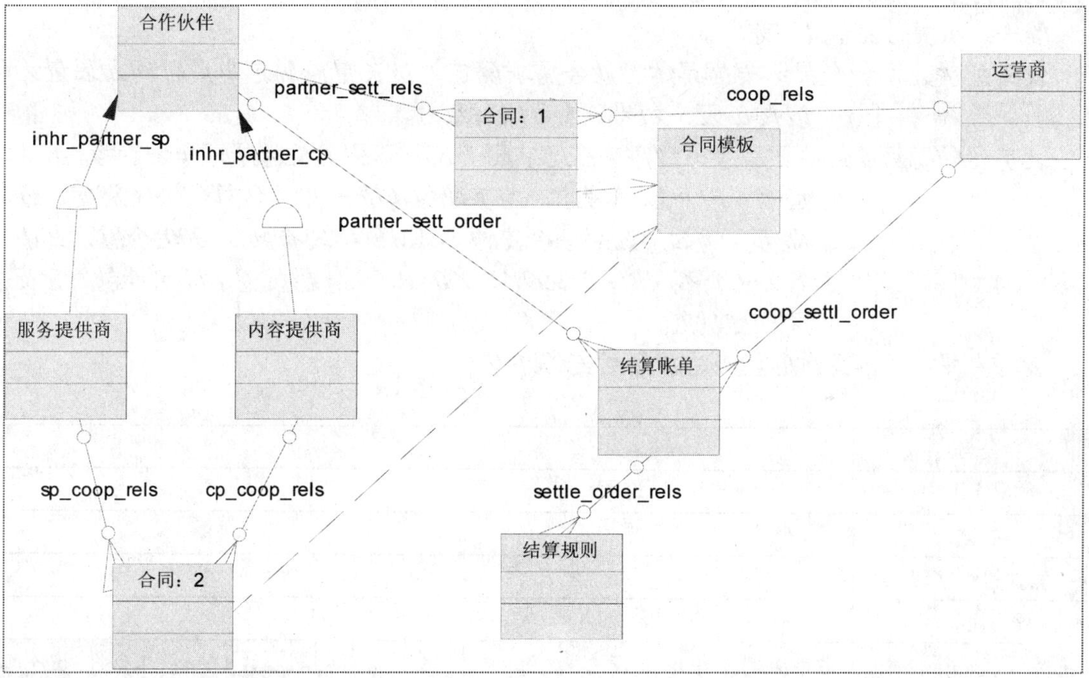

5　物理设计

提示：

（1）主要是设计表结构。一般地，实体对应于表，实体的属性对应于表的列，实体之间的关系成为表的约束。逻辑设计中的实体大部分可以转换成物理设计中的表，但是它们并不一定是一一对应的。

（2）对表结构进行规范化处理（第三范式）。

5.1 表汇总

表名	功能说明
表A	
表B	
表C	

5.2 表[×]：[×××表]

表的索引：索引是否建立要根据具体的业务需求来确定。

允许为空：不填的表示为“是”。

唯一：不填的表示为“是”。

表的记录数和增长量：根据具体的业务需求确定。增长量应确定单位时间如果量大可以按每天，如果不大可以按每月。

表字段的区别度：主要是考虑到将来在此字段上建立索引类型选择时作为参考，当字段值唯一时可以不考虑，当字段值不唯一时，估算一个区别度，近似即可。例如：如果一个表的NAME字段有共2 000个值，其中有1 999个不同值，1 999/2 000=0.99，越接近1区别度越高，反之区别度越低。

表的并发：根据具体的业务需求预测表的并发。

表名							
数据库用户							
主键							
其他排序字段							
索引字段							
序号	字段名称	数据类型（精度范围）	允许为空Y/N	唯一Y/N	区别度	默认值	约束条件/说明
此表格的序号，与数据库的序号无关	*[字段名称]*	*[数据类型]*	*[Y/N]*	*[Y/N]*	*[高/中/低]*		*主键、外键，字段含义，相关说明等*

Mysql 脚本	CREATE TABLE *[XXX 表名]* (*[字段名称] [数据类型] [NOT NULL /NULL]* , *[字段名称] [数据类型] [NOT NULL /NULL]* , *[字段名称] [数据类型] [NOT NULL /NULL]* , *[字段名称] [数据类型] [NOT NULL /NULL]* , CONSTRAINT PK_*[XXX 表名]*_*[XXX 表字段]* PRIMARY KEY (*[字段名称]*)) type = INNODB; ALTER TABLE *[XXX 表名]* ADD CONSTRAINT FK_*[XXX 表名]*_*[YYY 表名]*_*[XXX 表字段]* FOREIGN KEY (*[字段名称]*) REFERENCES *[YYY 表名]* (*[字段名称]*) CREATE INDEX *[索引名]* ON *[XXX 表名]* (*[字段名称]*)
记录数	*[此表的记录数]*
增长量	*[此表的增长量]*
表的并发	*[此表的并发程度]*
补充说明	*[补充说明]*

5.3　视图的设计

[根据×××产品的概要设计文档来确定。
视图的命名按照《××数据库设计规范》中关于视图的命名规范命名。
视图的设计应注意以下几点：
（1）尽量减少列中使用的公式。
（2）去掉所有不必要的列。
（3）不要使同一个文档属于多个分类。
（4）避免使用表单公式。]

5.4　存储过程、函数及触发器的设计

[存储过程及触发器的命名按照《××数据库设计规范》中关于存储过程及触发器的命名规范命名。

存储过程：根据具体的业务逻辑确定输入参数个数、类型，确定对哪几个表进行何种操作。在定义存储过程时，要使用其完成单一、相对集中的任务，不要定义已由其他提供功能的过程。例如：不要定义强制数据完整性的过程（使用完整性约束）。

函数　：函数与存储过程非常相似，它也是存储在数据库中的对象。但是可以在 SQL 命令中使用函数。就好像建立自己的 substr 函数一样

触发器　：触发器是存储在数据库中的程序，它在某一特定事件发生时执行。这些程序可

以用 PL/SQL 和 Java 语言编写，也可以用作 C 语言的调用，数据库允许用户定义这些程序，然后在相关的表，视图或者数据库动作执行 insert、update 或 delete 语句时执行。]

6 安全性设计

提示：提高软件系统的安全性应当从“管理”和“设计”两方面着手。这里仅考虑数据库的安全性设计。

例如：应用级的用户账号密码不能与数据库相同，防止用户直接操作数据库。用户只能用账号登录到应用软件，通过应用软件访问数据库，而没有其他途径操作数据库。

6.1 防止用户直接操作数据库的方法

提示：用户只能用账号登录到应用软件，通过应用软件访问数据库，而没有其他途径操作数据库。

6.2 用户账号密码的加密方法

提示：对用户账号的密码进行加密处理，确保在任何地方都不会出现密码的明文。

例如：用户账号采用 MD5 进行数据加密后再录入数据库，以满足任何地方密码的安全性要求。

6.3 角色与权限

提示：确定每个角色对数据库表的操作权限，如创建、检索、更新、删除等。每个角色拥有刚好能够完成任务的权限，不多也不少。在应用时再为用户分配角色，则每个用户的权限等于他所兼角色的权限之和。

角色	可以访问的表与列	操作权限
例如：管理员	可访问所有表	完全控制权限
角色 B		

7 优化

提示：分析并优化数据库的“时－空”效率，尽可能地“提高处理速度”并且“降低数据占用空间”。

(1) 分析“时－空”效率的瓶颈，找出优化对象（目标），并确定优先级。

(2) 当优化对象（目标）之间存在对抗时，给出折中方案。

(3) 给出优化的具体措施，例如优化数据库环境参数，对表格进行反规范化处理等。

优先级	优化对象（目标）	措施

8 数据库管理与维护说明

提示：在设计数据库的时候，及时给出管理与维护本数据库的方法，有助于将来撰写出正确完备的用户手册。

附录 D 系统详细设计说明书模板

<table>
<tr><td rowspan="3">[开发商名称]</td><td>文 档 编 号</td><td>产品版本</td><td>密级</td></tr>
<tr><td></td><td></td><td></td></tr>
<tr><td colspan="2">产品名称：</td><td>共　　页</td></tr>
</table>

[项目名称]
系统详细设计说明书

拟制：		日期：	yyyy-mm-dd
审核：		日期：	yyyy-mm-dd
核准：		日期：	yyyy-mm-dd
签发：		日期：	yyyy-mm-dd

文档版本：

文件修改记录

修改日期	版本	修改页码、章节、条款	修改描述	作者
yyyy-mm-dd				

目　录

1　引言
　1.1　编写目的和范围
　1.2　术语表
　1.3　参考资料
　1.4　使用的文字处理和绘图工具
2　全局数据结构说明
　2.1　常量
　2.2　变量
　2.3　数据结构
3　模块设计
　3.1　用例图
　3.2　功能设计说明
　　3.2.1　模块 1
　　3.2.2　模块 1
4　接口设计
　4.1　内部接口
　4.2　外部接口
　　4.2.1　接口说明
　　4.2.2　调用方式
5　数据库设计
6　系统安全保密设计
　6.1　说明
　6.2　设计
　　6.2.1　数据传输部分
　　6.2.2　IP 过滤分部
　　6.2.3　身份验证部分
7　系统性能设计
8　系统出错处理

1　引言

1.1　编写目的和范围

说明编写这份详细设计说明书的目的：

本详细设计说明书编写的目的是：说明程序模块的设计考虑，包括程序描述、输入/输出、算法和流程逻辑等，为软件编程和系统维护提供基础。本说明书的预期读者为系统设计人员、软件开发人员、软件测试人员和项目评审人员。

1.2　术语表

定义系统或产品中涉及的重要术语，为读者在阅读文档时提供必要的参考信息。

序号	术语或缩略语	说明性定义
1	PM	Project Manager，项目经理
2		

1.3　参考资料

列出有关资料的名称、作者、文件编号或版本等。参考资料包括：

(1) 需求说明书、架构设计说明书等。

(2) 本项目的其他已发表的文件。

(3) 引用文件、资料、软件开发标准等。

资料名称	作者	文件编号、版本	资料存放地点

1.4　使用的文字处理和绘图工具

文字处理软件：[编写设计文档使用的文字处理软件，如 RedOffice]。

绘图工具：[使用的 UML 工具，如 Rose、Jude、Visio]。

2　全局数据结构说明

说明本程序系统中使用的全局数据常量、变量和数据结构。

2.1 常量

包括数据文件名称及其所在目录、功能说明、具体常量说明等。

2.2 变量

说明本程序系统中使用的全局数据常量、变量和数据结构。

2.3 数据结构

包括数据结构名称、功能说明、具体数据结构说明（定义、注释、取值）等。

3 模块设计

3.1 用例图

3.2 功能设计说明

3.2.1 模块 1

模块 1 主要分为以下几个子模块：子模块 1、子模块 2、……、子模块 N。

子模块 1

设计图

功能描述

简要描述子模块 1 的业务功能。

输入数据

详细描述用户输入的数据（包括任何输入设备）以及这些数据的有效性检验规则。
详细描述从物理模型中的哪些表获取数据以及获取这些数据的条件。

输出数据

详细描述子模块 1 所产生的数据以及这些数据的表现形式。

业务算法和流程

从业务角度详细描述根据输入数据产生输出数据的业务算法和流程。

数据设计

给出本程序中的局部数据结构说明，包括数据结构名称、功能说明、具体数据结构说明（定义、注释设计、取值）等。相关数据库表，数据存储设计（具体说明需要以文件方式保存的数据文件名、数据存储格式、数据项及属性等）。

源程序文件说明

给出本程序的各源程序文件的说明，包括源程序文件名称及其所在目录、功能说明、包含的前导文件及函数名称等。

函数说明

具体说明本程序中的各个函数，包括函数名称及其所在文件、功能、格式、参数、全局变量、局部变量、返回值、算法说明、使用约束等。

限制条件

其他说明

3.2.2 模块 2

模块 2 主要分为以下几个子模块：子模块 1、子模块 2、……、子模块 N。

子模块 1

设计图

功能描述

简要描述子模块 1 的业务功能。

输入数据

详细描述用户输入的数据（包括任何输入设备）以及这些数据的有效性检验规则。
详细描述从物理模型中的哪些表获取数据以及获取这些数据的条件。

输出数据

详细描述子模块 1 所产生的数据以及这些数据的表现形式。

业务算法和流程

从业务角度详细描述根据输入数据产生输出数据的业务算法和流程。

数据设计

给出本程序中的局部数据结构说明，包括数据结构名称、功能说明、具体数据结构说明（定义、注释设计、取值）等。相关数据库表，数据存储设计（具体说明需要以文件方式保存的数据文件名、数据存储格式、数据项及属性等）。

源程序文件说明

给出本程序的各源程序文件的说明，包括源程序文件名称及其所在目录、功能说明、包含的前导文件及函数名称等。

函数说明

具体说明本程序中的各个函数，包括函数名称及其所在文件、功能、格式、参数、全局变量、局部变量、返回值、算法说明、使用约束等。

限制条件

其他说明

4　接口设计

4.1　内部接口

4.2　外部接口

4.2.1　接口说明

例如：××子系统通过××从××子系统取得××等，相关标准，调用示例，可根据需要增加章节描述接口。

4.2.2　调用方式

例如：内部接口调用。

例：

```
/**
*通过用户服务号码取得该客户认证密码等信息，如果该客户存在返回为0，其他情况参考错误编码
*/
public  RUserInfo  getUserInfo (String userNo);
```

5　数据库设计

详见[×××数据库设计说明书]。

如果数据库设计内容比较少，则直接在此处描述。

6　系统安全保密设计

6.1　说明

例如：由于存在与外部系统的接口，所以需要考虑访问安全的问题。

6.2 设计

例如：分为数据传输部分、IP 过滤部分、身份验证部分。[章节可补充]

6.2.1 数据传输部分

例如：在部分数据传递的时候，考虑 HTTP 协议，需要在部署的时候作相关处理。

6.2.2 IP 过滤分部

例如：可在系统前端通过 Filter 实现，该 Filter 实现对该地址访问的 IP 过滤作用。可信任 IP 地址通过 xml 文件进行配置。

6.2.3 身份验证部分

例如：对信任的用户颁发身份验证码，通过该标识进行身份识别。

7 系统性能设计

8 系统出错处理

例如：为了在系统出现异常情况下给用户以明确的提示，可采用两种方式予以提示。

(1) 使用 Javascript 的 alert()函数直接提示，这主要在输入或修改的情况下使用。

(2) 使用统一的错误界面提示，该界面对应于 errorpage.jsp 页面。错误界面样式如下图所示。

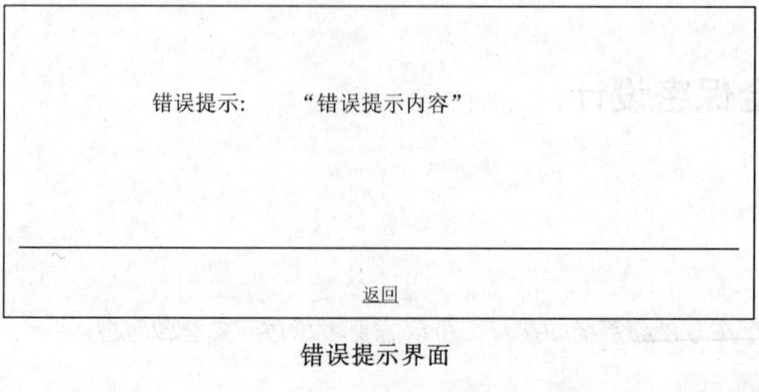

错误提示界面

【本章要点回顾】

文档是一种数据媒体和媒体上所记录的信息。在信息系统开发中，文档被用来描述或表示对开发活动、需求、过程或结果进行描述、定义、规定、报告或认证的任何书面或图示的信息。文档是现代软件产品的一个重要组成部分，是交流的手段，是信息系统质量保证的重要措施，是进行系统维护的依据。高质量的文档具有针对性、精确性、清晰性、完整性、灵活性及可追溯性等特点。

系统开发各个阶段应编制不同的文档。系统分析阶段的主要文档是《可行性研究报告》、《系统需求规格说明书》；系统设计阶段的主要文档是《系统概要设计说明书》、《系统详细设计说明书》、《数据库设计说明书》；系统实施阶段的主要文档是《测试计划》、《测试报告》、《用户手册》、《管理员手册》等。这些文档的详细内容以及编写规范请参阅《计算机软件工程国家标准》。

习　题　六

一、名词解释

文档、文档的完整性、文档的一致性、文档的可修改性、文档的可跟踪性

二、简答题

1．文档在信息系统开发中的作用有哪些?

2．简述高质量的文档应具备的特点。

3．结合信息系统开发生命周期，列举各个阶段应该编制的文档的名称。

4．简述系统需求规格说明书的主要内容。

5．简述系统设计报告的主要内容。

参 考 文 献

[1] 罗晓沛，侯炳辉．系统分析员教程[M]．北京：清华大学出版社，2003．

[2] 姜同强．信息系统分析与设计[M]．北京：机械工业出版社，2008．

[3] 姜同强．企业信息系统概论[M]．北京：中国铁道出版社，2012．

[4] 凯西·施瓦尔贝．IT 项目管理[M]．王金玉，等，译.北京：机械工业出版社，2002．

[5] 杨青．公司规划与信息系统规划[M]．北京：经济管理出版社，2005．

[6] 李伟，陈雄鹰．企业 IT 战略与决策[M]．北京：机械工业出版社，2005．

[7] BROOKS FREDERICK P JR．人月神话[M]．汪颖，译．北京：清华大学出版社，2002．

[8] 斯蒂芬·哈格，梅芙·卡明斯，埃米·菲利普斯．信息时代的管理信息系统[M]．严建援，译．北京：机械工业出版社，2007．

[9] LAUDON KENNETH C，LAUDON JANE P．Management Information Systems：Managing the Digital Firm[M]．9th ed．Pearson Education，Inc.，New Jersey，2006．

[10] MACIASZEK LESZEK A．需求分析与系统设计[M]．金芝，译．北京：机械工业出版社，中信出版社，2003．

[11] JAMES MARTIN．战略数据规划方法学[M]．耿继秀，译．北京：清华大学出版社，1994．

[12] WHITTEN， JEFFREY L，BENTLEY LONNIE D.Systems Analysis and Design Methods [M]．5th ed．McGraw-Hill Companies，Inc．Boston，2001．

[13] WIEGERS KARL E．软件需求[M]．陆丽娜，王忠民，王志敏，等，译．北京：机械工业出版社，2000．